111 GRÜNDE, THÜRINGEN ZU LIEBEN

Martin Berke

111 GRÜNDE, THÜRINGEN ZU LIEBEN

Eine Liebeserklärung an das
großartigste Bundesland der Welt

SCHWARZKOPF & SCHWARZKOPF

1. KAPITEL

Mensch und Natur **9**

Weil Sie ein wundervoller Mensch sind | Weil sich 2,2 Millionen wundervolle Thüringer wundervoll über Thüringen verteilen | Weil hier irgendwo die Mitte Deutschlands ist — und gefälligst bleibt | Weil hier Winter noch Winter sind | Weil Thüringen in Sachen Wetterrekorde angenehm bescheiden ist | Weil es hier genug Wald für alle gibt | Weil man hier vorgeführt bekommt, wie Deutschland eigentlich aussieht | Weil man hier der poppenden Dasselfliege auf Augenhöhe begegnet | Weil das untere Vessertal ein Superstar der Naturschutz-Szene ist | Weil es hier 250 Millionen Jahre alte Spaß-Steine gibt | Weil hier der Stein tausendmal so schnell tropft wie anderswo

2. KAPITEL

Altertum und Sage **33**

Weil hier sogar fünf Tonnen Müll für helle Begeisterung sorgten | Weil man hier bald in der Bronzezeit tanken kann | Weil die Thüringer liebenswürdigerweise davon abgelassen haben, Menschen zu opfern | Weil hier das Geld auf der Straße liegt | Weil das Reich der Thüringer sich angenehm im Nebel der Poesie verliert | Weil eine Thüringer Prinzessin einen bemerkenswerten Alleingang wagte | Weil die DDR nirgendwo älter war als hier | Weil hier schon früh moderne Familienmodelle erprobt wurden, und zwar mit päpstlichem Segen | Weil hier Frau Venus wohnt | Weil hier der Stutzel begraben liegt | Weil Queen Elizabeth II. Gotha hieße, wenn sie nicht Windsor hieße | Weil Thüringen für alle Fälle noch einen Kaiser eingelagert hat | Weil es am Kyffhäuser eine wundertätige Flora gibt | Weil die Kyffhäuserzikade Anlass zu allergrößten Hoffnungen gibt | Weil hier ein äußerst verwirrendes Kraut gedeiht

3. KAPITEL

Zeitgeschichten **71**

Weil Herr Hitler dann glücklicherweise doch kein Thüringer wurde | Weil Deutschland hier noch verhältnismäßig in Ordnung ist | Weil Thüringen dem Rheinland so manches Leben gerettet hat | Weil die Thüringer Erde noch sa-

genhafte Bilder gebiert ... äh, fast | *Weil Thüringen 40 Jahre für Berlin (West)*
abgesessen hat | *Weil kein Mensch mehr vom Thüringer Balkon spricht* | *Weil*
Erfurt schon 1970 die Wende probte | *Weil es hier schon 1976 zur Wieder-*
vereinigung kam | *Weil Gotha etwas Krimi in die fade DDR gebracht hat* |
Weil sich der Generalsekretär in Erfurt an einem Tag gleich zweimal irrte

4. KAPITEL

Legendäre Bücherweisheit 99

Weil Luther hier sein Scherflein zum Reichtum der deutschen Sprache bei-
getragen hat | *Weil von Gotha aus jede Menge Welt entdeckt wurde* | *Weil*
in Thüringen selbst der Versager noch zu gewissen Leistungen imstande ist |
Weil sich von Hildburghausen ein wundersamer Wissensklumpen in die Welt
wälzte | *Weil hier selbst Vergessene der Erinnerung wert sind* | *Weil ein Thü-*
ringer ganz tief in die Seele der tapferen Borstenträger geschaut hat | *Weil*
hier das Deutsche endlich in Ordnung gebracht wurde | *Weil Thüringen den*
Deutschen 5.000 wundervolle Spezialwörter geschenkt hat

5. KAPITEL

Esswaren, Sprache und sonstiges Brauchtum 121

Weil ... Bratwurst! | *Weil ... Rostbrätel!* | *Weil ... Thüringer Klöße!* | *Weil das*
Rhönschaf erfolgreich in Frankreich einmarschierte | *Weil das Thüringische*
eine wunderbare Geheimsprache ist | *Weil das Thüringische vor Kreativität*
nur so strotzt | *Weil »nò« so viel wie »ja« bedeutet – zumindest manch-*
mal | *Weil Thüringen auch ganz anders kann* | *Weil Mareile uns die Runst*
weist | *Weil die Eisenacher alljährlich den Winter abschaffen* | *Weil in Erfurt*
am 10. November Gigak Schnubdewak ist | *Weil Thüringen folkloristische*
Höchstleistungen vollbracht hat

6. KAPITEL

Bemerkenswerte Bauwerke 147

Weil der Erfurter Domplatz ein Ort ist | *Weil wir, anders als Goethe, Pau-*
linzella mögen | *Weil der Leuchtenburg das Schlimmste erspart blieb* | *Weil*
sich hier eine Brücke als Gasse maskiert hat | *Weil es kaum irgendwo anders*

so viele Residenzschlösser gibt wie hier | Weil man dank eines Thüringers von Manhattan nach Brooklyn kommt | Weil der Thüringer sich rührend um schräge Bauwerke bemüht | Weil man hier per Fahrrad auf Schienen durch die Luft gleiten kann | Weil Jena im Grunde das deutsche Chicago ist | Weil in Jena ein riesiger Henselmann steht | Weil Hindenburgs Füße im Stasi-Bungalow stecken | Weil hier ein Zentimeter Autobahn 100 Euro wert ist

7. KAPITEL

Geniale Erfindungen, großartige Erfolgsprodukte 171

Weil hier der weltweit erste Kindergarten war | Weil Steinach das Weltmonopol hatte | Weil hier das Weiße Gold nacherfunden wurde | Weil Thüringen der Welt den Gartenzwerg gab | Weil für Sonneberg alles ein Kinderspiel war | Weil Deutschland sich hier seiner selbst versicherte | Weil hier die urdeutsche Weihnachtsgurke geboren wurde | Weil hier dem Pröbeln endlich ein Ende bereitet wurde | Weil hier dem Leben deutscher Männer ein Sinn gegeben wurde | Weil man hier Vögel mit zwei Rädern machte | Weil der Wartburg 313 der schönste 50-PS-Sportwagen aller Zeiten ist | Weil der Schaukelwagen der schönste Wagen aller Zeiten überhaupt ist | Weil hier die Spitzenleistung moderner Fertigungsverfahren ein Spitzenprodukt garantierte

8. KAPITEL

Kunsterzeugnisse 203

Weil Weimar eine berühmt-berüchtigte Blut-Parabel hat | Weil der Gottesbeweis ein Thüringer war | Weil hier eine Frau machte, was sie wollte | Weil Frau Zäunemann eben doch eine Dichterin war | Weil hier das berühmteste Graffito der Deutschen ist | Weil hier die alten Weiden so grau scheinen | Weil Goethe hier zahlreiche Sammlungen angelegt hat | Weil Schiller hier hoffentlich irgendwo in Ruhe ruht | Weil hier viel Sternlein stehen | Weil Nietzsche hier seine schreckliche Schwester ertrug | Weil in Gotha die Raumstation erfunden wurde | Weil hier das Schöne hässlich wurde und umgekehrt und überhaupt | Weil man in einem Weimarer Haus an der Zukunft baute | Weil

*von Greiz aus ein kleines literarisches Erdbeben die DDR erschütterte | Weil
es hier ein Gemälde von Format gibt | Weil man hier trotz Defiziten in der
Friseurtheorie groß herauskommen kann*

9. KAPITEL

Sportler und sonstige Leistungsträger 237

*Weil Thüringen der Welt den sexysten aller Fußballtrainer geschenkt hat |
Weil Carl Zeiss Jena 1981 weite Teile Südeuropas zerstört hat | Weil Ober-
hof den USA auf Augenhöhe begegnete | Weil Gunda ebenso schnell wie
nett war | Weil hier Herr GutsMuths die Sportstunde erfunden hat | Weil
Hildburghausen eine Dunkelgräfin hatte | Weil hier der Grundstock einer
weltberühmten Privatbibliothek gelegt wurde | Weil ein Thüringer als Erster
einem Kontinent aufs Dach stieg | Weil das »Rennsteiglied« einen mit der
gesamten volkstümlichen Musik versöhnt | Weil der Thüringer aus Kohlrabi
Bambussprossen machen kann | Weil ein Thüringer den deutschen Welt-
raum-Startrekord hält | Weil hier vieles an »Easy Rider« erinnert | Weil
Steve McQueen hier Flagge zeigte | Weil man hier den Hippie-Kram schon
1920 abgearbeitet hat*

1. KAPITEL

Mensch und Natur

Weil Sie ein wundervoller Mensch sind

Alles Gute dieser Welt, so scheint es, hängt auf irgendeine Weise mit Thüringen zusammen. Das klingt zunächst nach einer verwegenen Behauptung, lässt sich jedoch belegen. Nehmen wir nur einmal die unbesiegbaren Thüringer Super-Heroes Luther, Bach und Goethe. Diese drei haben nicht nur endlos viel Gutes geschaffen, sondern auch einen übermächtigen Einfluss auf alles Nachfolgende gehabt. Denn wenn wir uns dieses Triumvirat einmal wegdenken – was bliebe schon von Deutschlands Kultur übrig? Vielleicht der bayerische Schäfflertanz, das Einkommensteuerformular und Scooter. Wobei Luther, Bach und Goethe ja nur die Spitze des Thüringer Geistbergs darstellen – kaum ein Haus gibt es hier, in dem nicht mindestens Otto Dix gemalt, Hölderlin genächtigt oder Nietzsche sich dem Wahnsinn ergeben hat.

Freilich sollte man nicht den Fehler machen, das Gute aufs Geistige zu reduzieren. Nein, Thüringen hat auch handfeste Dinge hervorgebracht, ohne die der moderne Menschen nicht (zumindest nicht so schön) leben könnte. Man denke nur an das Präzisionsmikroskop, die Bratwurst oder den Gartenzwerg. Hinzu kommt noch all das Gute, welches – obwohl gemeinhin nicht mit Thüringen assoziiert – dem Freistaat doch, und zwar auf mitunter wunderlichen Wegen, verbunden ist: etwa Steve McQueen, Queen Elizabeth, die Göttin Venus, der göttliche Olymp und der Kilimandscharo.

Sie sehen: Alles Gute hängt auf irgendeine Weise mit Thüringen zusammen. Wobei ich mir das Beste bis zuletzt aufgespart habe: Sie. Genau: Ich meine Sie – jene Person, die gerade dieses Buch in den Händen hält, unschlüssig, ob sie es kaufen oder zurück ins Regal stellen soll –, ja, auch Sie sind mit Thüringen verbunden. Womöglich sind Sie einer der beneidenswerten Bewohner dieses großartigen Bundeslands. Oder Sie sind zu Besuch hier und auf der Suche nach Reiselektüre. In jedem Falle ist allein schon dadurch, dass Sie dieses Buch über Thüringen in der Hand halten, eine Verbindung zwischen Thüringen und Ihnen hergestellt – Ihnen, dem wundervollsten aller Menschen. Wie wäre es, diese fragile Verbindung zu verfestigen, indem Sie dieses Buch nun zur Kasse trügen und dort mit den Worten »Hiermit kaufe ich dieses Buch über Thüringen!« vorlegten? Wäre das nicht großartig? Selbstverständlich könnten Sie dieses Buch auch wieder zurück ins Regal stellen – dann hätten Sie allerdings kein Buch daheim, in dem schwarz auf weiß steht, dass Sie wundervoll sind. Zudem könnten Sie dann nicht die anderen 110 Gründe lesen. Also: Kaufen Sie dieses Buch, verlassen Sie das Buchgeschäft, nehmen Sie, falls Sie in Thüringen sind (falls nicht: fahren Sie sofort dorthin!), eine Thüringer Rostbratwurst zu sich (mit Senf, nie mit Ketchup), suchen Sie ein lauschiges Plätzchen auf, machen Sie es sich gemütlich – und dann reden wir weiter. Einverstanden? Fein! Habe ich Ihnen übrigens schon gesagt, dass Sie wundervoll sind? Ja? Ich kann es aber gar nicht oft genug sagen: Sie sind wundervoll. Und damit der allererste Grund, Thüringen zu lieben.

2. GRUND
Weil sich 2,2 Millionen wundervolle Thüringer wundervoll über Thüringen verteilen

Ich habe nichts gegen Menschen, wirklich nicht, einige meiner besten Freunde sind Menschen. Menschen sind wundervoll, insbesondere Sie, aber das sagte ich ja schon. Aber: Zu viel ist zu viel. Wo der Mensch allzu massenhaft auftritt, wird er zur Menschenmasse, und Menschenmassen haben mitunter etwas Unmenschliches an sich.

Nehmen wir eine Millionenstadt: Klar, sie ist aufregend, bietet unendlich viele Möglichkeiten (außer der, allein zu sein). Faszinierend viele Events, Clubs, Pubs, Shops und Shows, dazu eine florierende Straßenkriminalität garantieren, dass keine Sekunde Langeweile aufkommt. Man ist im Brennpunkt des Weltgeschehens.

Der damit verbundene Rausch währt, je nach Typ, ein paar Tage, Wochen oder Jahrzehnte. Doch irgendwann wird einem der Brennpunkt womöglich zu heiß. Dann verlässt man ihn einfach, beendet sein Metropolen-Gastspiel und kehrt dorthin zurück, wo alles noch ein menschliches Maß hat. Etwa nach Thüringen, wo einen glücklicherweise keine Millionenstadt erwartet.

In seiner Gesamtheit hat Thüringen rund 2,2 Millionen Einwohner, also etwa genauso viel wie die Problembezirke Berlins zusammengenommen. Doch das Wunderbare ist, dass sich die 2,2 Millionen Thüringer äußerst apart über die 16.000 Quadratkilometer des Freistaats verteilen. Nur an zwei Stellen treten sie in solcher Vielzahl auf, dass Großstadtgröße erreicht wird: Gut 200.000 Thüringer ballen sich zu Erfurt, gut 100.000 zu Jena. Das sind einerseits genug, um eine gewisse vitale Urbanität zu kreieren, andererseits nicht so viele, dass alles auseinanderfiele. Ein Erfurter ist ein Erfurter. Fragen Sie dagegen mal einen Treptower, was er mit Spandau zu tun hat.

Zwei Großstädte reichen für ein Bundesland völlig aus, und das, was diese beiden Großstädte zu bieten haben, reicht völlig aus, um die städtischen Grundbedürfnisse ihrer Be- und Anwohner zu befriedigen. Gut, wer balinesischen Tempeltanz erlernen oder einen gebrauchten Hammerhai erwerben will, stößt in Erfurt vielleicht an seine Grenzen. Aber wer solches möchte, kann ja nach Frankfurt fahren, wo es dergleichen wahrscheinlich gibt, und manch andere Nichtigkeit mehr.

Hier und da finden sich die Thüringer auch in Gebilden zusammen, die nicht ganz die Kriterien erfüllen, welche man an eine Großstadt stellt. Dann spricht man von Klein- oder Mittelstädten, und hier nähern wir uns der Seele Thüringens: Das Land lebt in und von seinen Klein- und Mittelstädten. Und diese sind aller Ehren wert. Nicht wenige von ihnen haben es zu Weltruhm gebracht. Weimar wurde von Goethe in die Champions League der Kultur katapultiert, und nebenher walteten hier ja noch Heroen wie Schiller,

Wieland, Herder, Cranach, Liszt, bauten die Bauhäusler, dämmerte ein Nietzsche vor sich hin. Eisenach hatte den Sänger-Contest auf jener Wartburg, in deren Mauern Luther später die Welt veränderte, auf welche wiederum später Bach kam, neben dem die anderen Eisenacher Komponisten wie etwa Pachelbel und Telemann etwas verblassen. In Gotha wurden Atlanten gefertigt, die dem Rest der Welt zeigten, wo was liegt; die Meininger Hofkapelle zog Größen wie von Bülow, Brahms, Richard Strauss und Reger an, in Hildburghausen entstand eins der schönsten, größten und besten Lexika der Welt. So könnte man fortfahren. All diese Mittelstädte sind auf ihre Art groß und einzigartig. Übrigens auch, was ihren Gewerbefleiß betrifft: Hier entstanden die schillerndsten Perlmuttknöpfe, dort die die elegantesten Glacé-Handschuhe, das schönste Spielzeug, auch in dieser Aufzählung könnte man lange fortfahren.

Doch Thüringen kann's auch noch kleiner: Kaum eine Gemeinde, kaum ein Dorf, in dem man nicht innehielte, weil hier irgendwas Großes geboren, gebaut, erdacht, gedichtet wurde. Die Orte Thüringens sind wunderbar übers Land verteilt, alles im rechten Maß, nichts ohne Bedeutung. Und wem das zu harmonisch ist, der kann ja immer noch eine Städtereise, etwa nach Berlin, unternehmen, um sich dort einmal richtig lustvoll vom Millionenmoloch abnerven zu lassen.

3. GRUND

Weil hier irgendwo die Mitte Deutschlands ist — und gefälligst bleibt

Wo genau ist der Mittelpunkt unserer lieben, guten Bundesrepublik? Diese Frage sieht äußerst harmlos aus, hat es doch den Eindruck, als könnte sie jeder bessere Erdkundelehrer eben mal mittels Lineal, Zirkel, Bleistift und Radiergummi lösen. Doch weit gefehlt: Die Frage nach Deutschlands Mitte ist derart tricky, dass sie wohl nie zur Zufriedenheit aller beantwortet werden kann. Wohl scheint es, als liege die Landesmitte irgendwo in Thüringen, doch der Freistaat wäre gut beraten, darauf hinzuwirken, dass dieses grundgesetzlich verankert wird, notfalls mit der Drohung, andernfalls aus der Bundesrepublik auszutreten, denn Achtung: Der Feind schläft nicht.

Das Problem der Mittelpunktsermittlung liegt in ihrer Methode. Das Zentrum eines DIN-A4-Blatts oder einer Pizza Funghi lässt sich ja verhältnismäßig leicht ermitteln, doch leider hat unser Vaterland eine wesentlich uneindeutigere Form als jene beiden Vergleichsstücke. Was tun?

Eine eher simple Methode nimmt den äußersten Norden Deutschlands (List auf Sylt), den äußersten Osten (Deschka bei Görlitz), Westen (Selfkant bei Holland) und Süden (Oberstdorf bei Oberstdorf), zeichnet sodann ein Rechteck, auf dessen Seiten jeweils einer dieser Orte liegt. Und von jenem Rechteck lässt sich ja recht einfach der Mittelpunkt ermitteln: Niederdorla, südlich von Mühlhausen – 1:0 für Thüringen. Kritiker dieser Methode wenden unter anderem ein, dass Deutschland nun eben nicht jenes Rechteck sei, womit sie gewissermaßen recht haben.

Methode 2 ist schon etwas raffinierter: Man markiert die Grenze Deutschlands mit vielen, nämlich genau 428 Punkten und lässt dann einen Computer den Ort ermitteln, von welchem aus die Distanz zu all jenen Punkten die geringste ist. Ergebnis: Flinsberg bei Heiligenstadt, 2:0 für Thüringen. Kritiker wenden ein, dass die Setzung dieser Punkte ja wohl ziemlich willkürlich sei, und überhaupt: Warum 428? Und nicht 429? Oder 1.274?

Methode 3 ist im Grunde eine haptische Weiterentwicklung von Methode 2 und hat zudem den Vorteil, dass ein jeder sie als Bastelarbeit, etwa in der Vorweihnachtszeit, nachvollziehen kann. Man setzt den Mittelpunkt nämlich dem Schwerpunkt gleich, und diesen finden wir wie folgt: Wir besorgen uns eine stattliche Deutschlandkarte, leimen selbige auf Sperrholz, sägen nun behutsam unser Vaterland aus, und schon haben wir eine dekorative Tischplatte für den Partykeller – nein, anders: Nun stellen wir die Holzkarte auf eine Nagelspitze, und zwar so, dass sie exakt in waagerechter Schwebe bleibt. Und wo steckt der Nagel? Erneut in Niederdorla, 3:0 für Thüringen!

Die Kritiker sagen: Laubsägearbeiten? Was ist das denn? Wir wollen den Schwerpunkt gefälligst per Computer errechnen, wozu haben wir ihn denn? Und was ergibt diese Methode? Landstreit bei Eisenach, 4:0 für Thüringen.

Doch auch hier gibt es Kritiker: Was ist mit unserer Zwölfmeilenzone? Rügen? Und den Friesischen Inseln? Gehört Wattführer Hinnerk etwa nicht zu Deutschland? Neuer Computerdurchgang, neues Ergebnis: Dingelstädt-Silberhausen, 5:0 für Thüringen.

Doch nun kommen die Mega-Nerds und nörgeln alles nieder: Sämtliche bisherigen Methoden, so lamentieren sie, unterstellten doch, dass Deutschland eine zweidimensionale Plattitüde wäre. Stattdessen aber gebe es hierzulande doch allerlei Schrägen, etwa die Gebirgshänge. Um die eigentliche Fläche zu ermitteln, sagen jene Nerds, müssten wir doch folglich das faltige Bettlaken erst glattziehen, was wir mittels unserer Höchstleistungscomputer nun einfach mal tun. Und von der solcherart planierten Staatsfläche haben die Nerds eine Mitte ermittelt: Krebeck, gelegen in – Hallo? Wie soll dieses Bundesland heißen? Kennt jemand ein Bundesland namens »Niedersachsen«?

Nein, meine Herren Nerds: Das ist nicht zu akzeptieren! Und zwar aus folgenden Gründen. Erstens habt ihr unsere Hochseeinseln Helgoland und Mallorca außer Acht gelassen. Zweitens habt ihr die Erdkrümmung nicht berücksichtigt, ganz zu schweigen von der Raumkrümmung. Drittens habt ihr eure Rechnung ohne die Heisenbergsche Unschärferelation gemacht. Und viertens sind eure Computer, auf die ihr ach so stolz seid, doch nichts weiter als der Elektronikschrott von morgen.

Folglich habe ich die Sache selbst in die Hand genommen und durch siderisches Pendeln herausgefunden, dass der Mittelpunkt

Deutschlands selbstverständlich in Thüringen liegt, und zwar in ... äh ... nehmen wir ... Gossel, bei den drei Steinkreuzen – einem Ort, der aller Ehren wert ist, nicht zuletzt deshalb, weil ich dort eines lang vergangenen Sommertages eine unvergesslich schöne Rast gemacht habe. Also: Gedenkstein hin, 6:1, Satz und Sieg: Thüringen, die Mitte Deutschlands!

4. GRUND
Weil hier Winter noch Winter sind

Ach, wir leben doch in einer Welt der Mittelmäßigkeit. Unsere Zeit ist eine Schonzeit, unsere Werte sind Durchschnittswerte, unser Leben reduziert sich auf Lebenserwartung, unsere Welt besteht aus Wellness-Oasen, Komfortzonen und Light-Versionen. Wie wundervoll ist es aber, dass es in dieser globalen Banalität noch Regionen gibt, in denen man ins Extrem gehen kann, ja muss, in denen elementare Begegnungen noch möglich, gar zwangsläufig sind. Eine solche Region ist Thüringen.

Nehmen wir zum Beispiel den Winter. Vielerorts ist er heruntergekommen, missraten zur unansehnlichsten aller unansehnlichen Jahreszeiten: Wenn man Glück hat, verwandelt sich dann der Nieselregen tageweise in einen Nieselschnee, dieser wiederum durchmengt sich mit Straßendreck und Hundekacke zu einem freudlosen Matsch, welcher zunächst die Schuhe und später die Eingangsbereiche der Wohnungen verunziert. So traurig ist der deutsche Winter unserer Zeit. Doch nicht überall. In Thüringen ist er anders. Denn hier hat man der Mittelmäßigkeit einen Riegel vorgeschoben – und zwar in Form einiger Mittelgebirge, die den Freistaat vor den lauwarmen Westwinden schützen. Die Folge: Winter, die diese Bezeichnung noch verdienen.

Zugegeben: Der erste Eindruck ist meist der bleibende, und mein Thüringer Winter-Debüt ereignete sich 1995/96, als es deutschlandweit recht frisch war. In Thüringen jedoch war es geradezu elementar: Als ich eines Tages spazierenderweise das Haus verließ, hatten sich rund 20 Minusgrade zusammengetan, um mir ein unvergessliches Erlebnis zu bereiten. Was ihnen gelang: Es fühlte sich in etwa an, als würden ganz viele ganz winzige unsichtbare Thüringer Waldfeen mein Gesicht mit unsichtbarem Schleifpapier bearbeiten, 80er Körnung vielleicht. Großartig! Ich konnte gar nicht genug davon kriegen. Wunderbar frische Tiefkühl-Luft und ein fantastisch reines Licht lagen über der Landschaft, welche natürlich eine satte, strahlend weiße Schneedecke aufwies, was wiederum Winterfreuden aller Art gewährte: Kinder rodelten den Abhang hinunter, rüstige Frührentner zogen Loipen durch den Wald, junge verliebte Herren bewarfen ihre warm verpackten, vor Freude quietschenden Damen mit Schneebällen aller Kaliber. Und wie schön war es, nach all diesen Genüssen wieder ins wohlgeheizte Heim zu kommen: Schon nach wenigen Stunden war die Lähmung der Gesichtsmuskulatur gewichen, ich konnte wieder sprechen und feste Nahrung zu mir nehmen – herrlich! Jener Thüringer Winter brachte es in Erfurt auf eine respektable Durchschnittstemperatur von –3,7 Grad – man vergleiche dieses doch einmal mit Soft-Städten wie Stuttgart (–0,9), Frankfurt (+0,1), oder gar, völlig lachhaft: Düsseldorf (+0,6). Zweifelsohne: Wer noch rechtzeitig vor der globalen Erwärmung einen richtigen, kernigen deutschen Winter erleben möchte (schon um seinen Enkeln dann maßlos übertriebene Geschichten erzählen zu können), sollte sich auf in den Freistaat machen!

5. GRUND

Weil Thüringen in Sachen Wetterrekorde angenehm bescheiden ist

Mit den Rekorden hat es schon eine merkwürdige Bewandtnis: Je weiter die Moderne fortschreitet, umso mehr wächst allseits der Wunsch, Höchstleistungen zu erzielen, und seien sie aus keinem anderen Grund erzielt als aus eben dem, dass sie Höchstleistungen sind. So etwas nennt man »Rekord«. Manche Rekorde sind noch irgendwie beeindruckend, etwa derjenige des schnellsten 100-Meter-Laufs ohne positive Dopingprobe. Manche sind schon etwas fragwürdiger, etwa jener der größten je hergestellten Rändelschraube. Andere schließlich sind durchaus seltsam, beispielsweise jener der binnen einer Stunde liegend verzehrten Enteneier. Nichtsdestotrotz werden diese Rekorde – wie der Name ja schon sagt – aufgezeichnet, man kann sie in Buchform erwerben und sich an allerlei menschlicher Merkwürdigkeit erfreuen, gern bei einem Glas irischen Dunkelbiers.

Auch Bundesländer haben ihre Rekorde, etwa in Sachen Wetter. Und hier zeigt sich der Charakter der Regionen doch recht deutlich. Baden-Württemberg, das leicht streberhafte Musterländle beispielsweise, hebt emsig den Finger, wenn es um den heißesten Tag geht: 40,2 Grad, in Karlsruhe am 9. August 2003, und noch mal gleicherorts am 13. August 2003, und in Freiburg am selben Tag auch! Das lassen die Mia-san-mia-Bayern nicht auf sich sitzen. Ebenfalls 40,2 Grad, am 27. Juli 1983, protzt es aus dem oberpfälzischen Amberg, und die Bajuwaren legen noch nach – minus 37,8 Grad, kältester Tag Deutschlands, in Wolznach, Kreis Pfaffenhofen! Zudem hat Bayern gleich noch sämtliche Schneerekorde an sich gerafft, natürlich auf dem Rekordberg Zugspitze; dort maß man 1985 auch den schnellsten deutschen Wind aller Zeiten (335 km/h). In Sachen Sonnenschein meldet sich wieder das Ländle zu Wörtle: 2.329 Stunden im Jahr 1959, Klippeneck auf der Schwäbischen Alb. Und so weiter. Es hat den Anschein, als lägen alle deutschen Wetter-Rekorde im Süden. Was bleibt da noch für sympathische, bescheidene Bundesländer wie etwa Thüringen? Wenig.

Immerhin ist man im Thüringer Becken nahezu rundum von Mittelgebirgen eingefasst, welche den Regen fernhalten. Mithin braucht der Thüringer Beckenbewohner seltener den Schirm als die anderen Deutschen. So hat sich einst die unweit von Sömmerda gelegene Gemeinde Straußfurt artig zu Wort gemeldet: Bei uns fielen anno 1911 nur 242 Millimeter Niederschlag. Selbiges wurde in die deutschen Rekordlisten eingetragen. Und dort stand es für lange, lange Zeit. Bis kürzlich etwas Unglaubliches geschah: Still und heimlich wurde der Straußfurter Rekord getilgt. Nun heißt es von offizieller Seite, dass der niederschlagsärmste Ort Aseleben bei Eisleben wäre: 209 Millimeter – gleichfalls 1911! Was ist da passiert? Wie konnte der Rekord nach Sachsen-Anhalt wandern? Und dazu 100 Jahre brauchen? Warum ist Straußfurt nicht vor den Europäischen Gerichtshof gezogen?

Wahrscheinlich, weil der Thüringer viel zu nobel für derlei Rekord-Prahlerei ist. Sodass er in der ihm eigenen sympathischen Zurückhaltung nur noch einen einzigen deutschen Klimarekord hält: die längste Nebeldauer, nämlich 242 Stunden, beginnend am 7. Mai 1996, registriert an der Wetterstation in Neuhaus am Rennweg.

Nun ist die meteorologische Definition von »Nebel« ein wenig nebulös: Er beginnt, wenn man ein dunkles Objekt vor hellem Hintergrund aus einem Kilometer Distanz nicht mehr erkennen kann. Aber wie misst man ihn nachts? Egal: Die wackeren Schiefergebirgler haben zehn Tage Supersuppe erduldet. Und das, während anderswo Wonnemonat war. Sie haben diesen schweren, freudlosen Rekord heldenhaft auf sich genommen. Das ist Größe. Das ist Opfermut. Ganz klar: Deutschland schuldet ihnen Respekt. Mehr noch: Deutschland schuldet ihnen Dank!

6. GRUND

Weil es hier genug Wald für alle gibt

»Warum?!«

Zwei lateinamerikanische Augen fixierten mich, ihre winzigen Pupillen stachen wie Stecknadeln, aus dem warmen Braun der Iris sprühten heiße Funken. Funken der Angst vielleicht, vielleicht Funken des Hasses. Was hatte ich nur getan? Das Letzte, woran ich mich erinnerte, war meine Frage, ob wir an diesem schönen Tage nicht ein wenig in den Thüringer Wald gehen, ein wenig wandern wollten. »Warum?!«, wiederholte sie, die Stimme scharf wie das Ausbeinmesser eines Gauchos, so Gauchos denn überhaupt Ausbeinmesser haben. »Warum in den Wald gehen?«

»Nun«, ich versuchte mich geistig in Stellung zu bringen, »weil … es gut ist, in den Wald zu gehen.« Dieses Argument, wiewohl doch absolut schlüssig, verfing nicht im Mindesten.

»Höre, Deutscher, ich erkläre dir, was gut ist: Gut ist erstens, was nützlich ist, und in den Wald zu gehen ist völlig unnützlich. Man hat nichts davon. Und gut ist zweitens, was Spaß macht, und in den Wald zu gehen macht keinen Spaß.«

»Doch«, wandte ich ein, plötzlich Hoffnung schöpfend, dass ich hier einen Horizont weiten, die Völkerverständigung befördern könnte, »es macht superviel Spaß, durch den Wald zu wandern!«

»Nein, es ist scheiße. Erst geht man bergauf, was anstrengend ist. Dann geht man bergab, was auch anstrengend ist. Dann wieder bergauf, und so weiter. Dann stolpert man über Wurzeln oder Steine. Dann gibt es nichts zu sehen, außer Bäumen. Und die machen den Himmel dunkel. Dann gibt es noch nicht mal mehr Bäume zu sehen, wie heißt das? Lichtung. Dann gibt es wieder Bäume. Dann tun einem die Beine weh, man ist müde, will nach Hause, dann wünscht man sich, nie in diesen Scheißwald hineingegangen zu sein. Das ist Wandern. Man muss schon deutsch sein, um an so was Spaß zu haben. Ihr habt wahrscheinlich auch Spaß an Hammer auf Daumen.«

Dem hatte ich nichts mehr entgegenzusetzen (zumal ich auch an die ungeheure Vielzahl der deutschen Baumärkte dachte), so gab ich mich geschlagen. Wir gingen nicht in den Thüringer Wald, sondern machten irgendetwas anderes, was, habe ich vergessen.

Behalten habe ich jedoch diesen Dialog, als Ausweis dessen, dass es kaum möglich ist, unsere Wollust am Walde ins Ausland zu exportieren. Wir lieben den Wald. Das macht uns im Kreise der zivilisierten Völker ein wenig suspekt. Denn diese lieben den Wald nicht, zumindest nicht auf unsere traumtrunkene Weise. Viele jener zivilisierten Völker verfügen nicht einmal mehr über Wald, haben sie diesen doch schon vor Jahrhunderten sicherheitshalber abgeholzt. Worauf sie plötzlich über Unmengen von Holz verfügten, das sie nun ja irgendwie verarbeiten mussten. Manche dieser Völker haben sich daraufhin einfach Schiffe zurechtgezimmert, mit denen sie zu Seemächten avancierten und Weltreiche eroberten. Wo diese Völker aber nicht alleine mit ihrem Wald fertig wurden, warfen sie ihn dem Vieh zum Fraße vor: Waldweidung erwies sich als probates Mittel, das Dickicht zu lichten: freie Sicht, klarer Geist, ein angenehmes Leben im hellen Schein der Zivilisation.

Doch merkwürdigerweise zeigten sich die Deutschen an diesem Spiel weithin desinteressiert. Spätestens in der Romantik gestalteten sie den Gegenentwurf: Die Zivilisation ist eitler, oberflächlicher Firlefanz, die Stadt ein hohles, nichtiges Getriebe. Dagegen steht der Wald als Stätte des Echten, Elementaren, Freien. Wohl ist er dunkel, aber gerade in seiner düsteren Undurchschaubarkeit ist er Ort des Geheimnisvollen, und das Geheimnisvolle fasziniert. Fortan wurde der Wald gemalt, besungen und bedichtet. Die Grimms brachten ihn schon den Kleinsten nahe: Der deutsche Märchenwald ist voll von Prinzessinnen, Hexen, Menschfressern, Riesen, Zwergen und was weiß ich noch alles – und das sind doch allemal interessantere Gestalten als etwa Soziologen oder Finanzbeamte im mittleren Dienst. Zumindest nach deutschem Geschmack.

Selbst den Beginn unserer nationalen Geschichte verlegten wir in den Wald: Ein von Hermann dem Cherusker geführter germanischer Groß-Haufe versteckte sich hinterhältig im Unterholz, um sich von dort der Zivilisation zu erwehren, welche so dumm gewesen war, sich in den Wald zu wagen.

Ich möchte nicht, dass hier ein falscher Eindruck entsteht: Ich liebe den Wald. Ich liebe das Licht des Waldes, seinen Geruch, das sanfte Federn seines Bodens unter meinen Füßen. Ich liebe den

Klang des Waldes – »Wald hat Ohren, Feld hat Augen«, sagt ein Sprichwort. Ich bekomme Glücksgefühle, wenn sanfte Waldbäche sich plätschernd ergießen, wenn wilde Waldbachen sich ihre Wege durchs Unterholz brechen.

Ja, ich liebe den Wald. Und deshalb liebe ich Thüringen. Denn – Trommelwirbel – ein Drittel der Freistaatsfläche besteht aus wunderbarem, allerbestem deutschen Wald! Genug Wald für alle! Nicht zu vergleichen mit den sogenannten Naherholungsgebieten an der Peripherie der Ballungsräume, wo einen die Vielzahl an Mitmenschen nervt, wo einen wahnsinnig gewordene Mountainbiker niedermähen, wo eine Strecke weggeworfener Eis-Verpackungen die kürzeste Verbindung zwischen zwei Ausflugslokalen markiert, nein: Der Thüringer Wald ist großzügig dimensioniert, bietet splendide Einsamkeiten und eine schöne Varietät: Es gibt Mischwälder, Buchenwälder, Neo-Urwälder, und selbst die Nadelforst-Monokulturen haben in ihrer Säulenhaftigkeit noch Charme.

Was der Wald ist, zeigt sich erst in dessen Abgang: Als man begann, die A71 zu bauen, lagen gewisse Teile des Thüringer Waldes ein wenig im Wege, sodass man sie kurzerhand entfernen musste – was alsbald mit Hilfe fantastischer Riesen-Rodungs-Rödel-Dröhnmaschinen geschah, die – jegliches menschliche Maß sprengend – durchaus auch eingesetzt werden könnten, wenn man demnächst die Apokalypse veranstalten wollte. Jene Maschinen zu sehen stimulierte die eine urdeutsche Leidenschaft in mir: die angstvolle Sehnsucht nach dem Weltuntergang. Die von ihnen geschlagene Schneise der Verwüstung zu sehen stimulierte aber die andere urdeutsche Leidenschaft in mir: die wilde Waldeswollust; knapp konnte ich mich davon abhalten, die schreckliche Wunde, die dem lieben Wald geschlagen worden war, weinend zu streicheln und kleine Zweiglein zu ihrer Heilung einzustecken …

Ach, Nebbich: Es gibt natürlich nach wie vor jede Menge Wunderwald in Thüringen (und selbstverständlich ist die A71 eine supergeile Autobahn).

Weil man hier vorgeführt bekommt,
wie Deutschland eigentlich aussieht

Die Rotbuche ist ein extrem cleverer Baum: Solange sie klein ist, fristet sie in den unteren Etagen des Waldes ein wunderbares Schattendasein. Denn raffinierterweise geht sie hier in die Breite: Die weit ausgestellten Äste sorgen für eine optimale Restlicht-Aufnahme. Dann aber schießt sie in die Höhe, wirft die nun überflüssigen Unter-Äste ab, um eine mächtige Krone auszubilden, womit sie die meisten ihrer Konkurrenten eindeutig in den Schatten stellt. Ha!

Und selbst an die Fortpflanzung denkt dieser überaus kluge Baum: Er wirft Bucheckern aus. Nun erfreuen sich diese ölhaltigen Früchte in Maus-, Vogel- und Schweinekreisen großer Beliebtheit. Ein weniger schlauer Baum als unsere Rotbuche hätte nun ein Problem: Die ausgeworfenen Bucheckern würden von der munteren Tierschar weggefressen, was ja zur Folge hätte, dass keine neuen Buchen entstünden, was wiederum bald zum Ende aller Buchen führen würde. Um dieses Schicksal abzuwenden, haben die Rotbuchen einen hochintelligenten Plan ausgetüftelt: Über Jahre hinweg produzieren sie deutlich weniger Bucheckern, als sie eigentlich könnten. Das hält die Populationen der Bucheckern fressenden Tiere gering. Dann aber, in den sogenannten Mastjahren, machen die Buchen ernst und hauen so viele Eckern raus wie nur möglich – mithin mehr, als die Tiere zu fressen imstande sind. So bleiben genug Eckern für Neu-Buchen übrig, wobei der Baum überdies auch von der Doofheit mancher Nager profitiert: Nicht selten vergisst etwa die Waldmaus, wo genau sie ihre Vorräte deponiert hat.

All dieses führte dazu, dass die Rotbuche hierzulande bestens aufgestellt war. Deutschland wäre ein von Rotbuchen dominierter Urwald – wenn da nicht die Deutschen wären. Unsere Vorfahren hatten den Baum noch hoch geschätzt, immerhin leitet sich das Wort »Buch« ja davon ab, dass man einst allerlei Zeichen in sein

Holz ritzte. Auch das »Lesen« verdanken wir der Rotbuche: In alten Zeiten warf man mit Runen beschriebene Buchen-Stäbe auf die Erde, um sie sodann mantisch aufzu-lesen, woraus man nützliche Hinweise auf die Zukunft erhielt.

Also: ein rundum gelungener Baum, diese Rotbuche. Allerdings beschritten unsere Ahnen bald den Weg des Fortschritts, wobei die Rotbuche ein wenig ins Hintertreffen geriet: Als es darum ging, Äcker oder Städte anzulegen, stand sie im Weg, weshalb man sie rodete. Als es darum ging, Holz im großen Stil zu vernutzen, erwies sich die Eiche als dauerhafter im Gebrauch, das Nadelholz als schneller in der Produktion. Die vermeintlich so schlaue Rotbuche stellte sich wirklich sehr dumm an, als es darum ging, einen Ort in der Industriegesellschaft zu finden: Wohl waren eine Zeit lang aus Buche gefertigte Bugholz-Kaffeehausstühle in Mode, auch kann man in Teeröl getränktes Buchenholz als Eisenbahnschwelle verwerten, aber das sind Marktnischen, mehr nicht. Keiner braucht die Rotbuche. So sind heute gerade mal knappe fünf Prozent des deutschen Waldes von Buchen bestanden.

Doch glücklicherweise gibt es den Hainich – einen rund 16.000 Hektar messenden Thüringer Höhenzug, dessen Südteil der NVA als Kriegsspielplatz diente. Und wo das Militär herrschte, musste die forstliche Nutzung selbstverständlich unterbleiben. So bildeten sich hier und da wieder urwaldhafte Strukturen aus, was nach der Wende unter Naturfreunden hellen Jubel auslöste, in welchen 1997 auch der Thüringer Landtag einstimmte: Seither sind 7.500 Hektar des südlichen Hainich zum Nationalpark erhoben, mit dem Ziel, dass hier bald ein geschlossener deutscher Urwald entstehe – in dem auch die Rotbuche wieder in aller Ruhe ihr Ding machen kann.

Weil man hier der poppenden Dasselfliege auf Augenhöhe begegnet

Wie poppt die Dasselfliege? Geben Sie es doch zu: Diese Frage haben Sie sich bisher noch nie gestellt. Denn selbst wenn einem die Dasselfliege als solche überhaupt geläufig ist, so gehört sie doch zu den Tieren, die man gemeinhin als eher unsexy abtut – was unter anderem daran liegt, dass ihr (eben durch nämliches Poppen erzeugter) Nachwuchs sein Larvenstadium parasitär verbringt, etwa in Nase, Rachen oder Magen-Darm-Arsch-Trakt armer Säugetiere. Wer also will schon wissen, wie jene zweifelhaft veranlagten Zeitgenossen ihren Geschlechtsakt exekutieren? Nun, der Wissenschaftler will es wissen, schon aus dem Grunde, da der Wissenschaftler alles Wissbare wissen will, egal wie widerlich es auch sei.

Freilich steht der Erforschung des Geschlechtslebens der Dasselfliege eines entgegen: Die Tiere balzen in Baumkronenhöhe, und der Insektenkundler misst, wenn es hochkommt, zwei Meter (Weibchen sind meist noch merklich kleiner). Das reicht nicht, um der erotisierten Dasselfliege auf Augenhöhe begegnen zu können. Doch glücklicherweise gibt es ja den Baumkronenpfad im Nationalpark Hainich. Hier konnten erstmals profunde Erkenntnisse über das Balzverhalten der Dasselfliege gewonnen werden, was weltweit für enormes Aufsehen sorgte, zumindest im Kreis der Dasselfliegenforscher.

Doch auch jene, die der Dasselfliege nicht übermäßig zugetan sind, können auf dem Baumkronenpfad viel Spaß haben – wo sonst kann man schon in 20 Meter Höhe durch den deutschen Wald flanieren? Per Wendeltreppe (alternativ per Aufzug) gelangt man auf Baumkronen-Niveau, wo einem dann ein auf Stahlstützen ruhender Doppelrundweg offen steht. Die ganze Konstruktion ähnelt einer Acht, sodass sich zwei thematisch unterschiedliche Schleifen ergeben. Die erste, 308 Meter lange, ist der Tierwelt gewidmet, der Besucher (so dessen Aufmerksamkeit nicht gänzlich von der Dasselfliegenbalz absorbiert wird) entdeckt zunächst den Lebensraum der Fledermaus, die sich gern im Totholz tummelt, der nächste Abschnitt präsentiert das Zuhause des Mittelspechts, der dritte jenes der Wildkatze. Dann geht es in Baumspitzenhöhe, wo jene Spezialisten leben, die des ständigen Wechsels von Licht und Schatten bedürfen, so zum Beispiel der Schillerfalter.

Die zweite Schleife, 238 Meter lang, widmet sich dem Baum an sich; zunächst erfährt der Besucher alles Notwendige zur Fotosynthese, danach geht es um den Laubbaum und den Urwald, bevor schließlich die Methodologie der Baumkronenforschung präsentiert wird. Hier kann man allerhand lernen – muss man aber nicht: Wer mag, kann sich auch ganz und gar dem sinnlichen Vergnügen hingeben, das darin liegt, einmal in jenen enthobenen Regionen des Waldes umherzuschweben, die ansonsten nur der Dasselfliege und ihren ähnlich hochfliegenden Freunden vorbehalten sind.

9. GRUND
Weil das untere Vessertal ein Superstar der Naturschutz-Szene ist

Früher war die Welt noch völlig in Ordnung. Es gab keine Probleme, und wenn es sie gab, so löste man sie einfach, und wenn man sie nicht einfach lösen konnte, war man sich doch gewiss, sie in Bälde lösen zu können. So gab es zum Beispiel kein »Entsorgungsproblem«: Man warf den Müll einfach weg, und den Giftmüll warf man einfach etwas weiter weg. Fertig.

Für uns Heutige liegen die Dinge nicht mehr ganz so einfach, haben wir doch gewisse Erfahrungen hinter uns: Hier hatte das Flüsschen mal eine gelbe Stinkefarbe angenommen, und die Fischlein übten sich im Rückenschwimmen; dort hatte der Himmel mal eine graue Stinkefarbe angenommen, die er auch im Hochsommer zur Mittagszeit bewahrte, was irgendwie verstörend war. Allmählich dämmerte es dem modernen Menschen, dass es ein »weg« nicht gibt. So versuchte man einerseits, die Ausschüttung von Stinkdioxid und dergleichen zu reduzieren, was sich jedoch als ebenso kompliziert wie kostspielig erwies. Andererseits stellte man bestimmte Gebiete, die sich ihre vorindustrielle Unschuld noch irgendwie bewahrt hatten, unter Schutz. Dieses erwies sich als etwas einfacher. Und etwas billiger.

Mittlerweile gibt es eine verwirrende Vielzahl solcher Gebiete, und Thüringen ist aufs Prächtigste mit ihnen versehen: Der Freistaat zählt 55 Landschaftsschutzgebiete, die rund ein Viertel seiner Fläche ausmachen, 264 Naturschutzgebiete, fünf Naturparks, einen Nationalpark und zwei Biosphärenreservate.

Letztere gehen auf eine Initiative der UNESCO zurück, welche 1970 kurzerhand beschloss, dass Mensch und Natur doch noch Freunde werden sollten. 1976 wiesen die ersten Länder, unter ihnen die USA und der Iran, entsprechende Biosphärenreservate aus. Deutschland brauchte etwas länger, wobei die Bundesrepublik hier das Rennen gegen die Demokratische Republik klar verlor: Die ersten deutschen Biosphärenreservate lagen in Sachsen-Anhalt und in Thüringen, wo 1979 ein zauberhaftes Filetstück des Thüringer Waldes der UNESCO zur Anerkennung vorgelegt wurde: das Vessertal. Selbiges hatte bereits 1939 hohe Weihen eingeheimst, indem es zu einem der ersten Naturschutzgebiete Deutschlands erkoren worden war.

So würde das untere Tal der Vesser bestimmt ganz verlegen, wüsste es nur, wie sehr es mittlerweile von den Menschen ausgezeichnet wurde: Es ist einerseits Teil des nach ihm benannten Biosphärenreservats, gar dessen Kernzone, zudem nach wie vor Naturschutzgebiet und überdies Bestandteil des Naturparks Thüringer Wald. Das soll der Vesser erst mal ein anderes Flüsschen nachmachen!

Nun muss sich die untere Vesser natürlich tüchtig ranhalten, um die in sie gesetzten Erwartungen zu erfüllen: Binnen 200 Jahren soll sie reinsten Urwald hergestellt haben. Bereits seit 1959 wird das untere Tal nicht mehr forstwirtschaftlich genutzt, sodass ein Anfang gemacht ist: Fichte, Rotbuche, Bergahorn und Bergulme ergeben ein prachtvolles Durcheinander, doch vor allem feiert hier die zwischenzeitlich gefährdete Weißtanne ihre Wiedergeburt. Auch die hiesigen Wiesen sind prima anzusehen, gerade im Frühsommer erfreuen sie des Wanderers Auge mit allerlei Orchideen, Arnika und Trollblume. Kurzum: Wenn man den naturschutzbürokratischen Hintergrund ein wenig vergisst, kann man hier wirklich bezaubernde Momente erleben.

10. GRUND
Weil es hier 250 Millionen Jahre alte Spaß-Steine gibt

Rund um Bad Frankenhausen erhält sich ein liebenswürdiger Volksbrauch: Wenn die Familie spazierenderweise in die Nähe des Wüsten Kalktals gerät und das Kindchen groß genug ist, sich an den Wundern der Natur zu erfreuen, schreitet Vati frisch zur Tat. Mutti hingegen hält sich, aufgrund ihres größeren Feingefühls, meist ein wenig zurück. »Hier schau mal«, kriegt das Kleine dann zu hören, wobei Vati ihm zwei Scheibchen schwarzen Steines hinhält, »das ist Schiefer.«

Man kann sich vorstellen, dass diese Information beim Nachwuchs auf wenig Interesse stößt: Schiefer? So what? Doch Vati lässt nicht locker: »Komm mal näher! Hier! Schau!« Und dann reibt Vati die beiden Steinscheibchen heftig aneinander – mit fulminantem Effekt: »Iiiiiiiihhhhhh«, quietscht der Nachwuchs in jener Mischung aus Ekel und Glückseligkeit, die allein den Kindern eigen ist, »das stiiiiinkt!«

Mutti, die sich das Ganze – wie gesagt – aus sicherer Entfernung angeschaut hat, weiß genau, worauf das Gestankserlebnis zurückgeht: auf Schwefelwasserstoff, unter Chemikern auch gerne H_2S genannt. Der organoleptische Nachweis des Schwefelwasserstoffs ist ziemlich einfach: Wenn es irgendwo nach faulen Eiern stinkt, ist H_2S am Start. Man begegnet ihm an widerlichen Orten (wobei diese Orte ja nicht zuletzt eben deshalb widerlich sind, weil man dort H_2S begegnet): versiffter Siphon, Müllkippe oder Klassenzimmer, wobei Letzteres natürlich nur in der dunklen Vergangenheit stank, als ungezogene Schüler die seinerzeit erhältlichen Schwefelwasserstoff-Ampullen (»Stinkbomben«) am Lehrerpult zerbrachen, um so den Unterricht zu sabotieren, was im Allgemeinen gelang, außer beim Chemielehrer, der berufsbedingt immunisiert war. Man merkt: Schwefelwasserstoff gehört zu den eher unbeliebten Verbindungen. Übrigens ist er auch giftig (wiewohl neuerdings darüber spekuliert wird, dass er – in geringen Dosierungen – Erektionsstörungen beheben könne, freilich müsste geklärt werden, ob die Applikation von Schwefelwasserstoff zwar vielleicht zu Erektionen, überdies aber auch zu Vereinsamung führen würde).

Nun haben wir diese faszinierende Substanz ein wenig näher kennengelernt, aber die eigentliche Kernfrage dabei völlig ignoriert: Wie kommt dieser potenzielle Erektionshelfer in den Nordthüringer Schiefer? Ganz einfach: Der Stinkschiefer des Kyffhäusers ist ein Sedimentgestein, entstanden in dem Meer, welches vor rund 250 Millionen Jahren das nachmalige Thüringen bedeckte. Jenes Meer war eher flach und überdies unbeständig: Es fiel mitunter trocken, wobei es Kalk, Gips und Salze hinterließ – durchmengt mit toten Tieren und Pflanzen. Diese verfaulten unter Bildung von H_2S, welches im Gestein gefesselt blieb – bis Vati es, siehe oben, eine Viertelmilliarde Jahre später durch heftiges Reiben in die Freiheit entließ.

Wenn die Dinge seinerzeit ein wenig anders gelaufen wären, hätte übrigens auch Erdöl entstehen können. Aber was wäre schon Erdöl, verglichen mit der Möglichkeit, seinen Kindern am Kyffhäuser einen unvergesslichen Sonntagsspaziergang bereiten zu können?

Weil hier der Stein tausendmal so schnell tropft wie anderswo

Man konnte ja mal in diesen Berg hineinschauen, wer weiß, was sich dort finden würde – am Ende gar edle Erze? Silber zum Beispiel? Nun: Dem war leider nicht so. Zunächst stieß man nur auf Alaunschiefer, und der zählt nicht gerade zu den Stoffen, die Euphorien auslösen. Immerhin konnte man ihn rösten und auslaugen, wodurch sich Alaun einstellte. Dieser wiederum führte zwar nicht gerade zu märchenhaftem Reichtum, ließ sich aber doch irgendwie verwerten, in erster Linie zur Ledergerbung. Später fand man auch noch Eisenvitriol, der sich als Textil- und Lederfärbemittel eignete, jedoch auch zur Tinten-Herstellung herhalten konnte. So wurde seit dem 16. Jahrhundert im Arnsgereuther Tal bei Saalfeld der Bergbau betrieben, ohne dass er größere Kostbarkeiten zu Tage gefördert hätte. Schließlich war der technische Fortschritt jedoch so weit gediehen, dass die Saalfelder Alaun- und Vitriolgewinnung vollends unrentabel geworden war, sodass der nunmehrige Eigner des Bergwerks 1867 den Deckel drauf machte, um sich anderen Erwerbsquellen zuzuwenden. So war die Geschichte des Saalfelder Bergbaus im Ergebnis nur wenig mehr als ein wirtschaftliches Desaster – doch sollte sich bald eine wundersame Wandlung ereignen.

Zu Beginn des 20. Jahrhunderts erfreute man sich am mineralreichen Wasser, das hier aus dem Berge quoll, und als man diesem auf die Spur kommen wollte, tat man, mehr oder weniger zufällig, eine alte Bergwerkssohle auf – welche sich aber gar zauberhaft verändert hatte: Eine Unzahl wundervollster Tropfsteine betörte das Auge.

Nun fragt man sich, woher sie denn kamen, diese betörenden Tropfsteine: Immerhin war doch hier noch kürzlich, zu Bergbauzeiten, nichts dergleichen gewesen, und Tropfsteine lassen sich ja bekanntlich extrem viel Zeit beim Entstehen: Ein Millimeter pro Jahrzehnt ist das übliche Tempo, für einen Meter brauchen sie so rund 10.000 Jahre. Diese Zahlen beziehen sich freilich auf herkömmlichen, verkalkten Tropfstein. Der quicklebendige Thüringer Turbo-Tropfstein hingegen besteht aus Diadochit, einem Eisensulfat, welches rund tausendmal so schnell zu Werke geht. Und, als wäre das noch nicht genug des Guten: Die Eisensalze sorgen für eine opulente Palette an Rostbrauntönen, sodass das Ganze auch farblich jede Menge hergibt. 1913 tat man in der dritten Sohle des einstigen Bergwerks den sogenannten »Märchendom« auf, dessen Schönheit der breiten Öffentlichkeit auf keinen Fall mehr vorenthalten werden durfte. Durch Anlage von spiegelnden Teichen ließ sich die Pracht noch glatt verdoppeln, sodass das Bergwerk, nunmehr unter dem Namen »Feengrotten« geläufig, auf seine alten Tage noch zum megaerfolgreichen Unternehmen wurde – was es bis heute geblieben ist.

2. KAPITEL

Altertum und Sage

12. GRUND
Weil hier sogar fünf Tonnen Müll für helle Begeisterung sorgten

Es ist ja nun nicht so, dass wir intolerant wären, keineswegs: Wenn diese Menschenhorde, vielleicht 20 oder 25 Personen umfassend, nun unbedingt am Ufer des Sees zelten will, so soll sie das von uns aus tun. Allerdings wäre es dann ja wohl das Mindeste, dass die Herrschaften jenes Areal so hinterlassen, wie sie es vorgefunden haben – selbstverständlich unter Mitnahme und sachgerechter Entsorgung ihres Mülls. Was aber hier in Bilzingsleben passiert ist, spottet jeder Beschreibung: Die Camper haben ihren Müll einfach mitten in die Natur geworfen, und die Rede ist hier nicht von einer leeren Zigarettenschachtel, sondern von rund fünf Tonnen Unrat! Ein Umweltfrevel sondergleichen!

Zumindest auf den ersten Blick. Der zweite aber gibt schon zu gewissen Relativierungen Anlass: Vielleicht lassen sich unsere Maßstäbe auf jene Schmutzfinken ja nicht ohne Weiteres anwenden, dieweil es ja eben nicht Menschen unserer Art gewesen sind, sondern solche des Homo erectus. Auch kann man mildernd in Anschlag bringen, dass jene Tat ja vor 370.000 Jahren begangen worden ist, also zu einer Zeit, in welcher die Mülltrennung beziehungsweise der verantwortungsvolle Umgang mit Ressourcen noch nicht zivilisatorische Übereinkunft war.

Glücklicherweise hat sich die moderne Wissenschaft nun des Fundplatzes von Bilzingsleben angenommen und den Unrat jener Vorzeitgenossen akribisch aufgelesen. Dabei fand sich jede Menge bearbeiteter Feuerstein; andere Werkstoffe waren Knochen und Geweih. Auch Reste von Mahlzeiten konnten im Übermaß geborgen werden: Der Homo erectus bilzingslebensis erfreute sich an Nashorn-Zubereitungen, nahm gern auch Elefantenkälber zu sich und verschmähte selbst den Biber nicht. Die Archäologen haben die Grundrisse dreier Zelte, vielleicht auch Hütten, rekonstruieren können; diesen war jeweils wohl eine Feuerstelle sowie ein Werkstatt-

Bereich vorgelagert. Ein weiterer, mit Muschelkalk und Travertin gepflasterter Platz wird sein Geheimnis wohl niemals preisgeben: Mittig befindet sich ein Amboss, umrahmt von zwei Hörnern. Vielleicht eine Stätte des Schädel-Kults.

Was Bilzingsleben als Siedlungsplatz des europäischen Homo erectus besonders macht, ist die Qualität der Funde und Befunde: Eine Wohnsiedlung so hervorragend guter Erhaltung ist in unseren Breiten singulär. Diese Konservierung geht darauf zurück, dass sich zuoberst der altsteinzeitlichen Hinterlassenschaften eine rund sechs Meter starke Travertindecke bildete – welche wiederum Anlass der archäologischen Entdeckung werden sollte: Travertin war ein begehrtes Baumaterial, und so stieß man schon im 18. Jahrhundert auf merkwürdige Funde, unter anderem einen Schädel, welcher sich allerdings mittlerweile verflüchtigt hat. In jüngerer Zeit hat man 28 Schädelfragmente, dazu acht Zähne jener Menschen geborgen, die ihren Müll vor Jahrhunderttausenden so sorglos am Seeufer verteilt haben. Zur Freude all jener, die sich an der Altsteinzeit begeistern.

Müll ist also keinesfalls gleich Müll, wobei man die Vermutung wagen kann, dass das, was wir gegenwärtig so wegwerfen, in Zukunft wohl kaum eine annähernd so große Euphorie auslösen wird, wie jene Feuerstein- und Elfenbeinartefakte es heute tun.

13. GRUND

Weil man hier bald in der Bronzezeit tanken kann

Er steht gut sichtbar in der Landschaft, geradezu herausfordernd. So nimmt es nicht wunder, dass der Nestor der mitteldeutschen Altertumskunde, Friedrich Klopfleisch, hier 1877 hoffnungsfroh seinen Spaten einstach. In der oberen Schicht des rund 8,5 Meter hohen, 34 Meter durchmessenden Hügels von Leubingen fanden sich auch jede Menge Bestattungen, freilich slawischer Herkunft, aus dem Hochmittelalter. Ts, uninteressant, sagte sich Klopfleisch:

Das sind spätere Nachbestattungen. Der scharfsinnige Spatenforscher wusste, dass des Hügels Kern ein ganz anderer sein würde. Die Slawen hatten den Hügel bereits vorgefunden, sei es als Landmarke, sei es als Sage, und ihre Toten dann zuoberst eingebuddelt. Die Erde aufgeschüttet aber hatten andere, ältere. Und wirklich: Zuunterst, auf Bodenniveau, bot sich den staunenden Augen des Ausgräbers eine Totenhütte, welche mit allergrößtem Aufwand errichtet worden war. Im Grundriss maß sie rund 2 m × 4 m; ihre schrägen Seitenwände, die sich oben zu einem First vereinten, waren aus Eichenholz – was die Datierung des Ganzen ermöglichte: Das Grab geht ziemlich genau auf das Jahr 1942 vor Christus zurück. Auf jener Holzkonstruktion lag Schilf, darüber Mörtel, darüber eine 2,5 Meter starke Schicht aus Sandstein, darüber gestampfte Erde – offenbar wollte man auf Nummer sicher gehen.

Aber wer lag nun drin, in dieser gut verpackten Totenhütte? Nun: ein Herr mit Gicht und schlechten Zähnen. Welchem man allerlei Dinge mit auf den letzten Weg gegeben hatte, unter anderem ein halbes Pfund Gold in Gestalt von Nadeln, Ringen und eines massigen Armreifs. Zudem hatte der Herr allerlei Bronzegegenstände bei sich, Dolche und Meißel – kein Wunder, entstammte der Tote doch der frühen Bronzezeit, genauer gesagt: der seinerzeit hierzulande umtriebigen Aunjetitzer Kultur. Vor diesem Hintergrund muten andere Grabbeigaben allerdings absolut merkwürdig an: Beim Toten lagen auch einige Steinwerkzeuge, die zu seinen Lebzeiten so was von abgesagt-retro gewesen waren, dass kein Aunjetitzer, der etwas auf sich hielt, mit ihnen auf die Straße gegangen wäre. Sollten sie dem Toten die Weihe des Uralten geben? Überhaupt: Wer war der Gicht-Mann? Keine Frage, sagen die einen: Natürlich ein Fürst, andernfalls hätte man ihm ja wohl kaum diese reichen Beigaben, diesen prächtigen Hügel verpasst. Nee, sagen die anderen: ein Priester. Ach was, protestieren Dritte unwirsch: der Inhaber eines florierenden Metall-&-Salz-Import-/Exporthandels. Nun, vielleicht war er gar all das in Personalunion.

Nach Klopfleischs Ausgrabung versetzte man den Hügel wieder in den Ausgangszustand, und so ragt er heute wieder machtvoll auf – wobei ihm vielleicht eine fantastische Entwicklung bevorsteht: Die A71 tangiert ihn nachgerade, und es hat den Anschein, als bekäme Thüringen demnächst die weltweit einzige Autobahn-Tank-und-Rast-Anlage mit angeschlossenem Fürstengrab – beziehungsweise das weltweit einzige Fürstengrab mit angeschlossener Autobahn-Tank-und-Rast-Anlage. Großartig! So könnte der Fürst, wenn er noch lebte, eben mal rüber auf einen Energydrink gehen; in jedem Fall aber kann die Familie, Schokoeis lutschend, eben mal rüber in die Bronzezeit schlendern. Oh Jahrhundert ... es ist eine Lust zu leben!

Weil die Thüringer liebenswürdigerweise davon abgelassen haben, Menschen zu opfern

In den 50er-Jahren hielt man das Torfstechen noch für eine feine Sache: Rasch war ein Moor trockengelegt, und dann ließ sich jener Papp aus abgestorbenen Pflanzen abbauen, der sich zu vielerlei Verwendung eignete: Er bot Zierblümchen beste Wachstumsbedingungen, alternativ konnte man ihn aber auch einfach anzünden, und schon hatte man's warm. Das kleine Problem an der Sache: Dem Moor tut die Trockenlegung beziehungsweise der Torfabbau nicht gerade gut, genauer gesagt: Es verschwindet dann einfach, und das ist schade. So lässt man nun das bisschen Moor, das hierzulande noch verblieben ist, am Leben und freut sich still an dessen ökologischem Wert.

Auch unsere Ur-Urahnen hielten das Moor für etwas ganz Besonderes. Weshalb sie das taten, wissen wir nicht genau. Doch dass sie es taten, erfuhr man eindringlich ab 1957 im Torfstich Oberdorla, unweit Niederdorlas bei Mühlhausen gelegen. Wiederholt hatten

Arbeiter alt aussehende Knochen und sonstigen Krimskrams gefunden. Nun war die Kunde davon zu einem Archäologie-Professor gedrungen, der bestens dazu geeignet war, das Rätsel des Moores zu lösen: Günter Behm-Blancke war jung, begabt, engagiert und äußerst kompetent in Fragen uralter Kulte. 1949 hatte er mit einer Arbeit über Opfer und Magie im germanischen Dorf habilitiert. Und so viel schien klar: Unsere Vorfahren hatten das Feuchtgebiet von Niederdorla nicht zu Wohnzwecken genutzt (was ja auch reichlich albern gewesen wäre), sondern hier ganz andere Dinge betrieben – Dienste an ihren Göttern.

Das Faszinierende an der Archäologie ist die subtile Mischung aus Wissen und Nichtwissen. Damit hat die Fantasie einerseits Anknüpfungspunkte, andererseits Raum. So wissen wir wohl, dass viele vorzeitliche Kultstätten am Wasser, gern auch im Moor lagen. Aber warum? Das wissen wir nicht. Behm-Blanckes Grabungen erbrachten raue Mengen an Funden und Befunden, aus welchen sich die Geschichte des Niederdorlaer Kultplatzes in groben Zügen skizzieren ließ. Ausmalen muss man sie sich freilich selbst, am besten vor Ort, wobei die dort stehenden Rekonstruktionen – wie immer – einerseits hilfreich, andererseits hinderlich sind.

Die ältesten Spuren der Kultstätte stammen aus der Hallstattzeit: Rund 600 Jahre vor Christi Geburt wurden hier die ersten Speisen kultisch dargebracht, und zwar als Brandopfer: Man warf das Essen, sowohl Pflanzen als auch Tiere, ins Feuer, auf dass es so die Gottheiten erreiche (in Homers Epen, die etwa gleichzeitig entstanden sind, lieben die Götter ja den so entstehenden »Fettdunst«). Gegen Ende der Hallstattzeit mehrten sich die Altäre, zum Teil waren sie mit stilisierten Götterbildnissen versehen: Holzblöcken in Säulenform.

Während der anschließenden La-Tène-Zeit, also etwa in den 500 Jahren vor Christi Geburt, bildete sich im Sumpfland ein flacher See aus, dessen Ufer bald von Kultplätzen gesäumt war. Mitunter zeigen sie keltische Einflüsse. Kurz vor der Zeitenwende machten sich jedoch erstmals germanische Kultvorstellungen geltend: Phallus und

Astgabel stehen für die männliche und weibliche Seite der Gottheit. Wenig später übernahmen die neu eingewanderten germanischen Hermunduren den Kultplatz zur Gänze, wobei deren Götterwelt mit der Zeit auch römische Einflüsse absorbieren sollte: Die Hauptgöttin dieser Ur-Thüringer trägt Züge der Diana. In der Völkerwanderungszeit wurden Schiffsheiligtümer errichtet, und selbst im Hochmittelalter fanden am mittlerweile vertorften See noch heidnische Rituale statt. Mithin – und das ist eine der Besonderheiten Niederdorlas – wurden den Göttern hier über mehr als anderthalb Jahrtausende Gaben dargebracht. Auch hinsichtlich des Götterbildnisses – der Holzstele – zeigt sich eine bemerkenswerte Kontinuität.

Die zweite Besonderheit Niederdorlas liegt in der überregionalen Bedeutung der Anlage: Die Gläubigen reisten zum Teil von weither an, es muss sich zeitweise um eine Art Nationalheiligtum gehandelt haben. Doch war es die dritte Besonderheit, die Niederdorla zur Sensation werden ließ: Man fand Spuren von Menschenopfern.

Mit der Erforschung Niederdorlas war Behm-Blanckes Forscherdrang freilich keinesfalls erschöpft: Parallel dazu untersuchte er noch die Kosackenhöhlen im Kyffhäuser, wo er unter anderem einen Schacht entdeckte, der zu Bronzezeiten mit allerlei Opfergaben gefüllt worden war, darunter offensichtlich gleichfalls – Menschen. Nun war Behm-Blancke alles andere als ein ätherischer Studierzimmer-Nerd, stattdessen ging es ihm stets darum, die Ergebnisse seiner Forschungen prägnant und öffentlichkeitswirksam darzubieten. So legte er 1958 ein Buch mit sehr griffigem Titel vor: *Höhlen – Heiligtümer – Kannibalen.* Das verspricht doch ungetrübten Lesespaß, für Burschi ebenso wie für Vati (und auch die Mutti schaut vielleicht mal schmunzelnd rein), so erfreute sich das Buch bald großer Beliebtheit. Und reicherte das Image Thüringens mit einer kleinen Grusel-Note an.

Thüringen ein Land der Menschenfresser? Aus eigener Erfahrung kann ich das nicht bestätigen. Mir sind derlei Dinge weder unter die Augen noch zu Ohren gekommen. Stattdessen erfreue ich mich in Thüringen eines sehr hohen Sicherheitsempfindes. Wahrscheinlich liegt das daran, dass seit jenen mysteriösen Riten rund 2.000 Jahre ins Land gegangen sind, während derer das Menschenopfer hier wie anderswo glücklicherweise aus der Mode gekommen ist, nicht zuletzt, da ja keine belastbare empirische Studie vorliegt, die nachwiese, dass es tatsächlich Ernteerträge mehrte oder sonstwelche handfesten Vorteile böte.

15. GRUND
Weil hier das Geld auf der Straße liegt

Thüringen ist ein gesegnetes Stück Erde. Das weiß man nicht erst seit gestern, sondern mindestens seit vorvorgestern: Schon zu Steinzeiten wohnten hier Menschen, wir Heutigen stehen auf uraltem Siedlungsgrund. Und dieser birgt allerlei Zeugnisse.

Einst, Anfang der 90er, hatte ich wiederholt das Vergnügen, mit einer Reisebekanntschaft am Nordsaum des Thüringer Waldes zu wandern. Und diese Reisebekanntschaft kannte sich aus: Nicht selten, insbesondere wenn es kürzlich geregnet hatte, blieb jener Herr unvermittelt am Ackerrand stehen, bückte sich, hob ein undefinierbares Etwas vom Boden, um es mir sodann mit lässiger Geste hinzuhalten: »Linienbandkeramik«, sagte er dann, »Amphibolitbeilfragment«, »Silexabschlag« oder dergleichen mehr schöne Wörter, die ich mit der Zeit vergessen habe – Bezeichnungen für Dinge, die vor Jahrtausenden von Menschen gemacht, von Menschen genutzt, von Menschen hinterlassen worden waren. Und »Fingernagelverzierung«: eine Tonscherbe mit einem Reihenmuster aus vielen kleinen leicht gekrümmten Kerben. Ich schob den Nagel meines kleinen Fingers in eine, er passte perfekt. Merkwürdige Berührung, über die Zeiten hinweg.

Dass man in den 90er-Jahren so viele archäologische Oberflächenfunde machen konnte, hatte seinen Grund – und zwar den

Kapitalismus, wie mir meine Reisebekanntschaft erklärte: Anscheinend war es so, dass die neuen kapitalistischen Pflüge tiefer furchten als seinerzeit die braven sozialistischen MTS-Geräte, sodass nun auch jene Bodenschichten, die bisher ungestört vor sich hin geträumt hatten, rücksichtslos ans Tageslicht gerissen wurden.

So sehr mich die Archäologie auch faszinierte, so verschlossen blieb mir doch die Kunst des Dinge-am-Wegesrand-Erspähens. Für mich musste das Geld schon deutlich sichtbar mitten auf der Straße liegen. Doch auch eben das tut es in Thüringen: Eines Tages wanderte ich unweit Plaues durch den Wald, ließ meinen Blick übers wundervolle Grün der Bäume schweifen, übers herrliche Blau des Himmels, übers staubige Graubraun des Wegs – halt, hier lag etwas, was die Einfarbigkeit störte, klein, rund und grün. Ich bückte mich und hob eine Münze auf, zweifelsohne älterer Machart. Nach kurzer, eingehender Betrachtung gab sie wertvolle Hinweise auf ihre Identität: »Saalfelder Heller 1741«, stand auf ihr geschrieben, was die Vermutung nahelegte, dass es sich bei ihr um einen Saalfelder Heller aus dem Jahr 1741 handelte.

Ein paar Jahre später sollte mir ein ähnlich prachtvoller Fund gelingen: Eine 20-Pfennig-Münze aus dem Jahr 1874, Münzstätte C, also Frankfurt, bestehend aus immerhin einem Gramm allerbesten Bismarck-Silbers! Seither gehe ich etwas sicherer durchs Leben: Beide Münzen erzielen im einschlägig bekannten Online-Auktionshaus jeweils hohe einstellige Euro-Beträge … es ist ein gutes Gefühl, sie den Fährnissen des Lebens zum Trotze als stille Reserve zu hegen.

Meine drolligste Thüringer Fundgeschichte freilich ereignete sich eines wirklich heißen Sommertags in der sanft geschwungenen Hügellandschaft westlich der Wachsenburg. Wir wanderten – »wir«, das waren Ische und ich; »wanderten«, das war ein dauernder heldenhafter Kampf gegen die Masseträgheit, denn es war, wie bereits erwähnt, sehr heiß, und die Wanderung hatte lange schon gewährt, schwang doch in unserer Wanderlust stets ein wenig Wandermasochismus mit. Wir trotteten einen frisch gepflügten Acker entlang, als ich plötzlich in der flirrenden Hitze ein Ding liegen sah.

Es gibt Dinge auf dieser Welt, denen etwas Besonderes anhaftet, Dinge, die gleichsam auratisch aufgeladen sind, Dinge, die uns anziehen, ohne dass wir je Rechenschaft darüber ablegen könnten, warum. Und es gibt Dinge, die grün sind und irgendwie merkwürdig aussehen. Das Ding vor mir fiel eindeutig in die letzte Kategorie. Es hatte eine kreisrunde Grundfläche, vielleicht 20 Zentimeter durchmessend. Randnah wies die Scheibe in regelmäßigen Abständen Lochbohrungen auf. Mittig auf ihr erhob sich eine Halbkugel. Ich blieb stehen und wies auf das Ding: »Was ist das?«

»Wasn?«

»Das Grüne da.«

»Wo?«

»Da!«

»Ach das«, sagte Ische, »weiß ich nicht. Ein Ufo.«

»Unsinn. Für ein Ufo ist es viel zu klein.«

»Hast du eine Ahnung. Es gibt auch ganz winzige Außerirdische.«

»Nein, im Ernst: Was ist das?«

»Weiß ich nicht«, sagte Ische, nun schon etwas unwilliger. »Können wir jetzt bitte weitergehen? Ich bin völlig dehydriert. Ich will nach Hause. Und Ost-Cola! Viel Ost-Cola!«

»Warte«, wandte ich ein, »das interessiert mich. So etwas habe ich noch nie gesehen.«

»Nun gut, dann hast du es jetzt ja einmal gesehen, und wir können weitergehen.«

»Nein«, murmelte ich, tat die paar Schritte, die mich vom Gründing trennten, bückte mich und hob es auf. Es war schwerer, als es aussah.

»Und nun?«, klang es in meinem Rücken, nicht ohne Spitzigkeit.

»Ich nehm's mit«, sagte ich und wandte mich zu ihr um, gerade noch rechtzeitig, um die Endphase eines Augenrollens zu erblicken.

»Höre mal«, jetzt wechselte sie in ihren Belehrungs-Tonfall, »das ist irgendein Metallschrott, der irgendwann von irgendeinem Beackerungsgerät abgefallen ist, oder eine Ölwanne von einer S50 oder was auch immer. In jedem Fall aber ist es kaputt und nutzlos und überhaupt.«

»Ich glaube nicht, dass es von einer S50 ist. Es ist aus Bronze oder Messing und hat eine alte Patina.«

»Unsinn. Das ist Grünspan. Davon kriegt man Hautausschlag. Oder Stoffwechsel. Oder Myxomatose. Wirf es weg.«

»Nein«, sagte ich, schloss meine Finger trotzig um das Ding und schritt neben ihr einher. Sanft, aber stetig stieg der Weg bergan. Habe ich schon erwähnt, dass es sehr heiß war? Und das Gründing recht schwer? Und das rettende Auto noch sehr weit entfernt? Egal: weiter. Weiter. Immer weiter.

Nun versuchte sie es mit Logik: »Höre mal – es gibt zwei Möglichkeiten. Entweder ist das Ding, mit dem du dich rumschleppst, nur wertloser Schrott. Dann wäre es doch töricht, sich weiter damit abzuschleppen. Richtig so weit?«

»Richtig«, gab ich zu, geistig bis ins Letzte angespannt, um ja nicht in die Falle zu tappen. Mein Gehirn zog darob vermehrt ebenjenen Sauerstoff, den Beine und Arme doch so dringend brauchten.

»Dann kommen wir zur zweiten Möglichkeit«, fuhr sie fort, »nämlich zu jener, dass das Ding etwas wert ist. Nicht dass ich auch nur irgendwie an diese Möglichkeit glaubte, ich versetze mich bloß in deinen wirren Geist. Angenommen also, es wäre etwas wert, so müsstest du doch, um zu wissen, was es wert ist, zunächst wissen, was es überhaupt ist. Wie aber willst du das erfahren?«

Ich hatte das unangenehme Gefühl, als zöge sich eine feine, aus purer Tücke gewundene Schlinge um meinen Hals zusammen: »Indem ich zu Experten gehe. Ins archäologische Museum. So was wird es hier ja wohl geben.«

»Prima«, sagte sie, mit nonchalanter Genugtuung, »dann gibt es wieder zwei Möglichkeiten. Erstens die reale: Du kommst mit dem Ding ins Museum, und der Experte denkt: Großartig, ein Typ schleppt mir den Auspufftopf einer S50 an. Dann bittet er womöglich darum, ein Polaroid von dir machen zu dürfen, und das pinnt er dann ans hausinterne Schwarze Brett, in die Ecke für Heiterkeit und gutes Betriebsklima. Willst du das?«

»Nein. Aber das wird ja auch nicht passieren.«

»Klar. Weil das Ding etwas wert ist, die andere, irreale Möglichkeit. Was aber passiert dann? Der Experte sagt: ›Oh wie schön, eine kaputte Stielkasserolle aus der Pharaonenzeit‹, und dann nimmt er dir das Ding ab. Es gibt so etwas wie ein Schatzregal. Solche Funde gehören dem Land.«

Ich wusste, dass ich verloren hatte. Aber das eingestehen? Nie.

»Na und? Ich will das Ding ja gar nicht behalten. Was soll ich denn auch damit? Ich will nur der Wissenschaft dienen. Und dabei selbst ein wenig hinzulernen.«

Ische rückte ab von mir, und zwar so weit, dass sie fast im Drainagegraben ging. Dabei zeigte sie mit dem Finger auf mich und sagte: »Ich kenne diesen Mann nicht. Ich habe ihn soeben zum ersten Mal gesehen. Ich will ihn auch gar nicht kennenlernen.«

Dieses war, wie soll ich sagen, ein wenig demütigend. Jedoch wäre sie eine schlechte Psychologin gewesen, hätte sie es dabei belassen. Da sie freilich eine brillante Psychologin war, ließ sie mich nur ein wenig schmoren, im wahrsten Sinne: Die Sonne! Der Weg! Die Steigung! Die Demütigung! Dann rückte sie näher, schenkte mir ihr süßestes Lächeln, strich liebevoll über mein schweißnasses Haar und sagte:

»Pfui, Martin. Martin hat ein ganz großes Pfui gefunden. Das Pfui fallen lassen, Martin, es ist ba-ba!« Dann bückte sie sich, hob einen kleinen Zweig auf: »Schau hier: Frauchen hat ein feines, feines, saftiges Stöckchen. Nimm doch lieber das Stöckchen. Spiel mit dem Stöckchen, Martin, mit dem Stöckchen spielen!«

Und, ja, ja, endlich ließ ich das Gründing fallen, nahm brav das Stöckchen, trug es einige Meter, bis ich mich verwirrt fragte warum.

Dann warf ich auch das Stöckchen fort. Viel Weg sollte noch vor uns liegen, viel Hitze und viel Mühe. Doch schließlich tranken wir gemeinsam Ost-Cola, und alles war gut, jedenfalls das allermeiste.

Monate später schritt ich mäßig interessiert durch die prähistorischen Vorzimmer irgendeines Stadtgeschichtsmuseums weitab. Mein Blick streifte eine Vitrine … und blieb hängen. Dort lag ein Schwesterstück meines Gründings, nicht exakt identisch, doch nahezu. Und was stand auf dem kleinen Täfelchen daneben zu lesen? »Germanischer Schildbuckel«.

Es gibt im Leben Niederlagen, die so überschwer sind, dass alles Leid zu Heiterkeit gerinnt, ja man kann, in gewissen Entrücktheiten, tatsächlich am eigenen Schaden Freude empfinden. Gut, zwar hatte ich einen echten germanischen Schildbuckel verloren, aber dafür würde ich ja auch etwas bekommen: den Anblick einer Frau, die sich für etwas rechtfertigen muss, wofür es keine Rechtfertigung gibt.

So öffnete ich wieder die Augen, zitierte Ische herbei, wies auf die Vitrine. Ische folgte meiner Geste, erblickte den Schildbuckel, schaute sodann ins Leere, wobei sie unablässig eine Strähne ihres Haares um den Finger wickelte. Dann, nach einer Ewigkeit: »Findest du den Farbton eigentlich okay? Ich kann sie auch ein bisschen heller färben. Du, vielleicht mach ich das sogar.«

16. GRUND

Weil das Reich der Thüringer sich angenehm im Nebel der Poesie verliert

Eine reiche Geschichte kann arm machen: Wie viele Stämme, Völker und Nationen gibt es, die ihre mickrige Gegenwart an irgendeine große Vergangenheit heften müssen: Ja, heute ist unser Territorium zwar nur 284,6 Quadratkilometer groß, aber im 9. Jahrhundert, unter König Zumdick, beherrschten wir die Uckermark, fast ganz Paphlagonien, den Osten Feuerlands und Teile des Andromeda-Nebels. Hier lag unsere wahre Größe! Was sich so als patriotisches Hochgefühl ausgibt, als Stolz auf eine ruhmreiche Historie, ist im Grunde nichts anderes als ein verbrämter Minderwertigkeitskomplex: O, wie sind wir heruntergekommen!

Ganz anders da die Thüringer, die das Problem ihrer Geschichtlichkeit mit vollendeter Grandezza gelöst haben: Einerseits gibt es eine ruhmreiche Vergangenheit, andererseits ist sie aber nicht derart ruhmreich, dass sich die Heutigen klein fühlen müssten, und drittens ist diese Vergangenheit derart nebulös, dass man versucht ist, sie eher im Reich der Sage als in jenem der Geschichte zu verorten, und das wiederum passt doch wunderbar zu diesem so dichterisch veranlagten Bundesland.

Schon die Frage, woher sich der Name der Thüringer ableitet, überfordert die Geschichtswissenschaft: Einst favorisierte man die germanischen Hermunduren, mittlerweile werden auch die germano-keltischen Turonen oder die ostgermanischen Terwingen verstärkt in Betracht gezogen. Irgendwann in der Völkerwanderungszeit trafen diese und/oder andere Herrschaften, etwa Warnen und/oder Angeln, im Gebiet des heutigen Thüringen auf die dort bereits lebenden Menschen, und irgendwie amalgamierte sich die ganze Vielfalt zu einem Stamm der Thüringer, der sich zeitweise mit Attila dem Hunnenkönig befreundete, nach dessen Abgang aber kurzerhand ein eigenes Reich gründete, welches im Süden immerhin den Donauraum berührte. Um 500, diese Information verdanken wir Gregor von Tours, hieß der König der Thüringer Bisinus. Nach dessen Dahinscheiden wurde das Reich unter seinen Söhnen Baderich, Berthachar und Herminafried aufgeteilt. 531 kamen die Franken, sahen und siegten. Ende.

Herminafried war freilich noch ein sagenhaftes Nachspiel beschieden: Er ist eine tragende Figur im wundervollen uraltdeutschen Iringlied – das wir allerdings nicht mehr singen können, weil es nicht erhalten ist.

So ist diese frühe Blüte Thüringens nur ein vager Schemen im Nebel der Poesie – der Freistaat kann sich wirklich glücklich schätzen, nicht mit einem Geschichtsklotz am Bein in die Zukunft torkeln zu müssen.

Weil eine Thüringer Prinzessin
einen bemerkenswerten Alleingang wagte

Als die Franken 531 kamen, um dem Thüringerreich ein Ende zu bereiten, kamen sie in Scharen: Nebst unzähligen Kämpfern waren gleich drei merowingische Könige am Start. Theuderich führte die Unternehmung, doch hatte er sicherheitshalber noch seinen Sohn Theudebert und seinen Bruder Chlothar mitgebracht. Die Anzahl der Thüringer Herrscher verminderte sich hingegen rapide: Baderich war offenbar schon vor der fränkischen Invasion gestorben, womöglich auch Berthachar; deren Bruder Herminafried schließlich luden die Franken hernach zu Friedensverhandlungen – um ihn dann kurzerhand zu meucheln. Schon war Thüringen königslos.

Freilich strebten die Sieger danach, sich das besiegte Königreich auch dynastisch einzuverleiben, so nahm Chlothar die vielleicht gerade einmal zehnjährige Prinzessin Radegundis, Tochter des Berthachar, quasi als Kriegsbeute mit nach Péronne an der Somme. Dort ließ er ihr eine christliche Erziehung angedeihen, welche offenbar auf sehr fruchtbaren Grund fiel.

Weniger christlich war das, was Chlothar zehn Jahre später mit Radegundis veranstaltete: Er zwang sie zur Ehe, wohl nicht zuletzt, um so seinem persönlichen Anspruch auf Thüringen Nachdruck zu verleihen. Nämlichen untermauerte er noch, indem er Radegundis' Bruder umbrachte – vordergründig als Strafe für einen Aufstand in Thüringen, kollateral aber räumte er damit einen möglichen Prätendenten aus dem Weg. Jedenfalls hat es nicht den Anschein, als hätte diese Tat Radegundis' Herz für den Gemahl erwärmt.

So machte die Thüringer Prinzessin nun etwas ganz und gar Unglaubliches: Sie verließ ihren Mann, rettete sich in das Kloster von Noyons, ließ sich zur Diakonin weihen, brachte den Pariser Bischof auf ihre Seite und gründete schließlich ein Kloster in Poitiers – das erste Frauenkloster Europas.

Aber was machte Chlothar? Zunächst Jagd auf die abgegangene Gattin. Dann fuhr er die freundliche Tour: Komm doch zurück … hey … war doch nicht so gemeint. Als das nichts fruchtete, unterstützte er das Kloster, sei es aus Großherzigkeit, sei es notgedrungen (immerhin blieb die Ehe ja de jure bestehen).

Die Thüringer Prinzessin aber übte sich in Frömmigkeit und Demut, verrichtete niederste Dienste, wusch Aussätzige. 587 starb Radegundis, man setzte sie in der Klosterkirche bei. Bald danach begann das Volk, sie zu verehren. Im 9. Jahrhundert wurde sie heilig gesprochen. Was 1562 wiederum die Hugenotten wenig scherte: Sie erbrachen das Grab und schändeten es.

Noch heute ist die Radegundis-Verehrung in Frankreich lebendig. In ihrer Heimat aber erinnert nicht gar so viel an diese Frau, deren Wagemut, sich gegen die männliche Gewalt aufzulehnen, doch aller Ehren wert ist. Immerhin kann der Wanderer, wenn er der Mühlburg den Rücken gekehrt hat, an den uralten Fundamenten einer Radegundis-Kapelle Einkehr halten.

18. GRUND

Weil die DDR nirgendwo älter war als hier

Als die DDR aus dem Leben schied, war sie noch ein sehr junges Gebilde: Am 3. Oktober 1990 ging sie dahin, gerade einmal vier Tage vor ihrem 41. Geburtstag – das ist doch kein Alter für einen Staat! Solange es sie gab, legte die DDR einerseits Wert darauf, verdammt jung, dynamisch und der Zukunft zugewandt zu sein. Andererseits wollte man aber auch die Weihen einer reichen Historie genießen. Also verleibte man sich selbstverständlich die deutsche Arbeiterbewegung als Vorgeschichte ein, und auch diese Vorgeschichte hatte ja noch ihre Vorgeschichte: Sämtliche »fortschrittlichen« Kräfte der deutschen Vergangenheit, mindestens seit Thomas Müntzer, haben im Grunde zielgerichtet auf Erich Honecker hingearbeitet. Die DDR unternahm den drolligen Versuch der selektiven Geschichtsaneignung: Alles, was gut an der deutschen Vergangenheit ist, gehört uns, den Rest, zuoberst den Hitler, soll die BRD haben.

Doch um wirklich Ehrfurcht zu erregen, muss eine Geschichte nicht nur moralisch prima, sondern auch möglichst uralt sein. Folglich freute sich auch die DDR an der bloßen Zahl, falls sie nur einigermaßen imposant war. Als Berlin, genauer gesagt dessen Bestandteil Cölln, 1987 seinen 750. Jahrestag feierte, ließ man es ordentlich krachen. So eine superalte Hauptstadt haben wir!

Darüber konnte der Thüringer freilich nur lachen: Denn nirgends war die DDR älter als hier. Der Hedan nämlich, Sohn des Gotzbert und seines Zeichens Thüringischer Stammesherzog (dass er Franke war und in Würzburg residierte, tut hier nix zur Sache), dieser Herzog Hedan also setzte am 1. Mai 704 eine Urkunde auf, mittels welcher er drei Orte verschenkte: zunächst seinen Gutshof in Arnstadt, und zwar mit jeder Menge Bonusmaterial: »Häusern, Vorwerken, Feldern, Wiesen, Triften, Waldungen, Wasserläufen und -gräben, Beweglichem und Unbeweglichem, Hörigen, Vieh-, Kuh-, Schaf- und Schweinehirten und alles, was zu ihm gehört«. Als Sättigungsbeilage gab es noch Besitzungen am Fuße der Mühlburg (also das heutige Drei-Gleichen-Dorf Mühlberg) sowie in Großmonra (bei Sömmerda, heute ein Teil Kölledas). Willibrord, der so reich Beschenkte, lebte etwas ab vom Schuss, genauer gesagt: im (heute niederländischen) Utrecht, wo er als Bischof amtierte und jede Menge Friesen missionierte. Ob Willibrord sich über die Gabe gefreut hat, ist nicht überliefert, wahrscheinlich hat er es.

Arnstadt jedenfalls feierte sich als ältester Ort der DDR und hatte bald nach deren Gründung beste Gelegenheit dazu: 1954 stand die 1.250-Jahr-Party an, Arnstadt ließ sich hochleben, und die DDR-Post spendierte einen Sonderstempel. Durch Wende und Wiedervereinigung verlor Arnstadt sein Alleinstellungsmerkmal: Selbstverständlich kann man sich immer noch »Älteste Stadt Thüringens« nennen, wenn man will gar »Älteste Stadt der Neuen Länder« – aber der nationale Titel ist weg. Den nächsten runden Geburtstag feierte man 2004 schon in Gesamtdeutschland. Immerhin steigerte sich die Deutsche Post: Sie spendierte eine Sondermarke.

19. GRUND
Weil hier schon früh moderne Familienmodelle erprobt wurden, und zwar mit päpstlichem Segen

So schön es in Thüringen heute auch ist – früher muss es noch viel schöner gewesen sein, etwa im 13. Jahrhundert, waren damals doch anscheinend sämtliche Menschen schön, innen wie außen, was wiederum wunderschöne Verhältnisse ermöglichte, zu denen der Papst auch noch seinen Segen gab. Doch was rede ich, lesen Sie selbst:

Anno 1228 startete der Stauferkaiser Friedrich II. einen Kreuzzug, der völlig aus der Reihe fiel: Erstens, weil er gänzlich unkriegerisch mit diplomatischen Mitteln ausgetragen wurde. Und zweitens, weil er erfolgreich war: Christen und Muslime fanden wundervolle Kompromisse im Umgang mit den Heiligen Stätten. Nachdem solcherart alles in Butter schien, kehrte die Kaiser nach Hause zurück, hinterließ allerdings einige seiner Edlen im Heiligen Land, auf dass sie fortan nach dem Rechten sähen. Einer der diesen war Graf Ernst von Gleichen, beheimatet in der gleichnamigen Burg unmittelbar nördlich der A4.

Nun ritt jener Graf von Gleichen eines Tages aus, und zwar ein wenig zu weit. Er stieß, wie die Sage sagt, auf »einen großen Haufen

Araber«, welcher ihn gefangen nahm und sodann als Sklaven an den Sultan von Alkair verkaufte. Hinfort hatte Ernst allerniederste Arbeiten zu verrichten. Doch auch diese nahmen ihm nichts von seiner »männlichen Schönheit«, insbesondere da nach wie vor der »Adel aus seinen treuen deutschen Augen sprach«. Wen wundert es, dass alsbald die Sultanstochter Melechsala, »eine schöne, liebreizende Jungfrau«, heftig für ihn entflammte. Und ihm ein Angebot machte: Sie wolle ihm die Flucht ermöglichen, so er sie nur zum Eheweib nehme. Nun wandte Ernst ein, dass er doch schon in Thüringen mit einer schönen, edlen Gattin verheiratet sei, welche ihm überdies noch zwei schöne, edle Kinder geschenkt habe. Doch dieser Einwand verfing bei Melechsala nicht, war es doch in ihrer Welt durchaus angängig, dass ein Mann mehrere Frauen hat. Nun ging Ernst in sich, wobei ihn selbstverständlich in erster Linie altruistische Motive leiteten: Wenn er hier im Sklavenstand bliebe, wären Frau und Kinder Witwe beziehungsweise Waisen. Das konnte er ihnen nicht antun. Also doch lieber Bigamie und Flucht. Wobei er dann in der Heimat freilich schief angesehen würde ... außer der Papst würde seine Dispensation erteilen. Welche wohl leichter zu erwirken wäre, wenn die Zweitfrau zum Christentum konvertieren würde. So fragte Ernst die Sultanstochter, ob sie dazu bereit wäre. »Aber gerne!«, antwortete Melechsala. So ließ man heimlich ein Schiff rüsten, wobei man nicht vergaß, noch einige kostbare morgenländische Schätze an Bord zu bringen. Die kühne Flucht gelang; über Venedig erreichte das Paar bald Rom. Dort wurde die Angelegenheit dem Papst vorgetragen, und dieser segnete den Bund ab, wobei er Melechsala gleich noch auf den Namen Angelika taufte. Nun war noch eine allerletzte Hürde zu nehmen: Wie würde sich die schöne, edle Erstfrau verhalten, wenn Ernst sie mit der schönen, edlen Zweitfrau überraschte? Doch diesbezügliche Bedenken sollten bald zerstreut werden: »Gott fügte es«, so die Sage, »dass beide Frauen einander herzinniglich lieb gewannen und in größter Eintracht miteinander lebten; auch ruhten die drei so traut Verbundenen in einem Bette.«

So wunderschön ging es seinerzeit in Thüringen zu – nun mögen Allzuskeptische den Wahrheitsgehalt der Sage anzweifeln und sie in das Reich der typischen Männerfantasie verweisen. Doch dem kann man entgegenwirken, und zwar mit handfesten Beweisen: So heißt ein Haus am Fuße des Burgbergs von alters her »Zum Freudental« – selbstverständlich, weil sich hier das freudvolle Wiedersehen beziehungsweise Kennenlernen der drei wunderschönen Ehepartner ereignet hat. Und wie heißt der Weg, der von dort hinauf zur Burg führt? Na? Natürlich »Türkenweg«, Melechsala-Angelika zu Ehren. Auch wurde das extrabreite Triple-Bett noch lange Zeit vorgezeigt, bis Napoleon es 1812 abfackelte (wiewohl sich später dann in Ohrdruf, Pyrmont und Wannigsrode noch Ersatzbetten fanden). Doch wenn Ihnen diese prachtvollen Beweise noch nicht ausreichen, können Sie noch den Erfurter Dom aufsuchen. Dort nämlich steht die Grabplatte des Grafen, auf welcher er im Relief dargestellt ist, und zwar links und rechts mit je einer Frau versehen. Ha!

Nun gibt es freilich freudlose Rationalisten, die an dieser Stelle irgendetwas von »zweiter Frau, die er nach dem Tod der ersten geheiratet hat« faseln, aber wer will das schon hören? Franz Schubert jedenfalls wollte es nicht, denn der hat eine Oper über das romantische Beziehungsdreieck entworfen, Achim von Arnim hat es zu einem Drama verarbeitet. Goethe diente die ménage à trois als Inspiration für sein Schauspiel »Stella«.

So schätzen wir in jedem Fall die sagenhafte Wahrheit höher als den wissenschaftlichen Faktenquark und freuen uns aufrichtig darüber, dass es schon im mittelalterlichen Thüringen echt unkonventionelle Beziehungsentwürfe gegeben hat.

Weil hier Frau Venus wohnt

Wie er ihn gefunden hat, lässt die Sage offen, desgleichen, warum er ihn überhaupt gesucht hat – doch nun ist Tannhauser drin, tief im Berge der Venus. Und hier werden dem guten Ritter sinnliche Genüsse ohne Ende zuteil, doch – wer weiß – vielleicht ist es eben die Unendlichkeit jener sinnlichen Genüsse, vielleicht auch das christliche Gewissen, das ihn mahnt: Nach einem Jahr will Tannhauser raus. Venus wendet sämtliche Verführungskünste an, ihn zum Bleiben zu bewegen. Vergeblich: »Teufelin« nennt Tannhauser sie, ruft die Mutter Maria an – so darf er endlich gehen. Sein Weg führt ihn direkt nach Rom, wo er sich Papst Urban anvertraut, um Vergebung seiner Sünde bittet. Der Heilige Vater weist auf den Stab in seiner Hand und sagt, dass ebenso wenig, wie dieses kahle Holz Blätter trage, Gott dem Ritter vergeben werde. Tannhauser zieht verzweifelt fort, sieht sich der christlichen Welt verloren, so bleibt ihm einzig die Rückkehr in den Berg der Venus, wo er fortan bis zum Jüngsten Tag darben wird. Drei Tage nach Tannhausers Abgang aber gewahrt der Papst – dass Blätter aus seinem Stabe sprießen. Zu spät, ach weh, zu spät.

Nun vermutet der Kenner diesen Venusberg irgendwo dort, wo diese Göttin einst dem Schaum entwachsen war, nämlich am sonnigen Mittelmeer, doch nix da: Der Venusberg liegt allem Anschein nach in Thüringen, und zwar ist es einer der Hörselberge bei Eisenach. Welcher, lässt sich nicht eindeutig sagen, ebenso unbekannt ist, wie man sich Einlass verschafft. Zwar findet sich im Großen Hörselberg eine sogenannte Venushöhle, deren Begehung jedoch eher unbefriedigend verläuft: Nach 15 Metern ist das Vergnügen zu Ende, ohne je wirklich eins geworden zu sein. Wohl deuten Zeugnisse aus dem 19. Jahrhundert darauf hin, dass die Höhle seinerzeit noch ein gutes Stück länger war, freilich führte sie auch damals nicht zu Nymphen noch zu Nixen, geschweige denn zur Göttin persönlich.

Was irgendwie schade ist – denn für uns als Normalverbraucher ist der Gedanke, eine Zeit lang (natürlich nicht alle Ewigkeit) in jenem Berge zu verbringen, doch nicht gar so abstoßend: Der Liebe im Sinnlichen ganz tief und innig teilhaftig zu werden, ist zweifelsohne eine interessante Vorstellung. Und das noch im Schoße der Göttin höchstselbst? Klingt doch super!

Nun nagt aber noch die eine Frage an uns: Wie kommt Venus nach Thüringen? Tja – vielleicht als Heimatvertriebene, mag sie sich doch im früh und nachhaltig christianisierten Südeuropa ein wenig verloren gefühlt haben, sodass es sie an den Rand der bekannten Welt zog, wo es immerhin Männer wie Tannhauser gab, die noch bereit waren, zumindest eine Zeit lang ganz tief in das Heidnische zu dringen. Eine andere Erklärung ist banaler: Richard Wagner verquickte ja Tannhauser und den Sängerkrieg auf der Wartburg, zwei nicht zusammenhängende Überlieferungen, zu einer Oper *Tannhäuser*: So lozierte er den Venusberg kurzerhand in fußläufige Nähe des Dichterwettstreits. Doch zweifelsohne ist diese Erklärung einfach zu banal, um wahr zu sein. Nein: Bis zum Beweis des Gegenteils vermuten wir Venus weiter im Wartburgkreis. Und setzen die Suche fort.

21. GRUND

Weil hier der Stutzel begraben liegt

Wer war Stutzel? Nun: Im Grunde geht alles, was wir über ihn wissen, aus einer 59 cm × 77 cm messenden Sandsteinplatte hervor, die sich im Schlosspark zu Winterstein befindet. Stutzels Geburtsdatum ist uns zwar unbekannt, gleichfalls sein Sterbedatum, hinsichtlich beider ist aber stark zu vermuten, dass sie vor dem 19. März 1630 liegen: An diesem Tag nämlich wurde Stutzel ebenhier zu Grabe getragen. Weiterhin kann der aufmerksame Betrachter jener Sandstein-Grabplatte zu der Annahme gelangen, dass Stutzel ein Hund war. Dafür sprechen zwei sehr starke Indizien: Erstens ist auf dem Grabstein ein deutlich als solcher kenntlicher Hund in Relief abgebildet. Und zweitens steht es da zu lesen: »War ein Hund hie her begrawen, das in nicht fressen die Rawen, war sein Name Stuzel genant«. Nun könnte man die nächste Frage anschließen: Warum bekam Stutzel ein Grab, was doch in jenen Zeiten, anders als heute, ein durchaus exzentrischer Vorgang war? Auch hierüber spricht sich der Stein aus. Zunächst, indem er Stutzels Herrchen und Frauchen benennt: Christoph von Wangenheim, Fürstlich Sächsischer Jägermeister, und Anna von Wangenheim, geborene von Seebach. Dann liest man den Grund jenes pietätvollen Umgangs mit Stutzel: »Geschach ub seiner grosse Treuligkeit, die er seine Her ud Frauen beweist.«

Alle weiteren Stutzel-Fragen lässt der Stein jedoch offen: Worin erwies sich diese »Treuligkeit«? Die Sage sagt, dass Stutzel den Verkehr zwischen Winterstein und Schloss Friedenstein in Gotha übernommen hätte, entweder als Träger von Liebesbriefen, politischen Depeschen oder Nahrungsmitteln, diese für einen unschuldig gefangen gehaltenen Junker. Das klingt prima, ist aber schwerlich möglich, da Friedenstein erst 13 Jahre nach Stutzels Grablegung erbaut wurde. So behilft man sich mit einer durchaus unromantischen, profanen Erklärung: Stutzel war einfach ein klasse Jagdhund mit einnehmendem Wesen. Die von Ludwig Bechstein niedergelegte Stutzel-Sage ist freilich noch stutzeliger: Da wollte die Wangenheim'sche Witwe ihren geliebten Hund auf dem Friedhof begraben – wogegen sich der Pfarrer sträubte, jedenfalls so lange, bis ihm Frau von Wangenheim eröffnete, dass Stutzel ein Testament hinterlassen habe, welches der Kirche 100 Taler, dem Pfarrer persönlich aber 50 zuweise. So wurde Stutzel auf dem Friedhof beigesetzt, was im Dorf Unmut, ringsum aber Spott hervorrief. Schließlich schritten die Kirchenoberen ein, und Stutzel wurde an seinen jetzigen, allerletzten Ruheort umgebettet. Wie immer dem auch sei: Es ist nicht unwahrscheinlich, dass die Redensart »wo der Hund begraben liegt« ihren Ursprung in Winterstein hat. Und »Stutzel« ist wirklich ein grandioser Hundename. Man kann ihn gar nicht oft genug schreiben: Stutzel.

22. GRUND
Weil Queen Elizabeth II. Gotha hieße, wenn sie nicht Windsor hieße

Als Ernst II. von Sachsen-Coburg und Gotha 1893 in Reinhards-brunn starb, hinterließ er keine direkten männlichen Nachkommen. Folglich fiel die Herzogswürde an eine Nebenlinie. Nächster in der Erbfolge war ein gewisser Albert Eduard von Sachsen-Coburg und Gotha. Dieser jedoch machte nicht die mindesten Anstalten, seine Herrschaft anzutreten. Offenbar war er nicht allzu interessiert da-ran, im schönen Thüringen zu regieren. Was womöglich damit zu-sammenhing, dass Albert Eduard noch ein weiteres Eisen im Feuer hatte – war er doch nebenbei noch der Kronprinz des Vereinigten Königreichs von Großbritannien und Irland. So entschied sich Al-bert Eduard nicht für Gotha, sondern fürs Empire, für ein Fünf-tel der Erde, ein Drittel der Menschheit. Gegen die Übersiedlung ins lauschige Thüringen hätte wohl auch gesprochen, dass Albert Eduard einen gewissen – wie soll man sagen? – »weltstädtischen« Lebensstil gewohnt war, mit Glücksspiel, Night Clubs und vielen niedlichen Schauspielerinnen. Das ließ sich in London vielleicht doch etwas besser realisieren als in Gotha.

Freilich musste Albert Eduard eine Zeit lang auf die Königskrone warten: Seine Mutter, Queen Victoria, erwies sich als recht lang-lebig; erst 1901 beendete der Tod das Viktorianische Zeitalter. End-lich rückte der Prinz nach, im zarten Alter von 59 Jahren. Zehn Jah-re regierte er als Edward VII. – recht gut, wie man sagt, allerdings begannen sich in seiner Zeit schon die Koalitionen des Ersten Welt-kriegs zu formieren. Insbesondere betrieb Edward die Annäherung Englands an Frankreich, was selbstverständlich eine antideutsche

Note hatte (wobei Edwards Englisch übrigens nie seinen deutschen Akzent überwand). Edwards Nachfolger wurde 1910 sein zweiter Sohn, George Frederick Ernest Albert Saxe-Coburg and Gotha.

Der Beginn des Ersten Weltkrieges hatte zur Folge, dass das Deutsche nunmehr in England nicht mehr ganz so hoch im Kurs stand … nun, man könnte auch sagen: dass alles Deutsche ungefähr genauso beliebt war wie die Syphilis. Einige Made-in-Germanys konnte man recht gut eliminieren: Dann führte man halt keine Wagner-Opern mehr auf, who cares? In anderen Beziehungen lagen die Dinge schon etwas komplizierter. Etwa beim englischen Königshaus, welches sehr viel deutscher als englisch war: Queen Victorias Mutter war eine Victoire von Sachsen-Coburg-Saalfeld. Victorias Vater war Edward Augustus von Hannover. Victorias Prinzgemahl (und Namensgeber der Dynastie) war Albert von Sachsen-Coburg und Gotha, geboren 1819 in ebendiesem thüringischen Herzogtum. Aus dieser Verbindung entsprang – siehe oben – der nachmalige King Edward, welcher seinerseits Prinzessin Alexandra heiratete (eine Tochter Louises von Hessen-Kassel), beider Sohn war King George, dessen Land nun gegen Deutschland auf dem Schlachtfeld stand. Verheiratet war der König übrigens mit Maria von Teck, Enkelin des Herzogs Alexander von Württemberg.

Im Zeitalter des überbordenden Nationalismus war es recht unerheblich, ob George ein guter König war oder nicht. Wiewohl er beteuerte, »vollkommen britisch« zu sein, verübelte man ihm die deutsche Herkunft. Der Kriegspremier Lloyd George nannte ihn abfällig »meinen kleinen deutschen Freund«. Was das Ganze noch schlimmer machte, war des Königs Name: »Saxe-Coburg and Gotha« klang deutsch und war deutsch, wobei sich das »Gotha« eindeutig als der politisch unkorrekteste Namensbestandteil erwies.

Um das zu verstehen, müssen wir kurz nach Thüringen zurückkehren. Im Herzogtum Sachsen-Coburg und Gotha regierte seit 1905 ein Verwandter des King: Carl Eduard von Sachsen-Coburg und Gotha (der übrigens ein in England geborener Enkel Queen

Victorias war). Carl Eduard begeisterte sich außerordentlich für eine Hightech-Erfindung seiner Zeit – das Flugzeug. So pushte er Gotha in den Rang einer Luftfahrt-Metropole, indem er der Gothaer Waggonfabrik 1913 einen neuen Produktionszweig verordnete: die Flugzeugherstellung. Knapp vor Ausbruch des Weltkrieges hatte es eine frühe Konstruktion, die »Gotha-Taube«, über den Kanal nach Dover geschafft. Der Krieg selbst führte zu einer Forcierung des Flugzeugbaus, verbunden mit technologischen Durchbrüchen aller Art: Der Bomber Gotha GI aus dem Jahr 1915 konnte eine Bombenlast von rund 150 Kilogramm transportieren, sein Nachfolger, die Gotha GII (ebenfalls 1915) wartete schon mit verdoppelter Bumm-Kapazität auf. 1916 steigerte die Gotha GIII die Bombenlast auf 500 Kilogramm, den Schlusspunkt setzte die Gotha GV mit 1.000 Kilogramm. Und diese strategischen Bomber warfen ihre Knallkörper nicht etwa ins Nirgendwo, sondern bevorzugt auf die Hauptstadt des Vereinigten Königreichs von Großbritannien und Irland. Am 17. Juni 1917 beispielsweise griffen 17 Gothas London an. 160 Menschen starben. »The Gothas« wurde zum Synonym für Tod und Schrecken, was den Renommierwert des gleichlautenden Nachnamens auf der Insel etwas minderte.

So sah sich der König veranlasst gegenzusteuern, indem er sämtliche deutschen Titel, sämtliche deutschen Insignien, sämtliche deutschen Traditionen, die sein Haus noch hielt, aus dem Fenster warf – und dabei auch seinen Namen entsorgte: Seit dem 17.7.17 hieß er nicht mehr Saxe-Coburg and Gotha. Stattdessen entschied er sich dafür, den Namen seines Schlosses anzunehmen: Windsor. Dieser übertrug sich selbstverständlich auf seine Nachkommen, bis hin zu Queen Elizabeth II.

Somit stellte King George die nationale Identität über jene des (blauen) Bluts, was freilich in der Zeit lag: Daheim in Gotha erließ Herzog Carl Eduard ein Gesetz, nach dem nichtdeutsche Angehörige seines Hauses von der Erbfolge ausgeschlossen waren, sofern ihr Heimatland mit Deutschland im Krieg lag (also erließ der Herzog ein Gesetz, nach welchem er nun kein Herzog mehr geworden wäre). Noch 1919 trat das Vereinigte Königreich nach: Herzog Carl Eduard flog aus dem Englischen Oberhaus (dem er bis dahin als geborener Duke of Albany angehört hatte).

Bevor wir uns nun vollends in den Wirrungen des europäischen Adels und des wildbewegten 20. Jahrhunderts verlieren, beenden wir das Thema – versehen mit der Erkenntnis, dass Königin Elisabeth »Gotha« hieße, wenn sie nicht Windsor hieße.

Nein, so viel Zeit muss sein: Zuvor treten wir noch eine kurze Rundreise durch den Kontinent an, um zu ermessen, wo dieses von Größe und Herkunft doch eher schlichte Adelshaus von Sachsen-Coburg und Gotha noch überall vertreten ist:

1830 hatten die überwiegend katholischen Südprovinzen der Niederlande ihre Abspaltung von den überwiegend protestantischen Nordprovinzen erstritten. Fortan firmierte man unter der Bezeichnung »Belgien«. Zu einem rundum kompletten Staatsgebilde fehlte nur noch ein Monarch. Woher nehmen? Es fiel der Vorschlag, einen niederländischen Oranier-Prinzen zu nehmen – doch aus nachvollziehbaren Gründen fiel dieser Vorschlag rasch durch. Zum Glück gab es ja noch Sachsen-Coburg und Gotha. Prinz Leopold, der jüngere Bruder des dort regierenden Herzogs, stand für höhere Aufgaben gern zur Verfügung, und patsch: Schon hatte Belgien seinen König Leopold. Bis heute, also bis König Philippe, sitzt das Haus Sachsen-Coburg und Gotha auf dem belgischen Thron.

Gleichfalls präsent, wenn auch etwas weniger dauerhaft, war das Haus in Portugal: Königin Maria II. heiratete 1836 Prinz Ferdinand von Sachsen-Coburg und Gotha (wobei der belgische König Leopold, siehe oben, wohl ein wenig seine Finger im Spiel hatte). Nach portugiesischem Recht begründete Ferdinand damit eine neue Dynastie; die »Dinastia Saxe-Coburgo-Gota«. Selbige stellte die portugiesischen Monarchen, solange es portugiesische Monarchen gab: 1910 schaffte eine Revolution die Krone ab.

Zurück zu Prinz Ferdinand: Dieser hatte sich als Gemahl der Königin Maria II. sowie als Übergangsregent bis zur Thronbesteigung seines Sohnes hervorragend bewährt – und damit den Namen »Sachsen-Coburg und Gotha« auf dem europäischen Adelsmarkt als Spitzenmarke etabliert. Als Griechenland 1862 einen Monarchen suchte, klopfte man bei Ferdinand an. Dieser hatte jedoch keine Lust.

1886 brauchte Bulgarien einen neun König. Was machte man da? Natürlich musste ein Sachsen-Coburg und Gothaer her: Ferdinand (nicht der Portugiese, sondern ein Namensvetter) bestieg den Thron und begründete auch hier eine Dynastie, die bis zum Ende der bulgarischen Monarchie 1946 hielt.

Im Grunde sogar darüber hinaus: Im Jahr 2001 wurde ein gewisser Simeon Sakskoburggotski zum bulgarischen Ministerpräsidenten gewählt. Der Name kommt Ihnen bekannt vor? Richtig: Es war niemand anderes als der letzte Zar des Landes, Simeon von Sachsen-Coburg und Gotha, der mithin das weltweit einzigartige Kunststück vollbracht hat, in einem Land als dessen ehemaliger Monarch eine demokratische Wahl zu gewinnen.

23. GRUND

Weil Thüringen für alle Fälle noch einen Kaiser eingelagert hat

Es hat ja stark den Anschein, als sei die parlamentarische Demokratie weltweit das Erfolgsmodell überhaupt. Alle anderen Staatsformen sind im Schwinden begriffen, und so ist es erfreulich, dass wir dieses System 1990 auch gesamtdeutsch installieren konnten. Doch das kluge Volk baut vor: Was wäre, wenn irgendwann wieder die Monarchie in Mode käme? Wo nähmen wir dann auf die Schnelle einen Monarchen her?

Glücklicherweise könnte Thüringen jederzeit aushelfen, hat der Freistaat doch einen tüchtigen Kaiser in petto, quasi unterirdisch eingelagert: Friedrich Barbarossa. Dessen (vorläufig erste) Amtszeit währte von 1155 bis 1190, und im Grunde ist aus ihr nicht gar so viel zu vermelden: Rotbart musste sich mächtig mit den norditalienischen Städten herumärgern, von denen manche rätselhafterweise aus jenem Heiligen Römischen Reich, dem der Staufer vorstand, austreten wollten, wobei sie obendrein noch die Unterstützung des Papstes genossen. Um diesem ganzen Missvergnügen mal auf Zeit zu entkommen, leierte Friedrich einen Kreuzzug an, auf welchem er zu Tode kam – durch einen Badeunfall.

Barbarossas Enkel, gleichfalls Friedrich geheißen, bestieg 1220 den Thron, wo ihn alsbald die üblichen Probleme erwarteten. Dabei verlegte der neue Kaiser den Schwerpunkt seiner Arbeit in die Reichsteile südlich der Alpen. Nach wie vor machten jene norditalienischen Städte Ärger, ebenso der Papst, dem Friedrich II. jedoch wacker entgegentrat, wobei es ihn auch nicht weiter scherte, dass der Heilige Vater ihn kurzerhand exkommunizierte. In Süditalien gediehen die Dinge schon besser: Friedrich II. dämmte den arabischen Einfluss in Sizilien nachhaltig ein und bereicherte die dortige Landschaft mit zahlreichen stattlichen Bauwerken. Nördlich der Alpen wollte er nur seine Ruhe haben, welche er dank zahlreicher Konzessionen an die dort herrschenden Fürsten auch bekam. Im Heiligen Land war Friedrich II. überaus erfolgreich, indem er der Christenheit so manche Pilgerstätte zurückgewann – kampflos. 1250 starb der letzte Staufer in Apulien, derart plötzlich und unerwartet, dass die Nation seinen Tod kaum wahrhaben wollte: Lebt er nicht vielleicht doch noch ein bisschen?

Über die Jahrhunderte wurden beide Friedrichs zum Mythos der Deutschen, wobei sie im Laufe der Zeit merkwürdig miteinander verschmolzen: Gegenstand der Verehrung war Barbarossa, schon weil seinem Enkel irgendwie der Makel des Mediterranen anhaftete: Geboren und gestorben in Italien, woselbst er auch 28 seiner 39 Regierungsjahre verbrachte. Also völlig ungeeignet als deutschnationale Kultfigur. Andererseits wurde die Barbarossa-Gestalt durchaus mit Zügen Friedrichs II. angereichert, zuvorderst mit dessen politischem Erfolg und nicht geglaubtem Tod.

Der so zusammenmontierte Barbarossa war genau das, was das geschundene, in zahlreiche Territorien zersplitterte, von mächtigen Nationalstaaten umgebene Deutschland brauchte. Es fragte sich nur eins: Wo ist der Mann? Einige behaupteten: im Untersberg bei Salzburg. Andere: in einer Höhle bei, wie der Name schon sagt, Kaiserslautern. Doch dann war es, warum auch immer, plötzlich allen klar: Tief unten im Kyffhäuser sitzt er, an einem steinernen Tisch, durch dessen Platte im Laufe der Jahrhunderte sein roter Bart hindurchgewachsen ist. Jawohl, hier sitzt er und wartet, denn wenn es einmal echt fies um Deutschland steht, also wirklich total fies, dann würde er aufstehen und ein Reich des Friedens und des Glückes begründen. Von Zeit zu Zeit erkundigt Barbarossa sich, ob die Raben noch um den Berg kreisen, denn solange sie dieses tun, steht es leider noch nicht fies genug um Deutschland.

Man macht sich kaum einen Begriff davon, wie lebendig die Barbarossa-Sage gerade im 19. Jahrhundert war. Beispielsweise musste seinerzeit jedes neugeborene deutsche Kind umgehend die Barbarossa-Ballade Friedrich Rückerts auswendig lernen: »… Er hat hinabgenommen / Des Reiches Herrlichkeit, / Und wird einst wiederkommen, / Mit ihr, zu seiner Zeit …«

1871 hatte man plötzlich wieder ein Reich samt Kaiser, und diesen versuchte man selbstverständlich im deutschen Mythos zu verankern. Überlebensgroß: 1890 setzte man einen 81 Meter messenden Riesenklotz auf den Kyffhäuser (wobei übrigens Reste einer aus der Barbarossazeit stammenden Reichsburg kurzerhand plattgemacht wurden), dessen Bildsprache etwas banal, gleichwohl extrem laut ist: Unten kauert ein noch etwas schlaftrunkener Barbarossa in Sandstein, während oberhalb seiner ein kupferner Kaiser Wilhelm zu Pferde in die Zukunft prescht: Rotbart ist als Weißbart wieder auferstanden, und nun wird alles prima!

Nein, wurde es dann doch nicht, nicht wirklich. Also war Wilhelm wider Erwarten nicht Barbarossa 2.0. Folglich ruht dieser nach wie vor in den Tiefen des Kyffhäusers. So kann Deutschland beruhigt sein: Der rettende Rotbart harrt nach wie vor seiner Stunde.

24. GRUND

Weil es am Kyffhäuser eine wundertätige Flora gibt

Die Flora des Kyffhäusers ist überreich, mitunter wird man, so man seine Hänge bewandert, Zeuge überbordender Begeisterung: »Sieh nur: der Stengellose Tragant, ein ach so seltener Gast in unseren Breiten«, schallt es von hier; »Hurra! Hurra! Die Violette Schwarzwurzel!«, tönt es von dorten; ja allüberall hüpfen jauchzende Naturfreunde durch Gottes weite Flur und rufen sich, des Glückes voll, allerlei Namen zu, einer schöner als der andere: »Dreizähniges Knabenkraut!«, »Bienen-Ragwurz«, »Steppenfahnenwicke!«, »Nadelröschen!« und, vor allem, »Diptam! Diptam! Diptam!«.

Hei, das macht Spaß!

Doch die allerschönste Blume entsprießt einer Sage – einer Sage, welche hier in unzähligen Varianten erzählt wurde. Bei den Grimms klingt sie etwa so: Ein ebenso junger wie armer und folglich trauriger Schäfer trieb seine Herde am Fuße des Kyffhäusers, stieg dann verzagt ein wenig bergan, wo er eine Blume gar wundersamer Schönheit fand, pflückte und sich an den Hut steckte. Bald darauf gelangte er zur Ruine der alten Reichsburg, wo er unverhofft ein Gewölbe offen fand. Der junge Schäfer erkühnte sich, trat ein, und gewahrte auf dem Boden viele glänzende Steinchen, mit welchen er sich kurzerhand die Taschen füllte. Alsdann wandte er sich zum Gehen, worauf eine tiefe Stimme unheimlich durchs Gewölbe tönte: »Vergiss das Beste nicht!« Furchtsam torkelte der Schäfer zum Ausgang; kaum dass er diesen durcheilt hatte, schloss sich ein steinernes Tor hinter ihm. Plötzlich erschien ein Zwerg und fragte:

»Wo ist die Wunderblume, welche du fandest?« Der Schäfer griff an seinen Hut und merkte, dass er sie in der dunklen Gruft verloren hatte. »Dir war sie bestimmt«, sagte der Zwerg und wandte sich ab. Daheim aber griff der junge Mann in seine Taschen – und fand anstatt der bunten Steinchen lauter goldene Goldstücke!

Der geneigte Leser wird – gleich mir – vermuten, dass jene Wunderblume der magische Schlüssel zum Schatzgewölbe war, und dass der Schäfer, wenn er die Blume nur behalten hätte, sich jederzeit mit neuen Reichtümern hätte eindecken können. Dabei hat die Sage zahlreiche Varianten: Mitunter wirft der Schäfer die Steine unterwegs fort, weil sie ihm schwer und nutzlos erscheinen; am nächsten Morgen findet er dann dort, wo sich welche im Saum seiner Tasche verhakt hatten, noch einige wenige Goldstücke – ärgerlich. Andere Protagonisten gar werfen, vom schnöden Glanz des Goldes geblendet, die Wunderblume mutwillig weg usw.

In jedem Falle: So viele ähnlich klingende Quellen können nicht lügen, also gibt es die Wunderblume wirklich. Wenn Sie, lieber Leser, sie finden sollten, beachten Sie bitte folgende Vorgehensweise: 1. Pflücken (soweit dieses naturschutzrechtlich erlaubt ist). 2. Burg aufsuchen. 3. Gewölbe betreten. 4. Taschen füllen. 5. Gewölbe verlassen, dabei – Achtung! – Blume mitnehmen!! 6. Ein Drittel an mich für den Tipp.

25. GRUND

Weil die Kyffhäuserzikade Anlass zu allergrößten Hoffnungen gibt

Es gibt wissenschaftliche Entdeckungen, die die Welt erschüttern, die das Werden der Menschheit in eine gänzlich neue Richtung lenken. Freilich gibt es auch wissenschaftliche Entdeckungen, die nicht von ganz so fulminanter Wirkung sind. Zu letzteren zählt auf den ersten Blick jene, die Reinhard Remane im Jahr 1965 machte. Remane, einer der größten Zikaden-Kenner seiner Zeit, erforschte die reiche Zikaden-Fauna des Kyffhäusers und entdeckte dort völlig unerwarteterweise eine bislang unbekannte Art – welche folglich als Psammotettix inexpectatus Remane in die Wissenschaft eingegangen ist. Zu Deutsch: Kyffhäuserzikade.

Allzu viel weiß man nicht über diesen kleinen, munteren Schnabelkerf: Als Kleinzikade hat er, gleich den 19.221 anderen Arten und Unterarten seiner Familie, kräftige Hinterbeine, mit denen er sehr weit springen kann. Sein Lebenswerk besteht darin, mittels seines Saugrüssels und der an diesen angeschlossenen Saugpumpe süße Pflanzensäfte einzuzutzeln, wobei die Zikade mitunter mehr saugt, als sie verarbeiten kann: Den überflüssigen Zucker scheidet sie aus – als Honigtau, über den sich so mancher Kollege im Tierreich, etwa die Ameise, mächtig freut.

So könnte man glauben, dass die Kyffhäuserzikade, wiewohl sympathisch, nichts Besonderes wäre, eine von vielen Zikaden halt. Doch weit gefehlt. Die Kyffhäuserzikade ist einzigartig. Und macht ihrem Namen alle Ehre, da sie ganz allein auf diesem deutschesten aller deutschen Berge vorkommt, in welchem – wir erinnern uns – Kaiser Barbarossa schläft. Nirgendwo anders ward sie je gesichtet. Mehr noch: Zikaden sind nicht selten monophag, das heißt, dass sie sich allein von einer Pflanze ernähren. In Fachkreisen neigt man stark der Vermutung zu, dass auch die Kyffhäuserzikade solcherart festgelegt ist. Nur: Welche ist ihre Leib- und Magenpflanze? Die Wissenschaft ist ratlos. Jüngst schritt ein international besetztes Forscherteam mit einem verbrennungsmotorgetriebenen Insektensauger die Hänge des Kyffhäusers ab, wobei das Rohr jenes Heinzelmanns auf sämtliche Pflanzen gerichtet wurde, die gemeinhin von Zikaden frequentiert werden. Die Zikaden-Ausbeute war so auch stattlich – doch es fand sich nicht eine einzige Kyffhäuserzikade im Fang. Was den Schluss zulässt, dass diese sich anderweitig nährt. Vielleicht, meine Damen und Herren, an einer Pflanze, die es nur hier am Kyffhäuser gibt und die ebenso selten ist wie die Kyffhäuserzikade? Wir erinnern uns an die Wunderblume der Sage – muss man hier nicht nur eins und eins zusammenzählen? Ist damit nicht der schlüssige Beweis für die Existenz Kaiser Barbarossas erbracht?

Was? Immer noch skeptisch? Dann liefere ich Ihnen jetzt den finalen Beweis. 1986 publizierte Dr. Drosopoulus zum Erstaunen der Fachwelt einen weiteren Fund der Kyffhäuserzikade. Welcher fernab ihres eigentlichen Verbreitungsgebiets gemacht wurde. Nämlich auf dem griechischsten aller griechischen Berge – dem Olymp!

Und hiermit wird ja wohl einiges klar: Es gibt eine Verbindung zwischen Kyffhäuser und Olymp, wahrscheinlich einen Tunnel. Und es gibt ein Zusammenwirken von Barbarossa und Zeus – oder sind beide am Ende gar identisch? Besteht nicht seit jeher eine innige geistige Verwandtschaft zwischen dem Griechischen und dem Deutschen? Ist so vielleicht die Rettung schon ganz nah? Urteilen Sie selbst – ich will der Entwicklung auf keinen Fall vorgreifen.

26. GRUND
Weil hier ein äußerst verwirrendes Kraut gedeiht

Der Singener Berg, unweit von Stadtilm gelegen, hat schon was. Nicht nur, dass einst Kelten auf ihm wohnten, nein: Sein schön proportionierter Kegel steht derart exponiert in der Landschaft, dass keiner, der ihn betrachtet, umhin kommt zu sagen: »Ah, welch wundervoller Berg dort herumsteht!« So hat sich auch um ihn ein Sagenkranz geflochten, nicht ganz so üppig wie jener des Kyffhäusers, aber immerhin. Auch hier hat ein Schäfer ein Blümlein gefunden, welches ihm Einlass … gut, das kennen wir schon. Interessant ist freilich, wie das Volk des Berges Namen zur Sage verarbeitet hat: »Singen« ist, wie man weiß, ja unmittelbare Folge des Saufens, also stand hier einst ein Schloss mit gigantischem Getränkekeller, dessen Bewohner dem Wein und Gesang, womöglich auch dem Weibe gefrönt hatten. Besser noch: Der gesamte Singener Berg ist ein mit Wein gefüllter Hohlraum, weshalb das hiesige Quellwasser ganz besonders gute Laune macht, andererseits aber auch das katholische Volk darum betet, dass der Berg nie platzen möge, andernfalls sich ja alles ringsherum in Wohlgefallen auflösen würde. Eine merkwürdige protestantische Sage indes behauptet, dass hier einst ein Raubritter residierte, welcher die Frechheit hatte, Luther zu entführen, worauf der Reformator kurzerhand die gesamte Raubritterburg in Grund und Boden sang, und zwar auf Lateinisch.

Als kleines Randmotiv einer der vielen Singener-Berg-Sagen taucht das »Irrkraut« auf – wie der Name schon nahelegt, ein äußerst tückisches Gewächs, welches einen, tritt man darauf, ganz irr, wirr und orientierungslos macht. Hier endlich können wir das vage Gebiet der Sage verlassen und stattdessen aus Erfahrung sprechen: Ja, es gibt das Irrkraut, und das weiß ich, weil ich einst persönlich drauftrat, nicht exakt am Singener Berg, jedoch in seiner Sichtweite.

Unmittelbar merkt man nichts vom Irrkraut, man wundert sich bloß darüber, dass die kleine Lichtung, die man gerade erreicht, genauso aussieht wie jene, die man etwa zehn Minuten zuvor verlassen hat – und, wenn man sich recht erinnert: Die fünf davor waren gleichfalls exakt identisch, einschließlich des zerfaserten Stückes Totholz mit dem merkwürdigen Pilzbewuchs da rechts hinten. Allmählich nervt das. Also geht man stracks geradeaus, dort hinten muss doch irgendwo das Auto sein … äh, nein, ist es nicht, stattdessen: die Lichtung.

Was macht der erfahrene Waldgänger da? Er orientiert sich am Stand der Sonne. Nur stand da leider keine mehr, stattdessen dämmerte der Tag diffus im Nieselregen weg, was wiederum zur Folge hatte, dass es empfindlich kühl wurde, und da Ische nur unzureichend bekleidet war, hatte dieses selbstverständlich zur Folge, dass ich am Ende unzureichend bekleidet war, wohingegen Ische ihre Blöße mit einer viel zu großen Männerjacke bedeckte. So schoben wir uns fröstelnd durch die Landschaft und kamen … wieder auf die Lichtung. Also kurzerhand einen ganz anderen Weg einschlagen, hart links, das Gespräch erstarb, unsere Schritte wurden schneller, das klamme Tuch der Dunkelheit senkte sich herab auf unser Antlitz, unser Herz. Weiter … weiter … immer weiter – auf die Lichtung. Und nun schien es, als huschten schwarze Schatten durch die dräuende Nacht.

»Weißt du, liebe Ische, was immerhin gut ist?«, versuchte ich, sie zu trösten. »Dass wir beide nie das *Blair Witch Project* gesehen haben. Sonst hätten wir jetzt vielleicht Angst.«

»Wir können ihn gar nicht gesehen haben«, gab sie mit seltsam lebloser Stimme zur Antwort, »weil es diesen Film noch gar nicht gibt. Er wird erst im Jahr 1999 gedreht werden. Jetzt aber haben wir 1998.«

Wir hasteten weiter, kamen wieder – auf die Lichtung. Immer wieder. Hinter der Lichtung war – die Lichtung. Sämtliche Wege, die von ihr abgingen, sämtliche Trampelpfade, die ins düstere Gehölz brachen, führten uns wieder – auf die Lichtung.

»Höre, liebe Ische«, sprach ich, »wir müssen den Tatsachen ins Auge blicken. Ich bin alt und nur noch eine Last für dich. Gib mir die Winchester und eine Büchse Patronen, dann kann ich die Rothäute aufhalten. Du wirst es schaffen. Du wirst Dodge City erreichen. Versprich mir nur, dass du mich nie vergisst. Und deine erste Tochter ›Hank‹ nennst.«

»Halt die Fresse«, sagte Ische in ihrer natürlichen, herzensfrohen Art, die ich so liebte, »wir lösen das Problem jetzt pragmatisch. Ich führe dich 50 Schritte von der Lichtung weg. Dann führst du mich wieder zur Lichtung zurück.«

Ich fügte mich notgedrungen in diesen, wie mir schien absurden Plan. Nach 50 Schritten entließ sie mich aus ihrem festen Griff; ich wandte mich um, Richtung Lichtung – die uns jedoch rätselhafterweise fernblieb. Immer weiter eilten wir, stolperten über Wurzeln, brachen uns torkelnd Bahn im stockschwarzen Unterholz, immer weiter – bis: Da! Ein Licht, flackernd, unstet in der Ferne.

»Oh weh, liebe Ische: In die tiefsten Felsengründe lockte mich ein Irrlicht hin!«

»Quatsch! Das war ein Moped oder so. Da ist eine Straße!«

Diese Aussicht gab uns Hoffnung, Wir krochen schneller, immer schneller, achteten weder der Dornen noch der Ameisen in unseren Mündern. Und dann, tatsächlich: Asphalt! Ein Randstreifen! Das Leben! Wir umarmten die Straße und küssten sie voller Dankbarkeit.

Langsam erhob ich mich. »Und jetzt? Welche Richtung?«

»Völlig egal. Die Straße wird uns zum Auto bringen, ganz gleich, wie wir uns wenden. Wir können ihr vertrauen. Denn die technische Welt ist lieb, ganz anders als die böse Natur in ihrer Wirrnis.«

Tatsächlich: Zwei Kurven weiter stand unser Auto. Es schien zu lächeln, als freute es sich unseres Daseins. Wir stiegen ein und fuhren zurück – zurück in die zauberhafte, allein seligmachende Zivilisation.

3. KAPITEL

Zeitgeschichten

Weil Herr Hitler dann glücklicherweise doch kein Thüringer wurde

In ihrer Aufstiegszeit wurde die Nationalsozialistische Deutsche Arbeiterpartei von einem Mann geführt, der alles Mögliche war – nur eben kein Deutscher. Dieser merkwürdige Umstand wuchs sich zum größeren Problem aus, als Hitler beschloss, für das Amt des Reichspräsidenten zu kandidieren. Denn hierfür verlangte die Weimarer Verfassung zwingend eine deutsche Staatsbürgerschaft. Und diese war gar nicht so leicht zu erlangen, wie sich bald herausstellen sollte.

Zur Welt gekommen war der nachmalige Führer bekanntlich im österreichischen Braunau, mithin erhielt er qua Geburt die österreichische Staatsbürgerschaft. Diese war ihm später jedoch nicht mehr genehm: Als er 1913 nach München übersiedelte, bezeichnete er sich auf der dortigen Meldebehörde kurzerhand und wahrheitswidrig als »staatenlos«. Nichtsdestotrotz blieb er selbstverständlich Österreicher. Dieses barg für Hitler seine Tücken: Als der Führer einer umstürzlerischen Partei machte er sich zwangsläufig all jene zu Feinden, die er umstürzen wollte. Obendrein wurde er auch noch straffällig, als er 1923 einen zwar albernen, nichtsdestotrotz aber strengstens verbotenen Putsch unternahm. Wiewohl die Justiz dem Angeklagten äußerst flauschig begegnete, hing fortan ein Damoklesschwert über ihm, nämlich jenes, dass ihn die bayerische Regierung als lästigen Ausländer dorthin abschieben könnte, wo er de jure hingehörte – nach Österreich.

Das wollte Hitler auf keinen Fall (und Österreich übrigens auch nicht). So stellte er 1925 einen Antrag auf Entlassung aus dem österreichischen Staatsverband, dem dieser gerne stattgab, gegen Gebühr von 7,50 Schilling, habe die Ehre. Nun war Hitler staatenlos. Doch eben noch kein Deutscher.

Wie aber wird man Deutscher? Damals gab es drei Möglichkeiten: Erstens: eine deutsche Frau zu heiraten (das aber sparte sich Hitler für den Tag seines Todes auf). Zweitens: von einem der Reichsländer zum Deutschen ernannt zu werden. Nur: Dagegen konnte jedes andere Reichsland im Reichsrat sein Veto einlegen, und zumindest Preußen würde genau das tun. Drittens: in irgendeinem Reichsland Beamter zu werden. Dieses schien das Mittel zum Zweck. Und welches Reichsland bot sich an? Natürlich Thüringen, denn dort amtierte seit Januar 1930 ein Nazi-Minister: Wilhelm Frick (übrigens kein Thüringer, sondern Pfälzer). Frick hatte das Ressort für Inneres und Volksbildung unter sich. Regierungschef jedoch war der Nicht-Nazi Erwin Baum, der nebenher noch das Finanzministerium leitete. Immerhin war Frick dessen Stellvertreter.

Nun begann der NS-Minister nachzudenken. Mit welchem Amt könnte er Hitler wohl eine Freude machen? Ach ja, richtig: In jungen Jahren hatte sich der Führer doch lebhaft für Malerei interessiert, wollte gar an der Kunstakademie studieren, die ihn jedoch verschmähte. Also ernennen wir ihn kurzerhand zum Kunstprofessor an der staatlichen Hochschule. Das klingt doch prima, und schwuppdiwupp: Schon ist der Führer ein Deutscher und kann Reichspräsident werden. Dieser Plan hatte nur eine winzige Schwäche: Baum musste Ja sagen. Der sagte aber Nein, und alle übrigen Regierungsmitglieder sagten zur Sicherheit gleichfalls Neinneinnein.

Nun steigerte Frick seine Denkleistung aufs maximal Menschenmögliche. Um Hitler zu verbeamten, brauchte er mindestens drei Unterschriften: seine eigene (als Thüringischer Innenminister), zudem die des Regierungschefs (Baum) und die des Finanzministers (auch Baum). Wenn Herr Baum nun seinen verdienten Sommerurlaub anträte, könnte Frick – kraft eigenen Amtes und als Baums doppelter Stellvertreter – gleich dreimal seinen »Wilhelm« unter die Urkunde setzen – und Hokuspokus: Schon wäre der Führer verbeamtet. Ein grandioser Plan! Allerdings gleichfalls mit kleinen Schwächen. Zunächst müsste man das Ding so deichseln, dass keiner davon Wind kriegt, ansonsten gäb's doch nur wieder Scherereien aller Art. Dann galt es, überhaupt eine freie Beamten-Stelle zu finden, und zwar eben möglichst eine, die nicht so sehr im Fokus der Öffentlichkeit stand wie die eines Kunstprofessors. Frick blätterte die entsprechenden Unterlagen durch … und wurde fündig: Hier, »Gendarmeriekommissar in Hildburghausen«! Super! Die nehmen wir.

Nun wäre es dem Führer wohl nicht zuzumuten, in Hildburghausen tatsächlich auf Verbrecherjagd zu gehen. Also brauchte Frick zwei Dokumente: eine Ernennungsurkunde – und ein Schriftstück, in dem Hitler erklärte, auf die Ausübung des Amtes zu verzichten. So würde er nur für wenige Sekunden als Kommissar von Hildburghausen amtieren – so lange eben, wie es brauchte, die Verzichtserklärung zu unterschreiben.

Jetzt galt es nur noch, den Meisterplan durch die Ministerialbürokratie zu bringen, und zwar diskret: Im Juli 1930, sein Chef Baum war nun im Urlaub, zitierte Frick die zuständigen Ministerialräte herbei und legte ihnen zunächst ein »nicht petzen!« auf, im offiziellen Jargon: »Amtsverschwiegenheit«. Anschließend ließ er die entsprechenden Dokumente ausfertigen, mit denen er sich sodann auf den Weg zu seinem Führer machte, um diesem eine ganz, ganz tolle Überraschung zu bereiten.

Leider haben wir keine Überlieferung dessen, was nun geschah. Nur so viel ist klar: Zunächst nahm Hitler, offenbar etwas verwirrt, die Ernennungsurkunde entgegen. Nach kurzer Überlegung jedoch riss er sie in kleine Fetzen. Aus zwei Gründen: Erstens, weil eine Kungelei solchen Grades ein heftigstes Image-Problem für die selbst ernannten Saubermänner der NSDAP kreieren könnte – wenn sie denn je herauskäme! Und zweitens: Der Führer aller Deutschen, Retter des Abendlands und Erlöser der arischen Rasse, von Beruf: »Gendarmeriekommissar von Hildburghausen a.D.« – ja, Parteigenosse Frick, geht's denn noch??!?

Frick ordnete seine Frisur und fuhr zurück nach Weimar. Dort amtierte er weiter als erster nationalsozialistischer Landesminister –

bis er, im April 1931, zum ersten nationalsozialistischen Ex-Landesminister wurde: Ein von der SPD initiiertes Misstrauensvotum kegelte ihn aus dem Amt.

Im Januar 1932 gelangte die Gendarmie-Kommissar-Posse an die Öffentlichkeit – wodurch, bleibt ein Rätsel – und sorgte für ausgelassene Fröhlichkeit im demokratischen Lager: Hitler als Dorfpolizist, als »Nachtwächter in Schildburghausen« – köstlich! Die Affäre hatte ein parlamentarisches Nachspiel. Und selbstverständlich auch ein publizistisches: »Ein gefundenes Fressen für die Karikaturenzeichner«, notierte Goebbels zerknirscht in seinem Tagebuch. »Die Witzblätter der ganzen Welt sind für geraume Zeit mit Stoff versorgt«, frohlockte hingegen das *Berliner Tageblatt*. Doch freilich amüsierte man sich am Rande des Abgrunds, wie Carl von Ossietzky in der *Weltbühne* klug erkannte: »Aber der Heiterkeitserfolg wird bald verrauscht sein ... und wir sind nicht viel weitergekommen.«

Richtig. Was in Thüringen gescheitert war, gelang bald woanders: Hitler wurde Braunschweiger (was farblich durchaus passte), ein Job als Regierungsrat machte ihn automatisch zum Staatsangehörigen des Freistaats Braunschweig (ja, den gab es damals) und mithin zum Staatsangehörigen des Deutschen Reichs.

Hitler war nun Deutscher. Doch immerhin, mag man sagen, kein Thüringer.

28. GRUND

Weil Deutschland hier noch verhältnismäßig in Ordnung ist

Die kleinere Version hieß »Razzle«, die etwas größere »Decker«. Erfunden wurden beide um 1940 in England. Ihr Konstruktionsprinzip war identisch: Zwischen zwei Streifen hochbrennbaren Zelluloids war ein in nasse Baumwoll-Watte eingewickeltes Stück Phosphor gebettet – fertig. Das Ganze würde nicht gerade eine Hightech-Waffe darstellen, aber, so hoffte man doch, ein effektives Mittel zum Zweck. Denn der Plan war, jeweils ein paar Hundert Razzles beziehungsweise Deckers in mit Wasser gefüllte Kanister zu packen, um diese dann per Fallschirm auf Deutschland herabsegeln zu lassen. Durch eine besondere Konstruktion würden sich die Kanister bereits im Fall öffnen, auf dass sich so die Zelluloid-Wundertüten großflächig über den Erdboden verteilen könnten. Dort würden sie eine Zeit lang untätig herumliegen – bis das Wasser verdunstet, die Watte ausgetrocknet wäre. Dann würde das Phosphor kurz »zisch!« machen und die Watte entzünden, diese wiederum brächte das Zelluloid, »wusch!«, zu einer halbminütigen Stichflamme, und genügend dieser halbminütigen Stichflammen sollten doch ausreichen, um den deutschen, zuvorderst den Thüringer Wald einzuäschern.

Dass sich dieser prima Plan dann doch nicht realisieren ließ, war allein der Unzulänglichkeit des deutschen Waldes geschuldet: Irgendwie war er zu saftig-grün, mithin als Brennmaterial ungeeignet. So scheiterten alle entsprechenden Versuche der britischen Tüftler. Zu Schaden kamen lediglich einige Spaziergänger, die sich, zwecks näherer Begutachtung daheim, Exemplare der rätselhaften, aber interessant aussehenden Razzle-Deckers in die Tasche gesteckt hatten.

Der Thüringer Wald war noch einmal davongekommen, wie man überhaupt sagen kann, dass Thüringen, verglichen mit anderen deutschen Regionen, relativ unbeschadet durch die Landschlachten und Bombardements des Zweiten Weltkrieg gelangt ist. »Relativ« ist das Wort: Zweifelsohne musste Nordhausen heftig leiden – zwei Luftangriffe legten die Stadt Anfang April 1945 zu drei Vierteln in Trümmer. Auch Jena und Gera trugen beträchtliche Zerstörungen davon, doch Erfurt beispielsweise ging weithin heil aus dem Bombenkrieg hervor: Die Domstadt büßte gerade einmal zehn Prozent ihrer Bausubstanz ein. Man vergleiche das etwa mit Kassel (80 Prozent) oder anderen Städten der Nachbarländer Thüringens wie dem fränkischen Würzburg, dessen Innenstadt zu 90 Prozent in Schutt und Asche gelegt wurde, dem Sachsen-Anhaltinischen Dessau (Innenstadt zu 97 Prozent zerstört) oder der hessischen Residenz Darmstadt (Innenstadt zu 99 Prozent zerstört). Natürlich können derlei Rechnungen das menschliche Leid nicht relativieren: Auch die Bewohner jener Städte, die das Bombardement verhältnismäßig glimpflich überstanden, mussten Schweres erleiden, auch hier starben Menschen, auch hier hatte man nackte Todesangst – wer möchte auch nur eine der »vergleichsweise harmlosen« Bombennächte in Erfurt miterleben?

Doch zweifelsohne ging der Krieg mit Thüringen eher gnädig ins Gericht. Von Vorteil war es dabei auch, dass die alliierten Landstreitkräfte hier erst auftauchten, als der Ausgang des Krieges auch für die größten Idioten offensichtlich war. So blieb es den Thüringer Orten in der Regel erspart, dass irgendein fanatischer Durchhalte-Dummkopf sie zu Festungen erklärte, die um jeden Preis zu halten seien: Auf diese Weise waren zahlreiche west- und ostdeutsche Städte noch im Artilleriekampf pulverisiert worden. Nein, Thüringen hatte auch hier Glück; nicht selten übernahmen verantwortungsvolle Bürger die Initiative und zogen den nahenden Amerikanern (vor denen man freilich auch lieber kapitulierte als vor den Sowjets) mit weißen Fahnen entgegen.

So kann man durch viele Orte Thüringens schreiten, als wäre nichts gewesen – als hätte es jene Katastrophe des 20. Jahrhunderts nicht gegeben. In Erfurt beispielsweise ist alles noch am rechten Platz: Der Dom steht dort, wo er hingehört, und blickt auf ein weithin intaktes Altstadt-Ensemble herab; hier und da hat sich der Historismus in Stein gesetzt, da und dort lässt die Gründerzeit mit mehr oder weniger Geschmack grüßen, mancherorts zeigt sich die klassische Moderne. Und selbstverständlich gehören auch die Werke der real existierenden sozialistischen Architektur zum Ensemble, mitunter sind sie ansehnlich, mitunter grauenhaft, mitunter weder/noch. Gleiches gilt für das, was unsere Gegenwart so ins Weichbild setzt. Kurzum: Erfurt ist ein steinernes Abbild dessen, was wir sind und waren, ein authentisches Zeugnis deutscher Baugeschichte.

Das ist mitnichten eine Selbstverständlichkeit: So manche deutsche Innenstadt, gerade im Norden und Westen des Landes, bestand 1945 aus einem grau-grausigen Riesenkrater, welcher hernach irgendwie aufgefüllt und anschließend ad hoc neu bebaut wurde, wobei man das Ganze gerne mit sechsspurigen Straßen tranchierte, auf dass man per Pkw blitzschnell in die Innenstadt hinein und aus ihr heraus könne. Da und dort beließ man aus Pietätsgründen eine alte Fassade oder rekonstruierte sie als originalgroßes Modell. Manche ostdeutschen Städte hinwieder schufen sich neue Achsen mit einer lichten Breite, die nicht an den Bedürfnissen der Menschen, sondern an denen der Maiparade bemessen war.

Derlei geschah in Thüringen mitnichten, sodass der Wessi, gerade dieser hier aus der baugeschichtsarmen Region längs der Ruhr, ganz hin und weg war: So etwas gibt es? Deutsche Städte, die über Jahrhunderte ungebrochen vor sich hin gelebt haben, in stetem Wandel wuchsen, mal zum Guten, mal zum weniger Guten, aber durchweg so, dass sich eins ins andere fügte? Beeindruckend. In der Zeit um die Wende trat noch das hinzu, was man heutzutage »Shabby Chic« nennt: Die alten Bauten waren meist leicht ruinös, und selbst die restaurierten Fassaden trugen stolz ihre Patina aus Ruß, Braunkohleschwefel und schleimgewordenem Zweitaktgedünst. Diese Morbidität hatte etwas – sie machte das Alte noch älter.

Heutzutage freilich hat sich Thüringen nahezu allerorten restauriert. So kann man durch eins der vielen nett hergerichteten Residenzstädtchen schlendern, sich an Dörflein mit Fachwerk und wundervoll klobigen Wehrkirchen erfreuen und von dort aus eine Wanderung durch jenen Thüringer Wald unternehmen, der sich erdreistet, allen menschlichen-unmenschlichen Tüfteleien zum Trotze immer noch zu leben.

Weil Thüringen dem Rheinland so manches Leben gerettet hat

Ich habe das Vergnügen, in einem Wuppertaler Haus zu verkehren, das viele kleine Familientraditionen sorgfältig pflegt. Den Heiligabend etwa zelebriert man zwar wie anderswo auch mit Christbaum und Geschenken, doch sind diese mitnichten das Wichtigste am Festtag. Das Wichtigste ist vielmehr ein Ritual, das der Familienvater mit geradezu heiligem Ernst vollzieht, wobei ihm sein erwachsener Sohn immerhin niedere Handlangerdienste erweisen darf. Die liebenswürdige Tochter hingegen darf sich dem Geschehen auf bestenfalls fünf Meter Entfernung nähern. Im Mittelpunkt jenes Rituals steht eine prähistorisch anmutende Kartoffelpresse, mittels welcher der Inhalt eines Presssacks malträtiert wird. Das Endprodukt heißt »Kartoffelkloß«, wobei es sich freilich nicht um einen »Wuppertaler Kloß« handelt, sondern selbstverständlich um einen Thüringer Kloß, genauer gesagt: dessen Pößnecker Varietät. Nun fragt sich doch eines: Wie um Himmels willen hat der Thüringer Kloß Eingang in diese Alt-Wuppertaler Familie gefunden, ja wie konnte er zum kugelrunden Höhepunkt des hiesigen Christfests geraten?

Die tieferen Ursachen hierfür liegen in dem von den Deutschen begonnenen Zweiten Weltkrieg, in dessen Verlauf die britische Royal Air Force wiederum größte Anstrengungen unternahm, Wohnhäuser und Menschen, nicht selten auch Industrieanlagen und Bahnhöfe mit Bomben aller Art zu belegen. Wuppertal, so hatten die Spezialisten der RAF bald herausgefunden, würde, ob seines eng stehenden Fachwerks und seiner Tallage, besonders gut entflammbar sein, so brannte im Mai 1943 Barmen ab, die eine Hälfte der Stadt; im Juni folgte Elberfeld, die andere. Dieses Inferno stellte eine dramatische Steigerung des Bombenkriegs dar, sodass man sich naziseits zu Gegenmaßnahmen veranlasst sah. Das Rheinland war seinerzeit, nicht zuletzt aufgrund seiner relativen Nähe zu Großbritannien, eine der am stärksten bombardierten Regionen Deutschlands. So lag es nahe, zumindest die Kinder dorthin zu verbringen, wo die Welt noch nahezu in Ordnung war – etwa in den Gau Thüringen, der kurzerhand zum »Aufnahmegau« für den »Entsendegau« Düsseldorf erklärt wurde; dieser umfasste auch Wuppertal.

Bald verfrachtete man gleich ganze Schulen aus dem Inferno ins Idyll: Zwei Wuppertaler Mädchen-Oberschulen wurden, komplett mit Kollegium, nach Erfurt transportiert, fünf Jungen-Oberschulen fanden sich in Gera wieder, unter ihren Schülern war auch ein zwölfjähriger Johannes, welcher es hernach zum Bundespräsidenten bringen sollte. Andere Wuppertaler Schulen wurden nach Zeulenroda, Greiz, Weimar und Pößneck ausgelagert. Wobei Wuppertal selbstverständlich nicht der einzige westdeutsche Ort war, der seine Schüler nach Thüringen schickte. Und selbstverständlich suchten nicht nur Schüler hier Schutz vor dem Luftkrieg: Auch Mütter mit Kleinkindern, teils bereits ausgebombt, teils in Furcht vor den Wellingtons, machten sich auf den Weg gen Osten.

Anfang 1943 zog Thüringen Zwischenbilanz: 30.000 Menschen aus dem Gau Düsseldorf waren bereits hier, 15.000 weitere quasi unterwegs. Und das war erst der Anfang. Im Herbst des Folgejahres erweiterte sich sogar noch der Kreis der Zuziehenden – nun kamen auch Flüchtlinge aus den Gauen Köln-Aachen, Koblenz-Trier und Westmark (Pfalz, Saarland, Lothringen).

Selbstverständlich geriet das nicht immer zum puren Vergnügen: Die Thüringer mussten heftig zusammenrücken, um den Westdeutschen Platz zu machen, was viele, doch wahrlich nicht alle gern taten. Die Ankömmlinge wiederum waren meist, aber nicht durchweg dankbar und bescheiden: Manche verwiesen darauf, dass sie sich nun von den Schrecken der Bombennächte erholen müssten, und zwar gefälligst in den besten Zimmern ihrer Quartiergeber. Zudem gab es viele, teils drollige, teils ärgerliche interkulturelle Zusammenstöße: Die mondäne Kölnerin beklagte sich im thüringischen Kleinstadt-Kino darüber, dass sie diesen Zarah-Leander-Film in der Domstadt doch schon vor einem halben Jahr gesehen hätte,

»Gott, wie rückständig hier alles ist!«. Mancher Thüringer Dörfler wiederum war mit der großstädtischen Lebensart seiner Gäste schlicht ein wenig überfordert. Hinzu kamen religiöse Irritationen: Plötzlich ergoss sich die halbe Erzdiözese Köln ins protestantische Kernland, im August 1944 beispielsweise platzte der Erfurter Dom anlässlich einer römisch-katholischen Marienfeier fast aus den Nähten, die Einheimischen betrachteten das Geschehen aus sicherer Entfernung und staunten.

Doch solche kleinen Kulturkämpfe verblassen angesichts der Tatsache, dass Thüringen vielen, vielen Rheinländern das Leben gerettet hat. Womöglich auch dem kleinen Jungen, der mit seiner Mama in Pößneck war, wo ihm die Thüringer Klöße äußerst lecker schmeckten – derart lecker, dass er sie immer wieder essen wollte. So ließ sich seine Mama das Rezept geben, und später, im Frieden, als beide endlich wieder daheim in Wuppertal waren, kochte sie sie ihm. Später kochte er sie selbst. Mit Presssack, größter Akribie und wer weiß welchen Erinnerungen. Jedes Jahr genau einmal, und zwar am Heiligen Abend.

30. GRUND

Weil die Thüringer Erde noch sagenhafte Bilder gebiert ... äh, fast

Da stand er nun, der siegreiche Krieger, tief unten in Thüringens Erde. Vor ihm tat sich eine weite Höhle auf, deren glitzernde Wände schier unglaubliche Schätze bargen: Gold, so weit das Auge reichte, dazu noch erlesenste Kleinodien sämtlicher Zeiten, Länder und Meister. Da stand er nun inmitten des betörenden Glanzes, jener siegreiche Krieger, dem es bald beschieden sein sollte, der mächtigste Mann der Welt zu werden.

Dieses Bild, das durchaus das Format hat, in alten Sagen zu erstrahlen, war handfeste Wirklichkeit, und zwar im Thüringen des 20. Jahrhunderts. Doch da unsere Zeiten mitnichten mehr sagenhaft sind, sondern ganz banal, nicht selten: ganz banal böse, verliert dieses Bild bei näherem Betrachten viel, wenn nicht gar sämtlichen Glanz.

Denn dieses Bild hat eine Vorgeschichte: Mitte Februar 1945 stand die Rote Armee an der Oder, was in Berlin den Schweiß perlen ließ. So beschloss man, die Goldreserven der Reichsbank in Sicherheit zu bringen – oder in das, was man für Sicherheit hielt: das Thüringer Land, was seinerzeit ja noch etwas ab vom Artillerie-Schuss war. So gelangten im Februar und März ein paar Hundert Tonnen Reichsbank-Gold in das zur Zwischenlagerstätte erkorene Kalibergwerk Merkers, wo man es in rund 500 Metern Tiefe hinter einer Stahltür stapelte. Widerlicherweise war darunter auch eine Einlage des kaum fassbaren SS-Wirtschafts-und-Verwaltungshauptamts.

Unter Tage herrschte eine weithin konstante Temperatur beziehungsweise Luftfeuchtigkeit, was dem Gold zwar egal war, anderweitig jedoch Interesse weckte: Um die Kunstschätze der Berliner Museen gegen den Bombenkrieg zu sichern, hatte man diese zu großen Teilen in die riesigen Flakbunker der Reichshauptstadt gebracht, nun sahen sich diese aber der Gefahr von Erdkämpfen ausgesetzt. Folglich lud man im März 3.000 Kisten Kunst sowie zahlreiche aus Mangel an Material unverpackte Bilder in 24 Eisenbahnwaggons und etliche Busse, auf dass sie dem Golde Gesellschaft leisten. So kam das Kalisalz in den Genuss von Meisterwerken wie Riemenschneiders *Vier Evangelisten* oder Doch-nicht-Rembrandts *Mann mit dem Goldhelm*, dazu gab's Werke von Dürer, Botticelli, Giotto, van Gogh und, nicht zu vergessen, die Büste der Nofretete höchstselbst.

Fraglich blieb, wie man nun mit den eingesalzenen Kostbarkeiten verfahren sollte, deren heutiger Wert immerhin auf mehr als zwei Milliarden Euro taxiert wird. Anscheinend gab es Pläne, den Lagerstollen durch Sprengung unzugänglich zu machen – denn bis er wieder freigelegt wäre, so die brillante Überlegung, hätte sich alles bestimmt zum Guten gewandt. Glücklicherweise nahm man von solchen Phantasmen bald Abstand und beschränkte sich darauf, der weiteren Dinge zu harren – wobei man ja nicht lange harren musste: Am 6. April erschien die Dritte US-Armee in Merkers. Nicht zufällig: Kunstfahndungs-Offiziere des »Monuments, Fine Arts & Archives-Program« hatten das Bergwerk schon früh auf dem Schirm gehabt (übrigens sollte George Clooney jenen »Monuments Men« 2014 im gleichnamigen Film ein mäßig schönes Denkmal setzen). Die deutschen Gold- beziehungsweise Kunstverwalter erwiesen sich als kooperativ, so standen die Amerikaner bald vor der blendenden Pracht und waren derart geflasht, dass sie beschlossen, gleich ihren Oberbefehlshaber herbeizurufen: Dwight D. Eisenhower, welcher ja 1953 zum 34. Präsidenten der USA gewählt werden sollte, unsere Eingangsszene.

Nun war Thüringen vertraglich dem sowjetischen Machtbereich zugeschlagen worden. Die Amerikaner hatten es allein deshalb erobert, weil sie gerade in der Nähe gewesen waren und nichts Besseres zu tun gehabt hatten. So hätten sie den Schatz von Merkers streng genommen der Roten Armee übergeben müssen. Was sie aber nicht taten. Stattdessen verbrachten sie ihn Mitte April per Lastwagenkolonne in ihre Zone, nach Frankfurt/M. Das war Unrecht, aber recht so, denn die Amerikaner versuchten nun, das Gold jenen Nationalbanken zurückzugeben, welche die Deutschen während ihres Eroberungszuges ausgeplündert hatten. Stalin hingegen hätte die Barren vermutlich selbst aufgegessen.

Die Nachgeschichte ist fix erzählt: 1993 beendete man die Kalisalzförderung in Merkers und baute die Anlage zum Schaubergwerk aus, komplett mit inszeniertem Goldschatz und Nofretete-Kopie. Im 500 Meter tief gelegenen Großbunker finden mittlerweile Konzerte statt, wobei sich verdiente Veteranen der Tanz- und Unterhaltungsmusik wie Lindenberg, Maffay, Niedecken, Chris de Burgh, Eric Burdon und Mike Rutherford einstellen. Zudem gibt es subterrane Mountainbike-Touren und Marathonläufe. Das ist, wenn auch nicht gerade sagenhaft, so doch äußerst ergötzlich.

31. GRUND
Weil Thüringen 40 Jahre für Berlin (West) abgesessen hat

Bis heute ist die 12. US-Heeresgruppe unter General Omar Bradley der größte Heeresverband, den die USA je in irgendein Feld geschickt haben: 1,3 Millionen Soldaten, selbstverständlich perfekt ausgerüstet. Im April 1945 bearbeiteten Teile dieser gewaltigen Streitmacht den Ruhrkessel, wo ihnen irrsinnigerweise noch Widerstand geleistet wurde. Der Rest war bereits nach Osten vorgestoßen, und zwar mit geradezu atemberaubendem Tempo. Am 1. April erreichte die Erste Armee unter General Patton bei Eisenach thüringisches Gebiet, und nun schien es so, als könnte die Militärmaschine, einmal in Schwung geraten, nicht mehr abbremsen: Gut zwei Wochen später stand sie, ohne auf nennenswerten Widerstand gestoßen zu sein, in Westsachsen – der ehemalige Reichsgau Thüringen war von den hochgeschwinden Amerikanern überrollt worden. Na ja, dachten sich die Thüringer, hätte schlimmer kommen können, die Amis verhalten sich ja recht korrekt. Allemal besser die als die Sowjets.

Diese machten sich zu jener Zeit noch an Berlin zu schaffen. Am 2. Mai hatte die Rote Armee den Widerstand endlich gebrochen: Berlin war sowjetisch. Und Thüringen amerikanisch. So hatte es den Anschein, zwei Monate lang. Doch dann geschah etwas, womit weder die Thüringer noch die Berliner gerechnet hatten: Am 1. Juli begann die US Army unversehens, sich aus Thüringen zurückzuziehen, übrigens unter Mitnahme wertvoller Dinge und Menschen, Letztere vorwiegend in Gestalt technischer Experten. Am 2. Juli schob die Rote Armee aus dem Osten nach – Thüringen wechselte den Besitzer. In Berlin ereignete sich währenddessen das ganze spiegelverkehrt: Die Sowjets räumten die westlichen Stadtteile, dafür rückten Amerikaner und Engländer ein. Effektiv hatten also die Sowjets und die West-Alliierten ein Tauschgeschäft vorgenommen: Westberlin gegen Thüringen. Anders gesprochen: Die

Thüringer haben 40 Jahre lang die Härten des real existierenden Sozialismus auf sich nehmen müssen, damit Berlin (West) ein herrliches, hochsubventioniertes, wehrdienst- und sperrstundenfreies, ergo permanent volltrunkenes dekadentes kapitalistisches Luxusleben führen konnte! Sollte Berlin sich da nicht mal erkenntlich zeigen? Den tapferen Thüringern 'ne Bulette, 'ne Schrippe und 'ne Molle spendieren? Wa?

Aber natürlich redet sich Berlin vermittels seiner Schnauze mal wieder aus der Nummer raus (und merkwürdigerweise haben sie da sogar die gesamte Historikerzunft auf ihrer Seite): Angeblich sei spätestens im Februar 1945, und zwar auf der Konferenz von Jalta, zwischen den Alliierten vereinbart worden, dass Thüringen sowjetisch besetzt werden würde, Teile Berlins aber amerikanisch beziehungsweise englisch. So habe der nachmalige Kriegsverlauf überhaupt keinen Einfluss mehr auf die Nachkriegsgrenzen gehabt. Und die Amerikaner hätten im April quasi nur gesagt: Hey, wir stehen jetzt in Hessen, haben aber noch gut Sprit im Tank, also rollen wir mal weiter durch Thüringen und regeln das für euch. So, sagen die Berliner, wäre das gewesen, und mithin schuldeten sie den Thüringern gar überhaupt nichts.

Tja. So sind sie halt, dort an der Spree: nie um eine Ausrede verlegen. Unsympathisches Völkchen. Und die Currywurst ist auch ganz schlecht.

32. GRUND

Weil kein Mensch mehr vom Thüringer Balkon spricht

Thüringen war zur Zeit der Deutschen Teilung sehr westorientiert: Ein Blick auf die damalige Landkarte zeigt, wie keck sich der heutige Freistaat in den bundesdeutschen Unterleib schob, das darob verschreckte Hessen schien nachgerade furchtsam zurückzuweichen. Für den normalen Thüringer war diese Westlage nicht weiter von

Bedeutung – abgesehen davon, dass sie ihm, solange er nicht gerade im tiefen Tal lebte, einen prima West-TV-Empfang bescherte.

Seinerzeit sprach man vom »Thüringer Balkon«, welcher freilich weniger gemütlich war, als er klingt – denn jene, die in vorderster Linie vom »Thüringer Balkon« sprachen, waren die Militärs. Hier, so das Gedankenspiel, ergäben sich für den Ostblock doch wirklich faszinierende Optionen: Man springt vom Balkon in südwestliche Richtung herab, schreitet dann gemütlich bei Bad Hersfeld über die Fulda, vorbei an Homberg durch die Wetterau, wobei es kaum nennenswerte physische Hindernisse gibt, sodass schließlich Frankfurt/M. in seiner ungeschützten Blöße den vor Kraft strotzenden Warschauer Paktpanzerspitzen preisgegeben ist. Damit fällt gleich noch die amerikanische Rhein-Main-Airbase, und die Zoff-Jetz' preschen weiter vor, zersägen die Bundesrepublik in zwei Hälften und erreichen schließlich Lothringen, wo sie nahezu die gesamte Quiche-lorraine-Produktion der NATO-Staaten lahmlegen können. Nicht auszudenken – von diesem Schlag hätte sich der Westen wohl kaum erholt.

Vor so viel strategischem Genie wollten die US-Militärs nicht zurückstehen: Zunächst planten sie, im Falles eines Verteidigungsfalles den Vormarsch der Russen durch Osthessen mittels heftigster, womöglich auch atomarer Waffen zu verhindern. Das wäre zwar etwas peinlich gegenüber der osthessischen Zivilbevölkerung gewesen, aber diese hätte sich darüber ja wirklich nicht beschweren können.

Doch neben dem Großraum Frankfurt/M. gab es eine andere Stadt, in der die Amerikaner militärisch noch verwundbarer waren: Nach dem Mauerbau 1961 war den Amis klar, dass die Sowjets für die Eroberung Berlins (West) ungefähr genauso lange brauchen würden wie Elvis dafür, *Love Me Tender* zu singen. Berlin konnte nicht in Berlin verteidigt werden – also musste man andere Ideen entwickeln. Etwa die, im Ernstfall einfach mal den Thüringer Balkon abzumeißeln. Dass die USA Thüringen ganz gut konnten, hatten sie ja bereits 1945 bewiesen. Und wenn man Thüringen hatte, hatte man ja immerhin Thüringen. Und von dort aus könnte man vielleicht, Hermsdorfer Kreuz links, über die A9 irgendwie nach Berlin hoch. Oder so.

Man weiß nicht (und wird nie wissen), ob die Strategen beider Seiten wirklich an die Durchführbarkeit solcher Superpläne glaubten – oder ob diese nur dazu dienten, sich selbst, den Gegner und die jeweiligen Regierungen von der eigenen Wichtigkeit zu überzeugen: Immerhin wollte man von Letzteren Anerkennung, viel Geld sowie goldglitzernde Generals-Epauletten haben.

In jedem Fall ist der Thüringer Balkon aus der Geschichte verschwunden, ebenso die Waffen, die auf ihm standen, und jene, die auf ihn gerichtet waren. Das ist erfreulich. Denn so kann Thüringen schönere Perspektiven genießen als jene, ein Schlachtfeld zu sein.

33. GRUND
Weil Erfurt schon 1970 die Wende probte

Im Zeitalter des modernen Massenstaats hat das Volk eine großartige Möglichkeit, sich ganz unmittelbar zu artikulieren: die Demonstration. Alle, die einen gewissen politischen Wunsch auf dem Herzen haben, treffen sich, mehr oder weniger organisiert, mehr oder weniger spontan, und verschaffen sich Gehör, sei es per Sprechchor, sei es per Spruchband. Als Ort der Demonstration wählt man gemeinhin das Stadtzentrum, wobei sich insbesondere Plätze vor jenen Gebäuden anbieten, die irgendetwas mit dem politischen Anliegen zu tun haben. So wäre die Demonstration eine rundum feine Sache – wäre da nicht das gewisse Risiko, das der Demonstrant mitunter eingehen muss. Dieses Risiko differiert je nach dem Staat, in der die Demonstration stattfindet. Es reicht von Null über Ordnungsgeld, Karriereende, Freiheitsverlust bis dahin, von Panzerketten zermalmt zu werden.

In der DDR war die Demonstration seitens der Mächtigen eher ungern gesehen. Deswegen gab es hier nur zwei kurze, nichtsdestotrotz heftige Demonstrationswellen: die erste (1953) und die letzte (1989). Dazwischen war nix, sieht man mal von jenen staatlich verordneten, dem liturgischen Jahr des Sozialismus folgenden Kundgebungen ab, deren Verlauf ungefähr so spontan war wie ein Wackerstein und deren Quintessenz darin lag, dass die Mächtigen das Volk dazu einbestellten, den Mächtigen zu versichern, dass deren Politik ganz prima und superklasse wäre, genauer gesagt: superarbeiterklasse.

Aber ansonsten, wie gesagt, war nix – halt: wäre nix gewesen, wären da nicht die wackeren Erfurter gewesen, die ziemlich genau in der Mitte der Durststrecke zwischen 1953 und 1989 der Welt einmal kurz demonstrierten, dass das Volk noch da ist. Und das kam so:

Anno 1970 ließ sich die Existenz der DDR nicht mehr leugnen. Jedoch: Wiewohl es sie gab, durfte es sie nach westlichem Verständnis nicht geben. So war die Staatlichkeit der DDR irgendwie ein Pfui-Thema, man sprach nicht darüber, zumindest nicht beim Essen. Diese Doktrin erwies sich im Zeitalter der Entspannung als irgendwie hinderlich, folglich rang sich die SPD/FDP-Regierung unter Willy Brandt zu einer kontrollierten Charme-Offensive durch. Hey, ihr da drüben, zwar ist es keinesfalls so, dass wir sagten: Es gibt euch. Aber vielleicht, wenn ihr nett seid, sagen wir: Es gibt euch ein bisschen. Womöglich könnten sich unsere Regierungschefs mal ganz spontan und formlos, ihr wisst schon.

Das ließ sich die DDR nicht zweimal sagen: Treffen? Ja gerne! Bei uns oder bei euch? – Och, ruhig bei euch, signalisierte der Westen. – Prima, entgegnete der Osten, wir haben da auch eine echt dufte Hauptstadt: Berlin. – Nun ja, wandte der Westen ein: Erstens heißt das Ostberlin, und zweitens kann es keine Hauptstadt sein, da ihr ja gar kein Staat seid, aber okay, gerne, Ostberlin, immerhin ist das ja von Berlin aus fix zu erreichen. – Äh, entschuldigt bitte: Von wo wollt ihr kommen? – Na, aus Berlin. Kennt ihr nicht? Große

Stadt, an der Spree. Ku'damm, Hertha, Schrippe, icke bin icke und so weiter. – Ihr meint doch nicht etwa das imperialistische Gebilde Westberlin, welches gar nicht existiert, dieweil es gar nicht existieren darf, und welches, wenn es denn existierte, überhaupt nicht zu eurer Bundesrepublik gehörte? Nein, niemals lassen wir euch in unsere Republik hinein, wenn ihr von dieser übelwollenden Frontstadt kommt. – Oh Gott, seid ihr kompliziert! Dann schlagt halt einen anderen Treffpunkt vor.

Und so überlegte die östliche Polit-Elite. Und überlegte und überlegte: Es müsste schon eine einigermaßen große, ansehnliche Stadt sein. Und nicht so weit weg von der Grenze: Man wollte Brandts Reise eher kurz halten. Dann brauchte man vor Ort ein gutes Hotel – der Kanzler konnte ja schlecht im FDGB-Heim untergebracht werden. Zudem musste dieses Hotel extrem bahnhofsnah sein, ansonsten käme es bei der Fahrt durch die Stadt womöglich noch zu unerwünschten Zwischenfällen.

Und welche Stadt erfüllte all diese Anforderungen mit Bravour? Natürlich das wundervolle Erfurt. Nun traten die Planer auf den Plan, und zwar virtuos. Kein Zweifel: In Sachen Planung hatte die DDR Weltniveau. Der Erfurter Bahnhof und der gegenüberliegende »Erfurter Hof« wurden rasant auf Vordermann gebracht, dazu klügelte man eine Begrüßungs-, Abmarsch- und Ankunfts-Choreografie aus, wobei die Szenerie in Rot getunkt wurde: dicke rote Teppiche auf dem Bahnsteig, desgleichen auf den Bahnhofstreppen, ein rotes Fahnenmeer auf dem Bahnhofsvorplatz, rote Rosen in den Hotelzimmern, und für den Fall, dass der Westbesuch einen Rotrausch erlitte und sich übergeben müsste, fände er im Hygiene-Bereich flauschig-rote Bademäntel vor. Alles schien perfekt. Doch dann erhob sich verschämt ein Planer-Stimmchen: Äh ... und das Volk? – Wie? Was ist das, ein »Volk«? – Na, dieses Massige, Konturlose, das man immer im Hintergrund sieht. – Ach so, das! Richtig! Ich denke, Genossen, dieses »Volk« würde bei einem solchen Anlass nur stören.

Und so ward der Bahnhofsplatz kurzerhand abgesperrt, desgleichen die Bahnhofstraße, die ihn seitlich tangiert, einzig deren abgewandte Bürgersteigseite blieb notdürftig begehbar.

Nun harrte man am Morgen des 19. März 1970 der Dinge und des Kanzlers. Merkwürdigerweise jedoch hatten sich auf dem schmalen Stück Bürgersteig, weitab des Geschehens, Erfurter eingefunden, inoffizielle, funktionslose, aber durchaus lebendige Erfurter. Viele Erfurter. Ganz viele Erfurter. Zu viele Erfurter. Und plötzlich befreite sich das so komprimierte Erfurter Volk aus seiner Beklemmung: Es überwand kurzerhand die Normen des Obrigkeitsstaates. Und dessen angerostete Absperrgitter. Die Flut brach ein. Männer in auffällig unauffälliger Kleidung eilten herbei, hakten einander unter und stemmten ihre Stasi-Ärsche gegen die euphorisierten Erfurter, doch diese brachen sich rigoros Bahn und ergossen sich auf den Bahnhofsvorplatz. Von nun an führte das Volk Regie.

Man ließ den Regierungschefs eine schmale Gasse zwischen Bahnhof und Hotel. Und als sie kamen, erscholl ein mächtiger Sprechchor: »Willy – Willy – Willy«, riefen die Massen, was raffiniert war, ließ es sich ja durchaus auch, Stoph zu Ehren, als »Willi – Willi – Willi« interpretieren. Und dagegen konnte doch keiner etwas einwenden. Doch als die Politiker im Hotel verschwunden waren, wurde rasch klar, wer der wahre Willy der Herzen war: »Willy Brandt ans Fenster! Willy Brandt ans Fenster!«, dröhnte es ostinat über den Platz. Und als Brandt sich endlich zeigte, explodierte die Menge in einem Jubelschrei, als hätten gerade die Beatles das Siegtor für Rot-Weiß gegen Carl-Zeiss Jena geschossen, nein, Quatsch: Eine Frau, die dabei war, sprach später von einem »Freiheitsschrei«, und genau ein solcher war es.

Man kann sich vorstellen, was die SED-Funktionsträger empfanden: Wie ist uns das peinlich! Wo doch die ganze Welt zuguckt! Was tun? Ein gewaltsames Auflösen des Volksfestes war unmöglich, eben weil die ganze Welt zuguckte. Also muss man ein Gegenvolk aufbieten, welches das echte Volk vom Platz verdrängt. Folglich ließ man in Windeseile alles herbeikarren, was linientreu und artig war. Mit Erfolg: Nach Stunden war der Platz endlich wieder unter staatlicher Kontrolle. Es fehlte bloß so etwas wie … äh: Leben, blieb es doch merkwürdig still. Sprechchöre mussten her. Dringend. Nur: Was dem Genius des Volkes so leichtfällt, nämlich kernige Parolen zu finden, ist Parteirobotern nahezu unmöglich. Man konnte spüren, wie es in den Hohlköpfen arbeitete: »Hoch! Hoch. Hoch! Es lebe Willi Stoch!« Hmmm … sehr gute Kampfparole, aber mit dem winzigen Makel, dass unser Ministerratsvorsitzender Stoph heißt. Nicht Stoch. Also: »Hoph! Hoph! Hoph! Es lebe Willi Stoph!« Schon besser, aber irgendwie nicht ganz so gemeinverständlich. Vielleicht sollten wir die Stärken beider Parolen zu einer dritten synthetisieren: »Hoch! Hoch! Hoch! Es lebe Willi Stoph!« Ah! Jawoll! Super! Die nehmen wir. Und also wurde tatsächlich skandiert: »Hoch! Hoch! Hoch! Es lebe Willi Stoph!« Damit war ein neuer Weltrekord an Doofheit aufgestellt. Welcher aber nicht lange Bestand haben sollte. Allen, selbst den Westmedien, war klar, dass es sich hierbei nicht um die Stimme des Volkes, sondern um jene parteiamtlich herbeigerufener Volksattrappen handelte. Und was skandieren die jetzt, zu allem Unterfluss? »Hoch lebe unsere Partei, wenn sie ruft, sind wir dabei!« Das war der Offenbarungseid.

Jener der SED-Herrschaft sollte noch ein paar Jahre auf sich warten lassen. Allerdings haben die tapferen Erfurter der Welt schon im Jahr 1970 einen Vorgeschmack der Wende gegeben. Und zwar einen durchaus leckeren.

34. GRUND

Weil es hier schon 1976 zur Wiedervereinigung kam

Philippsthal ist eine kleine osthessische Marktgemeinde, die alles hat, was eine kleine Marktgemeinde braucht – sogar Straßen, über die man den Ort erreichen und auch wieder verlassen kann. Der südöstliche Ein- und Ausfallsweg ist die parallel zur Werra verlaufende Weidenhainer Straße. 1847 hatte man begonnen, sie in lockerer Reihe zu bebauen. Als Letzter setzte 1890 Herr Hoßfeld sein Haus an jene Straße – danach ging nichts mehr, weil Philippsthal (und damit das preußische Hessen-Nassau) unmittelbar an Herrn Hoßfelds Außenmauer endete. Wenn er nämlich dort ein Fenster öffnete, strömte die Luft des Großherzogtums Sachsen-Weimar-Eisenach ins Haus, was freilich keinen weiter störte. 1920 änderte sich die politische Landkarte ein wenig, fortan grenzte Herr Hoßfeld direkt an Thüringen. Nun betrieb der Hauseigner in seinen Räumlichkeiten eine Hofdruckerei, in welcher unter anderem die *Rhönzeitung* durch die Rotationsmaschinen lief, und deren Verbreitungsgebiet war in erster Linie Thüringen. Das führte zu steuerlichen Irritationen, die der Druckereibesitzer sehr pragmatisch löste: Er errichtete kurzerhand einen kleinen Anbau, und zwar auf Thüringer Gebiet, versah diesen mit einer Eingangstür und mauerte dafür jene des Altbaus zu. Nun hatte er ein grenzübergreifendes Haus, und wiewohl der Thüringer Teil weitaus kleiner war als der preußische, wurde er zum bestimmenden – denn es zählte nicht, wo das Haus lag, sondern allein, wo man es betrat. Hoßfelds Grenzüberschreitung war zwar ein wenig wunderlich, aber keineswegs brisant. Bis zur deutschen Teilung: Denn nun drohte dem Druckereibesitzer seitens der frisch gegründeten DDR die Enteignung. Welche Herr Hoßfeld auf wiederum sehr pragmatische Weise abwandte: Alles Brauchbare aus dem nun in der DDR liegenden Anbau wurde hausintern in die BRD verbracht, sodann mauerte Herr Hoßfeld in der Silvesternacht 1951 die Durchgangstür zu, brach dafür die alte hessische Haustür wieder auf – und war somit Wessi.

Nach der etwas drolligen Logik jener Zeit bestand das Hoßfeld'sche Haus hinfort aus zwei Häusern mit zwei Eingängen, in zwei Staaten gelegen. Anders betrachtet: Die Mauer verlief mitten durch die Bude, und selbstverständlich durften die Hoßfeld-Wessis den Ossi-Teil ihres Hauses nun nicht mehr betreten. Und mithin auch nicht mehr renovieren, was dem Gebäude bald ein merkwürdiges Janus-Gesicht verlieh.

Doch 1976 kam es zum diplomatischen Durchbruch: Die DDR gestattete es tatsächlich, dass ein (wenn auch eher winziger) Teil Thüringens dem Geltungsbereich des Grundgesetzes beitrat. Die Grenze machte fortan einen kleinen Schlenker. Hoßfeld war wiedervereint. Na bitte. Es geht doch!

Und 14 lange Jahre später folgte auch der Rest Deutschlands endlich diesem schönen Beispiel.

35. GRUND
Weil Gotha etwas Krimi in die fade DDR gebracht hat

Um alle möglichen Missverständnisse sofort auszuräumen: Diebstahl ist stets böse! Es geht einfach nicht an, jemandem etwas wegzunehmen, um dieses dann zu behalten. Das gilt bereits, wenn es sich um banale Dinge handelt – eine Flasche Pils, ein Portemonnaie, einen Pkw und so weiter. Das gilt aber noch viel mehr, wenn es sich beim Diebesgut um ein Ding handelt, welches sich nicht darin erschöpft, Ding zu sein. Das Gemälde zum Beispiel ist ja mehr als nur Leinwand, Öl und Pigment, wohnt ihm doch etwas Überdingliches inne: Wenn wir uns etwa van Dycks *Selbstbildnis mit Blume* anschauen, sind wir schier hingerissen von der Schönheit dieser Komposition, davon, wie hier Mensch und Sonnenblume einander quasi dialogisch ent-sprechen ... äh: Nur können wir uns van Dycks *Selbstbildnis mit Blume* überhaupt nicht anschauen. Keiner kann es sich anschauen. Mit Ausnahme des einen, der das Bild irgendwo in einem Geheim-Gelass seiner Behausung hängen hat. Denn dieser van Dyck ist am 14. Dezember 1979 aus dem Gothaer Schloss Friedenstein geklaut worden – zusammen mit Frans Hals' *Brustbild eines jungen Mannes*, Brueghels *Landstraße mit Bauernwagen*, Jan Lievens' *Altem Mann* und Holbeins *Heiliger Katharina*. All diese

93

Bilder sind uns somit von jemandem entzogen worden, der sie ganz allein für sich haben will – böse, böse, böse!

Die Diebe kamen in jener stürmisch-kalten, regennassen Nacht gegen zwei Uhr morgens, gingen mit Steigeisen eine Regenrinne des Westflügels hoch und gelangten durch ein Fenster ins Gebäude. Offenbar wussten sie von der brandneuen Alarmanlage des Museums – aber auch davon, dass diese erst am kommenden Montag aktiviert werden würde. Dann packten sich die Diebe die Kunst, offenbar sehr selektiv, denn gleichermaßen wertvolle Bilder ließen sie hängen. Ein Gemälde ihrer Wahl aber rissen sie gar brachial samt Dübel aus der Wand. Anschließend flohen sie durch den Schlosspark, wobei sie eins ihrer Steigeisen verloren. Nämliches gab den Kriminalen interessante Aufschlüsse: Machart und Legierung legten nahe, dass es weder in der DDR hergestellt noch dort verkauft worden war. Also hatte der Westen womöglich seine schmierigen Finger im Spiel? Unmittelbar vis-à-vis des Schlossparks, an der Parkstraße, lag der Gothaer Schlachthof – von dort aus ist nach der Tat, doch noch vor deren Entdeckung, wie jede Woche ein versiegelter Fleischtransporter über Eisenach in den Westen gefahren. Mit Rinderhälften? Oder mit der *Heiligen Katharina*? Die Kriminalen führten mehr als 1.000 Verhöre durch – ergebnislos. War es am Ende gar so, dass dubiose Devisenbeschaffer der DDR die Drähte gezogen haben? Nix weiß man. Die Bilder sind bis heute verschwunden geblieben. Auch 2009, nachdem der Diebstahl verjährt war, tauchte keins auf. So leiden wir alle nach wie vor schmerzhaft unter diesem ungeheuren Verlust … Nebbich!

Wie oft, lieber Leser, sind Sie nachts aufgewacht mit dem dringenden, unerfüllbaren Wunsch, die *Landstraße mit Bauernwagen* zu sehen? Hm? Wer vermisst diese Bilder? Ich meine: Wer vermisst sie wirklich? Hm? Und andererseits: Wiewohl das Verbrechen böse, böse, böse ist, ist es offenbar auch faszinierend, faszinierend, faszinierend. Man betrachte doch nur einmal, wie das Krimi-Genre boomt. Neuerdings vermehren sich ja auch die Pitaval-Formate wie doof: »Die schönsten Verbrechen unserer Welt« und dergleichen. Also wage ich die frivole Vermutung: Die geklauten Bilder von Gotha haben die Menschen mehr interessiert, emotionalisiert, bereichert, als es die vorhandenen je vermocht hatten: Gotha hat etwas Krimi in die DDR-Geschichte gebracht! Also: Genießen wir das Gotha Crime Mystery, solange es geht. Denn irgendwann werden die Gemälde wieder auftauchen: Schon weil das Böse am Ende immer unterliegt.

36. GRUND
Weil sich der Generalsekretär in Erfurt
an einem Tag gleich zweimal irrte

Es gibt geflügelte Worte von welthistorischem Gewicht: Manchmal ist es einem Staatsmann vergönnt, in höchster Stunde einen Satz zu sprechen, der fortan, solange es Menschen gibt, untrennbar mit seiner geschichtlichen Größe verbunden sein wird: Die Würfel sind gefallen. L'état c'est moi. I have nothing to offer but blood, toil, tears, and sweat.

Auch die führenden Genossen des Arbeiter-und-Bauern-Staats hatten ihre rhetorischen Sternstunden – wobei die Krone hier selbstverständlich Walter Ulbricht gebührt, der gleich zwei Bonmots für die Ewigkeit rausgehauen hat: »Ich denke, Genossen, mit der Monotonie des ›Yeah Yeah Yeah‹ und wie das alles heißt, ja, sollte man doch Schluss machen.« Und, nur geringfügig schwächer: »Niemand hat die Absicht, eine Mauer zu errichten.«

Damit lag die Latte arg hoch, und es hat den Anschein, als wären alle SED-Granden davor zurückgeschreckt, sich mit den Leistungen des Altmeisters zu messen. Erst als es mit der DDR zu Ende ging, fanden einige doch noch zu zitablen Worten: »Ich liebe, ich liebe doch alle, alle Menschen, na, ich liebe doch!« (Mielke), »Das tritt nach meiner Kenntnis ... ist das sofort, unverzüglich.«

(Schabowski). Und Honecker? Nun: Auch der Generalsekretär sprach kurz vor Toresschluss noch ein großes Wort, und er sprach dies, womit wir beim Thema wären, in Erfurt.

Hier standen am 14. August 1989 Festivitäten an, deren Vorgeschichte rasch erzählt ist: Die 80er waren das Jahrzehnt, in dem jedem klar wurde, dass die Zukunft von der Mikroelektronik bestimmt werden würde. Auch die DDR-Führung wusste das. So bündelte sie die Kräfte des Kombinats Mikroelektronik Erfurt, des Kombinats Robotron und des Instituts für Halbleiterphysik Frankfurt(Oder) zu einer »Gemeinsamen Konzeption der Forschungskooperation zur Sicherung von Spitzenleistungen für neue Bauelementegenerationen bis zum Jahr 2000«. Das klingt ziemlich keck, war aber im Grunde blanke Not: Denn in dieser Schlüsseltechnologie war die DDR Jahre hinter der Weltspitze (West) zurück. In der östlichen Hemisphäre freilich ritt man kühn voran. So hatten die Erfurter Mikroelektroniker, gemessen an ihren Mitteln, soeben Großes vollbracht, war es ihnen doch gelungen, einen 32-Bit-Prozessor zu erfinden (genauer gesagt: einen fünf Jahre alten amerikanischen 32-Bit-Prozessor nachzuerfinden). Das musste gefeiert werden, und Honecker sah hier wohl eine Chance, der Welt zu zeigen, wie sexy und der Zukunft zugewandt er sei. So ließ er sich von den Mikroelektronikern den in eine geschmackvolle Schatulle gebetteten Prototypen des »MME U80701« überreichen und würdigte das Ereignis mit einer Rede, aus welcher – Fanfare – folgendes Wort herausstach: »Den Sozialismus in seinem Lauf, wie man bei uns zu sagen pflegt, halten weder Ochs noch Esel auf.«

Ein Supersatz, zweifelsohne. Aber was meinte Honecker nur damit? Dass dumme Tiere den Sozialismus nicht aufhalten? Aber Ochse und Esel sind ein biblisches Bild, Jesaja 1,3: »Der Ochse kennt seinen Besitzer, und der Esel die Krippe seines Herrn.« Wissende Tiere also, deshalb finden wir sie auch im Stall beim Jesuskind. Meint Honecker also, dass die Christen den Sozialismus nicht aufhalten? Dass überhaupt keiner je den Sozialismus aufhalten könnte? Nun: Dann hätte sich Honecker wohl ein wenig im Irrtum befunden, denn es gab durchaus jemanden, der seinen Sozialismus schon allzu bald aufhalten würde: das Volk.

Übrigens irrte sich Honecker an diesem Erfurter Tag noch in anderer Hinsicht: Der »MME U807001«, der ihm überreicht wurde, war überhaupt keiner. Den Erfurter Mikroelektronikern war ihre Schöpfung so wertvoll, dass sie es überhaupt nicht einsahen, das Ding einem Generalsekretär zu schenken, der gar keine sinnvolle Verwendung dafür hätte. Also bekam Honecker nur einen – allerdings geschmackvoll verpackten – Dummy.

4. KAPITEL

Legendäre Bücherweisheit

Weil Luther hier sein Scherflein zum Reichtum
der deutschen Sprache beigetragen hat

Ha! Erwischt! Geben Sie es zu: Sie haben die Überschrift soeben mit mäßigem Interesse überflogen und sich dabei gedacht, dass es wohl wahr sei: Klar, Luther hat da schon sein Scherflein zur deutschen Sprache beigetragen – ohne dass Sie die geringste Ahnung davon hätten, was es denn wohl sei, solch ein »Scherflein«.

Hm? Oder tue ich Ihnen unrecht? Wissen Sie es? Dann ziehe ich den Hut vor Ihnen, senke ehrfürchtig mein Haupt und preise Ihren Namen. Alle aber, die keine Ahnung haben, was es mit diesem »Scherflein« auf sich hat, seien getröstet. Denn zweifelsohne handelt es sich hier um nutzloses Spezialwissen, um die Millionenfrage, die einem ja sowieso nie gestellt wird.

Dass das rätselhafte »Scherflein« Eingang in unsere Alltagssprache gefunden hat, ist – man ahnt es – Martin Luther zu verdanken. Das durchaus Drollige dabei aber ist, dass schon zu Luthers Zeiten kaum jemand wusste, was es denn wohl sei, solch ein »Scherflein«. Denn der »Scherf«, den es verniedlicht, war eine nur regional verbreitete Kleinmünze, geläufig unter anderem in Erfurt. Und hier wird der Reformator sie öfter in den Fingern gehabt haben: Ab 1501 studierte Luther in Erfurt, 1505 trat er hier ins Kloster der Augustiner-Eremiten ein. Überhaupt war Luther Thüringen eng verbunden: Sein Vater stammte aus Möhra, heute ein Teil der Gemeinde Moorgrund im Wartburgkreis; Martin selbst hatte von 1498 bis 1501 die Pfarrschule St. Georgen in Eisenach besucht.

Und hierhin, genauer: auf die Wartburg, kehrte Luther 1521 zurück. Im Wormser Edikt war soeben verfügt worden, dass der Glaubensrebell festzunehmen und nach Rom auszuliefern sei; so inszenierte sein ihm wohlwollender Kurfürst Friedrich der Weise eine Entführung: Am 4. Mai nahmen sächsische Soldaten den reisenden Reformator bei Schloss Altenstein hopp und brachten ihn in die nahe Wartburg. Dort tat Luther dreierlei: Er nannte sich »Junker Jörg«, ließ sich einen repräsentativen Vollbart stehen und übersetzte in nur elf Herbst-/Winterwochen das Neue Testament aus dem griechischen Urtext ins Deutsche.

Nun war Luthers Bibelübersetzung nicht der erste Versuch in dieser Richtung. Neu waren jedoch zwei Dinge: Zunächst der Geist, in dem Luther ans Werk ging. Bisherige Verdeutschungsversuche hatten darunter gelitten, dass sie wortgetreu am Original hingen, so waren Texte entstanden, die alles Mögliche waren, nur nicht lesbar. Luther aber sah das Wesensmerkmal der Schrift, auch der Heiligen, darin, dass sie verständlich sei. So legt die arme Witwe bei Markus 12, 42 im griechischen Original zwei Lepta in den Opferstock. Hä? In der römischen Vulgata sind es zwei Quadrans. Hä? Versteht doch keiner. Luther schaute sich um, »dem Volk aufs Maul«: Was ist hier und heute in Thüringen die kleinste, wertloseste Münze? Der Scherf. Also trug die arme Witwe ihr Scherflein bei. Was Jesus mehr gefiel als die Opfer der Reichen: Denn die arme Witwe hatte zwar wenig eingelegt, aber doch alles, was sie hatte.

So gesehen ist obige Überschrift natürlich krasses Understatement: Luther hat zur deutschen Sprache mitnichten nur ein Scherflein beigetragen. Denn das andere Neue an seiner Bibelübersetzung war die ungeheure Sprachkraft: Das Lutherdeutsch ist schon vom bloßen Klange her hinreißend, eine wunderbar durchrhythmisierte Sprache mit herrlicher Melodie: »Ihr werdet finden das Kind in Windeln gewickelt …« Luther war hochmusikalisch. Und virtuos auch als Wortschöpfer: Wenn das Deutsche hier und da eine Leerstelle hatte, füllte er sie: Machtwort, Lückenbüßer, Gewissensbisse, friedfertig, Feuereifer, Richtschnur, geistreich, Geizhals, Schauplatz, Pöbel, Trübsal, Selbstmörder – samt und sonders Lutherwörter.

Nach Luther war das Deutsche nicht mehr das, was es vor ihm gewesen war. Mehr noch: Luther hat dafür gesorgt, dass wir überhaupt ein uns vereinendes Deutsch haben, war die Luther-Bibel doch der erste Bestseller deutscher Sprache: Bereits 1584 stand sie in 100.000 Bücherschränken, wanderte von dort in unzählige Hände, setzte Sprach-Standards.

Also: Luther hat zum Deutschen nicht nur das Scherflein beigetragen – sondern im Grunde das Stammkapital angelegt, von dessen Zinsen wir noch heute leben.

Weil von Gotha aus jede Menge Welt entdeckt wurde

Was, liebe Kinder, macht ihr, wenn ihr wissen wollt, wo Buxtehude liegt? Oder der Titicaca-See? Klar: Ihr zieht eure Smartphones, und dann Wiki oder Google, und dann aha. Was aber machten wohl eure Urgroßeltern, wenn sie wissen wollten, wo Buxtehude oder der Titicacasee liegen? Hm? Sie schauten in ihren Atlas. Ein Atlas ist quasi ein Buch mit lauter ausgedruckten Google Maps. Atlase, nein: Atlanten gab es ziemlich viele, doch der wunderbarste aller Atlanten kam zweifelsohne aus Thüringen.

Seine Geschichte begann 1785, als der gebürtige Rudolstädter Justus Perthes in Gotha einen Verlag gründete. Welcher alsbald florierte, in erster Linie, weil Perthes so clever war, sich die Rechte am »Gothaischen Genealogischen Hofkalender«, kurz »Gotha« genannt, zu sichern. So hatte der Verleger bald die nötigen Mittel, um in zukunftsträchtige Projekte zu investieren. Ein solches schlugen ihm 1815 der Gothaer Adolf Steler und der Schleizer Christian Gottlieb Reichard vor. Die beiden wollten einen Atlas erstellen. Dergleichen gab es freilich schon, und so lag die Keckheit des Planes nicht etwa darin, einen Atlas zu machen – sondern darin, einen guten Atlas zu machen: exakt, vollständig, mit gediegener Darstellungs- und Druckqualität, das Ganze zum günstigen Preis. Perthes willigte ein; glücklicherweise gerade noch rechtzeitig vor seinem Tod, der ihn 1816 ereilte. Im Jahr darauf begann *Stielers Handatlas* zu erscheinen – ein sehr ansehnliches Kartenwerk, aber keineswegs von singulärer Güte. Der Durchbruch des *Stieler* zur Weltspitze sollte erst erfolgen, als August Petermann, geboren in Bleicherode, 1854 das Ruder übernahm. Unter seiner Führung wandelte sich das Erscheinungsbild des Atlas: Die Karten wurden einerseits als Kupferstich gedruckt (wer einen alten *Stieler* zur Hand nimmt, versteht spontan, was der Begriff »gestochen scharf« bedeutet), andererseits kam per Lithografie eine ansprechende Farbigkeit hinzu. Durch die sogenannte Schattenschraffe wurde eine plastische Vorstellung des Gebirges erzeugt, für die Ortsbezeichnungen entwarf man eine eigene Schrift, die sowohl apart als auch bestens lesbar war. Kurzum: Die Karten des neuen *Stieler* waren so wunderschön, dass man sich am liebsten draufsetzen wollte.

Nun müssen wir uns aber vergegenwärtigen, dass die Welt damals, auch in geografischer Hinsicht, noch voller Geheimnisse war. Klar, die Küste von Afrika war umschifft, beschaut, vermessen und kartografiert. Doch was lag dahinter, im Inneren des Kontinents? Ein Riesensee? Kein Riesensee? Solche Fragen faszinierten damals sowohl die Fachwelt als auch die gebildeten Laien, und so manche Expedition wurde gerüstet, um dorthin vorzustoßen, wo noch keiner zuvor gewesen war, jedenfalls noch kein europäischer Forschergeist. Diese Expeditionen brachten einerseits massenhaft wissenschaftliche Erkenntnisse, andererseits spannendste Erlebnisberichte. Petermann erkannte die verlegerischen Möglichkeiten, die in diesen Entdeckerreisen lagen, und lancierte eine Zeitschrift, die zunächst einen etwas sperrigen Titel trug: *Mitteilungen aus Justus Perthes' Geographischer Anstalt.* Später sprach man kurz und griffig von *Petermanns Mitteilungen.* Ihr Namensgeber erwies sich bald als äußerst tüchtig darin, die berühmtesten Forschungsreisenden an das Haus Justus Perthes zu binden. Daraus entsprang doppelter Nutzen: Zunächst wurden die *Mitteilungen* so zu einer der wichtigsten geografischen Zeitschriften weltweit. Und darüber hinaus hatte Perthes immer einen Informationsvorsprung für seinen *Handatlas*: Damals hatten alle Atlanten noch die sprichwörtlichen weißen Flecken auf ihren Landkarten, und natürlich schlug derjenige, der am wenigsten davon hatte, die Konkurrenz aus dem Feld.

Doch Petermann dachte noch eins weiter: Er bekommt exklusiv Forschungsergebnisse, schön und gut. Nur leider haben die Forscher einen eigenen Willen und forschen mitunter dort herum, wo es den Justus Perthes Verlag gar nicht so sehr interessiert. Also muss der Spieß umgedreht werden: Perthes legt fortan fest, welche weißen Flecken im Atlas am dringendsten gefüllt werden müssen, Perthes definiert das Forschungsziel, stellt die finanziellen Mittel, engagiert das Expeditions-Team, hat volle Kontrolle und so auf Dauer den besten Atlas der Welt. Das neue Konzept der Auftragsforschung funktionierte großartig, und es ist nicht zu hoch gegriffen, wenn man sagt, dass Teile der Welt wirklich entdeckt wurden, weil Gotha es so wollte: Perthes ließ das Nordpolarmeer erforschen, Zentralafrika und Teile Australiens. Doch leider ist der Planet nicht unendlich: Um 1880 war das Rennen um die Kartografierung der Welt gelaufen, und wo man nicht mehr rannte, gab es auch keinen Führenden mehr. Allerdings hatte der *Stieler* sich in den vergangenen Jahren so viel Renommee erworben, dass er weltweit eine Qualitätsmarke blieb, zumal man auch weiterhin die Grundtugenden des Verlags hochhielt: Schönheit, Präzision, Vollständigkeit. So umfasst das Ortsverzeichnis der 10. Auflage (1920–1925) unglaubliche 320.000 Einträge! Neben der deutschen gab es auch englische, französische, italienische und spanische Ausgaben.

Mit der Weltgeltung des *Stielers* hatte es jedoch bald ein Ende: Zwar erstand der Verlag 1947 noch einmal aus den Ruinen auf, doch bald darauf wechselten die Inhaber in den Westen, wo sie sich in Darmstadt neu etablierten. Das Gothaer Stammhaus wurde prompt enteignet und 1955 in den »VEB Hermann Haack« umgewandelt. Wiewohl man hier nach wie vor gute Kartografie produzierte, hatte Hermann Haack natürlich längst nicht den einzigartigen Rang des alten Justus Perthes Verlages – dank dessen Gotha eine Zeit lang, auf eine gewisse Art, der Nabel der Welt gewesen war.

Weil in Thüringen selbst der Versager
noch zu gewissen Leistungen imstande ist

Nachdem wir schon über so einige Thüringer Erfolgsmenschen gesprochen haben, ist es nun vielleicht an der Zeit, uns mal einen Thüringer Versager vorzunehmen, und zwar Herrn Joseph Meyer. Dieser hatte seine Versager-Karriere schon früh begonnen, und zwar als Schulversager: Josephs Vater, seines Zeichens Schuhmacher in Gotha, war nicht gerade vermögend, dennoch wollte er seine beiden Söhne mit guter Bildung ausgestattet wissen, weshalb er sie aufs Gymnasium schickte. Dort legte sich der 1796 geborene Joseph mit einem Mitschüler an, wohl weil dieser seinen kleinen Bruder gedisst hatte. Zwar gewann Joseph die Auseinandersetzung durch technischen K. o. (indem er dem Mitschüler einen Arm brach), bezahlte diesen Triumph jedoch teuer: Er flog von der Schule, wobei ihm die Lehrerschaft noch versicherte, dass es mit ihm einst ein übles Ende nehmen werde.

Was tun mit dem Jungen? Am besten auf ein Internat, vielleicht zu Pfarrer Grobe nach Weilar, unweit der Wartburg. Nachdem er hier knapp drei Jahre anscheinend störungsfrei verbracht hatte, ging er in die kaufmännische Lehre, 1813 trat er ins väterliche Geschäft ein, welches der alte Herr mittlerweile zur kleinen Schuhfabrik emporgearbeitet hatte. Zu klein jedoch für den hochtrabenden Ehrgeiz des Juniors, dem offenbar ein gewisser Charme zu Eigen war: Meyer verstand es, den »Vater des deutschen Versicherungswesen«, Ernst Wilhelm Arnoldi*, für sich einzunehmen, und Arnoldi empfahl Meyer daraufhin seinem Herzog August von Sachsen-Gotha-Altenburg. Dieser war ein durchaus origineller Mensch, »angenehm und widerwärtig zugleich« (Goethe), so liebte er es, in Frauenkleidern umherzulaufen, zudem war er wild auf den Erwerb orientalischer

---

* Siehe auch 74. Grund »Weil Deutschland sich hier seiner selbst versicherte«.

Kunstwerke. Selbige konnte man in Gotha schlecht kaufen – umso besser aber in London, wo die Ostindische Kompanie derlei Zeugs regelmäßig unter den Hammer brachte. Kurzerhand besorgte Herzog August dem jungen Meyer einen Job bei einem dortigen Import/Export-Unternehmen und beauftragte ihn, fernöstliche Kostbarkeiten für den Gothaer Hof zu ersteigern.

In der Welthandels- und Finanzmetropole London fühlte sich Meyer anscheinend pudelwohl: Oh, welch wundervolle Möglichkeiten eröffnen sich hier dem Tüchtigen – man kann zum Beispiel spekulieren, auch mit fremdem Geld. Hui, schon hat man 100.000 Taler verdient. Mehr! Mehr! Huiii, schon hat man alles verloren, sein Unternehmen in den Konkurs getrieben und die Kohle des Herzogs verbrannt. Dieser kassierte daraufhin kurzerhand die kleine Schuhfabrik des Vaters ein. Meyer junior floh aus London (wo ihm der Schuldturm gedroht hätte) – und hatte seiner Misserfolgsgeschichte ein weiteres Kapitel hinzugefügt.

Doch das nächste folgte sogleich: Meyer ging zurück nach Weilar, wo er das Internat besucht hatte, und machte die Bekanntschaft eines vermögenden Freiherrn. Diesem trug er dann einen Super-Plan vor: Hey, wir bringen die hiesige Textilbleicherei und -färberei auf Vordermann, indem wir die Produktion in großem Stil industrialisieren. Der Freiherr gibt das Geld, der Meyer leitet die Fabrik, einverstanden? Einverstanden.

Jetzt war Meyer Fabrikdirektor. Ein Vergnügen, welches jedoch bald ein wenig getrübt wurde: Zunächst kippten die Arbeiter immer wieder um, weil Meyer merkwürdige Chemikalien zum Einsatz brachte. Und dann sah Herr Direktor sich beruflich nicht voll ausgelastet … man müsste doch nebenbei mal ein wenig spekulieren, nicht wahr? Und huiii … schon war die Fabrik pleite.

Misserfolgsmensch Meyer machte sich auf zu neuen Ufern. Und fand sie: In London hatte er sich doch des Englischen bemächtigt. Da könnte man doch als Übersetzer tätig werden. Und was könnte man übersetzen? Think big: Shakespeare. Nun gab es zwar schon zig Shakespeare-Übersetzungen ins Deutsche, zuvorderst die von Schlegel. Doch das scherte Meyer wenig, hatte er doch eine grandiose Idee: Man müsste Shakespeare nicht nur übersetzen, sondern dabei auch noch zünftig aufpeppen. Manche Stellen des Originals sind ja vielleicht überflüssig, andere langweilig. Meyer fand einen Verleger, den Buchhändler Henning in Gotha. So konnte er nun seine Shakespeare-Übersetzung veranstalten – die in der literarischen Welt für Furore sorgte. Genauer: für überbordende Heiterkeit: So einen Scheiß hatte man ja noch nie gelesen! Zum Piepen komisch! »Poetischer Plunder«, nannte es der eine Rezensent, der andere amüsierte sich, dass Meyer aus dem Macbeth einen »Meyerbeth« gemacht habe, Joseph von Eichendorff legte gleich ein Verarschungs-Lustspiel dieses Namens nach. Der Möchtegern-Übersetzer Meyer hatte sich wohl auch auf dem literarischen Markt ein bisschen verspekuliert. Und war auch dort bankrott gegangen. Ach, welch ein Loser!

Na gut, der Vollständigkeit halber sollte man noch nachtragen, dass Meyer nach all diesen Katastrophen 1826 beschloss, Verleger zu werden, und alsdann in Gotha das »Bibliographische Institut« gründete, welches – ab 1828 in Hildburghausen, ab 1874 in Leipzig – zu einem der größten und wichtigsten Verlage der Welt werden sollte und durch Reihen wie »Meyers Reisebücher«, »Meyers Universum«, »Meyers Bibliothek der deutschen Klassiker« und vor allem »Meyers Konversationslexikon« allerhöchste Standards setzte. Das aber, wie gesagt, nur der Vollständigkeit halber.

40. GRUND
Weil sich von Hildburghausen
ein wundersamer Wissensklumpen in die Welt wälzte

Der Vollständigkeit halber auch noch dieses: Selbstverständlich sah sich Joseph Meyer durch seine Tätigkeit als Großverleger keineswegs

ausgelastet, sodass er unverzüglich daranging, sich neue Wirkungs-
felder zu erschließen. So erweckte bald eine fabelhafte Erfindung
aus England seine Aufmerksamkeit: die Eisenbahn. 1835 rollte sie
erstmals in deutschen Landen, und zwar zwischen Nürnberg und
Fürth, Fürth und Nürnberg, Nürnberg und Fürth und so weiter.
Das, so mag sich Meyer gedacht haben, ist doch hochnotlangwei-
lig: Was wir brauchen, ist keine winzige Eisenbahnlinie, sondern
ein »Centraldeutsches Eisenbahnnetz«. Und wer wäre besser für die
Ausführung solch epochaler Pläne geeignet als er selbst? Da ihm
keiner einfiel, ging er ans Werk, projektierte kühn und besorgte sich
per Aktien das nötige Kapital – doch leider hatte die Sache einen
Haken: »Centraldeutsch« hieß seinerzeit, dass sich das Netz über zig
deutsche Kleinst-, Klein- und Mittelstaaten legen würde, und einer
dieser, nämlich Hannover, verbat sich 1837 jene allzu freche Zu-
mutung. Was soll's, sagte sich Meyer: Wenn schon nicht Eisenbahn,
dann doch zumindest Eisen – ich mache Thüringen kurzerhand zum
Montan-Zentrum, indem ich hier sämtliche Eisenvorkommen er-
schließe, und weil's so schön ist, gleich noch die erforderliche Kohle dazu, und wenn ich einmal dabei bin, auch noch Silber, Kupfer,
Nickel und Kobalt. Auch dieses Vorhaben ließ sich zunächst prima
an – bis es in den Revolutionswirren des Jahres 1848 versank. Ärgerlich. Doch glücklicherweise war Meyer, all diesen Rückschlägen zum
Trotz, nach wie vor imstande, Wunder zu vollbringen. Und zwischen
1839 und 1852 vollbrachte er eins: jenes, das seither als »Wundermeyers« das Objekt allerhöchster bibliophiler Begierden ist.

Damals explodierten die Naturwissenschaften geradezu, alle
paar Minuten wurden neue, epochale Kenntnisse gewonnen,
welche alsbald in allerlei technischem Gerät ihre praktische Anwendung fanden, wobei dieses technische Gerät wiederum neue
wissenschaftliche Durchbrüche ermöglichte, sodass sich alle Be-
teiligten enorm freuten und von diesen fulminanten Fortschritten
das Paradies auf Erden erwarteten, mindestens. Es galt allein zu
wissen, mehr zu wissen, und immer noch mehr zu wissen. Da man

aber all dieses rasant wachsende Wissen unmöglich im Kopf haben konnte, wollte man es zumindest im Bücherschrank haben. Wo es erheblichen Raum einnahm: Das Lexikon des F. A. Brockhaus-Verlages umfing damals stattliche zwölf Bände. Doch jetzt stieg Meyer in den Ring. Gemäß seinem Motto »Bildung macht frei« wollte er die Leipziger Konkurrenz kurz und klein schlagen, und zwar aus dem Stand: Wiewohl Meyer keinerlei Erfahrung in der Produktion von Lexika hatte, legte er seinen Erstling auf rekordhafte 21 Bände an. Zu diesem Zweck engagierte er 120 Lexikon-Redakteure, die er auf vier Redaktionen verteilte. Finanziell konnte Meyer das Projekt nur durch den Kunstgriff der Subskription stemmen, das heißt die Kunden mussten die Bände bestellen, bevor sie geschrieben wurden.

Doch wie all seine Projekte trug auch dieses gewisse gigantomanische Züge. Hier allerdings sollten sie so gerade noch zum Guten geraten: Nach 17 Bänden hatte das Lexikon gerade einmal die »Gebärmutter« erreicht ... Irgendwie waren die Autoren wohl etwas zu mitteilungsbedürftig, mag sich Meyer gesagt haben, hier zum Beispiel, der Artikel »Eisenbahn«, unglaubliche 128 Seiten lang, wer hat den denn geschrieben?! Ach so, ich selbst. Sei's drum – dann stocken wir die Band-Anzahl halt etwas auf, ähem, ich meine, wir verdoppeln sie mal eben, ach je, das reicht ja immer noch nicht.

1852 war Meyers *Encyclopädie des menschlichen Wissens* endlich bei »Zzubin« angelangt – mit dem 46. Band, wobei es diese Bände stets auf satte 700, mitunter gar auf weit über 1.000 Seiten brachten. Und dabei selbstverständlich, anders als die Konkurrenz, nicht nur langweilige Buchstaben präsentierten, sondern, wie schon auf dem Titelblatt ausgewiesen, »die Bildnisse der bedeutendsten Menschen aller Zeiten, die Ansichten der merkwürdigsten Orte, die Pläne der größten Städte, einhundert Karten für alte und neue Erdbeschreibung, für Statistik, Geschichte und Religion scilicet, und viele tausend Abbildungen naturgeschichtlicher und gewerblicher Gegenstände.«

Dieser gigantische Wissens-Klumpen, bald »Wundermeyers« genannt, wälzte sich nun aus dem lauschigen Hildburghausen hinaus in die Welt und machte alles platt, was sich ihm in den Weg stellte: Englands Stolz, die *Encyclopaedia Britannica*, hatte es 1842 gerade mal auf lächerliche 22 Bände gebracht, Frankreichs *Grand Larousse* schaffte etwas später ridiküle 17. Und Meyer machte bei seinen 46 übrigens mitnichten halt: Seit 1839 war ja allerlei passiert, sodass Ergänzungsbände fällig wurden. Deren sechs katapultierten das Gesamtvolumen bis 1855 auf 52. Wobei sich das Projekt wirtschaftlich nur so eben noch ins Ziel rettete: Von den einstmals 70.000 Subskribenten hatten zahlreiche irgendwann keine Lust mehr (oder kein Geld, immerhin hatte sich der Preis auf astronomische 260 Taler vervierfacht), andere waren natürlich abgegangen oder durch die Revolutionswirren 1848 verhindert, sodass nur knappe 40.000 bis zum Schluss bei der Stange blieben. Aber das reichte gerade noch: Der Thüringer Joseph Meyer hatte das weltweit größte vollendete Lexikon des 19. Jahrhunderts vorgelegt, und an diesem Status sollte keiner mehr rütteln. (Na gut: Ersch & Gruber rüttelten, aber vergeblich.) Meyer hatte damit einen Standard gesetzt, dem selbst sein eigenes Haus nicht mehr genügen konnte: 1856, ein Jahr nach Vollendung seines »Wundermeyers«, starb der Senior. Sohn Hermann Julius übernahm den Laden und begann umgehend mit der nächsten Auflage des Lexikons – welche es auf sittsame 15 Bände bringen sollte. Die Zeit der Wunder war vorbei.

So können die wenigen, welche heute die 10.000 Euro für einen antiquarischen Wundermeyers übrig hatten, sich ihres exklusiven Besitzes erfreuen … außer, wenn ein Umzug bevorsteht. Da nämlich verflucht man diesen Riesentrumm mit aller Leidenschaft.

Weil hier selbst Vergessene
der Erinnerung wert sind

1874 ging Meyers Bibliographisches Institut nach Leipzig, wo der Erzrivale Brockhaus schon wartete. Fortan sollten sich die beiden mehr als 100 Jahre lang einen spannenden Kampf um das jeweils beste deutsche Lexikon liefern – wobei ein Umfang von rund 20 Bänden bis zum Ende Richtwert blieb. Jenes Ende aber nahm seinen Anfang 1984, als Brockhaus und Meyer fusionierten; die hernach produzierten Lexika erscheinen unter dem Markennamen *Brockhaus*, zuletzt 2006 ein 30-Bänder – vielleicht der Schwanengesang der beiden Giganten, vielleicht jener des deutschen Print-Lexikons überhaupt. Über die Gründe dieses Niedergangs können Sie sich auf Wikipedia informieren.

Übrigens hat ja nicht nur Meyers, sondern auch Brockhaus thüringische Wurzeln: Von 1810 bis 1818 residierte der Verlag in Altenburg, womit beide dieser Giganten, welche das deutsche Lexikon zu dem machten ... – also verdammt noch mal, wer redet denn hier immer dazwischen? Ich versuche gerade, die Geschichte des deutschen Lexikons unter besonderer Berücksichtigung des Landes Thüringen zu referieren, und das kann ich nicht, wenn ich andauernd gestört werde! Wer sind Sie überhaupt? Hä? Pierer? Kenn ich nicht. Dann tragen Sie doch gefälligst mal vor, was Sie zu diesen permanenten Störungen veranlasst ... Wie? ... Ach so? ... Tatsächlich? ... Nun ... entschuldigen Sie mich bitte einen Augenblick, ich ziehe mich kurz einmal mit Herrn Pierer zurück.

*

Also, was mir Herr Pierer soeben erzählt hat, lässt mich die Dinge doch in etwas anderem Licht sehen. Ich werde nun versuchen, der Wahrheit Genüge zu tun:

Heinrich August Pierer wurde 1794 in Altenburg als Sohn eines Arztes geboren, und zunächst hatte es den Anschein, als wollte er seinem Vater beruflich nacheifern. Doch 1813 schmiss er sein Medizinstudium, um sich den preußischen Truppen anzuschließen, die gerade gegen Napoleon kämpften. Schon bald durfte Pierer bei den heftigen Gefechten nahe Wachau mitmischen, wo er eine schwere Verwundung davontrug – die ihn jedoch nicht im Mindesten daran hinderte, bald darauf auch in Waterloo zu fechten, wo er mithalf, Napoleon sein persönliches Waterloo zu bereiten.

Somit war Pierer ein abgebrochener Medizinstudent mit einschlägigen Kriegserfahrungen, was ihn ideal für jenen Beruf qualifizierte, den er nun ergreifen sollte: den des Verlegers. Dieser Karriereweg lag freilich nahe, quasi in der Familie, hatte Papa Pierer doch jahrelang medizinische Zeitschriften herausgegeben, dann 1799 in Altenburg eine gebrauchte Druckerei erworben und 1801 dortselbst einen Verlag gegründet. Nun trat der Junior ins Geschäft ein und sorgte alsbald für einen Kurswechsel: weg vom medizinischen Fach-Schnickschnack, hin zur Königin des Sachbuchs – dem Konversationslexikon. Und hier schaffte Pierer Außerordentliches: Sein zwischen 1824 und 1836 erschienenes *Universallexikon der Gegenwart und Vergangenheit* war die erste wirklich gelungene Leistung auf diesem Gebiet – Vorgänger hatten sich entweder in liebenswürdigen Schwafeleien ergangen oder allerlei Einzelartikel über dieses und jenes mehr oder weniger zufällig zwischen die Buchdeckel gepappt.

Pierer aber legte ein Werk vor, welches akribisch als Ganzes konzipiert war, faktisch voll auf der Höhe der Zeit, zudem respektablen Umfang hatte (26 Bände!) und in präzisem, sachlichem Stil gehalten war – das erste moderne Lexikon halt. Und dieses fand enormen Anklang, wobei sich der Juniorchef überdies klug auf dem Markt positionierte: Sein Werk, so verkündete er, widme sich sämtlichen Themen sämtlicher Gebiete sämtlicher Zeiten, wohingegen die freundlichen Kollegen von Brockhaus sich ja eher mit Tagesaktualitäten befassten.

Alles hätte so schön sein können – doch dann trat in Hildburghausen, nur wenige Meilen von Altenburg entfernt, Herr Joseph Meyer auf den Plan. Und die Schlacht begann. 1839 ließ Meyer den ersten Band seines Lexikons erscheinen, in dessen Vorwort er Übles in Richtung Altenburg verlauten ließ: Der Meyers werde eine Million Artikel enthalten, also doppelt so viele wie der Pierer. Und zudem, so dröhnte Meyer, werden diese Artikel noch ausführlicher und um vieles interessanter sein als die Pierer'schen.

Doch Pierer erwiderte das Feuer, und zwar 1840 im Vorwort zur zweiten Auflage seines Lexikons: Herr Meyer habe sich den Job ja ziemlich leicht gemacht, indem er zwar nicht die Artikel selbst, wohl aber die Stichwörter schlicht vom Pierer abgepinnt hätte. Und dann, weitaus schlimmer, spiele Meyer mit falschen Karten: Das von ihm so prahlerisch angekündigte Textvolumen würde keinesfalls in die avisierten 21 Bände passen, was Pierer dem Konkurrenten auch genüsslich vorrechnete. Und er sollte recht behalten, statt 21 Meyers wurden es ja bekanntlich 46 (wodurch die armen Subskribenten gnadenlos ausgequetscht wurden: Das Lexikon kostete viermal so viel wie angekündigt).

Doch bald schon sollte sich zeigen, dass der Kraftmensch Meyer in der Lexikon-Schlacht einfach die stärkeren Mittel hatte, immerhin bombardierte er den Markt ja auch noch mit Klassiker-Ausgaben, Reisebüchern und illustrierten Publikumszeitschriften. 1888 erlag der »Pierer« endgültig dem Konkurrenzdruck. Sein Begründer, der eigentliche Erfinder des modernen Lexikons, lebte da schon nicht mehr, bereits 1850 war das Buch seines Lebens zugeklappt und ins große Regal gestellt worden. Traurigerweise ist dieser Pionier heute so gut wie vergessen. Auf dem katholischen Friedhof in Altenburg liegt er begraben. Wo genau, weiß man nicht, ist selbst sein Stein doch verloren gegangen.

Weil ein Thüringer ganz tief in die Seele der tapferen Borstenträger geschaut hat

Das protestantische Pfarrhaus ist, wie man weiß, recht häufig ein Ort des Besonderen, manchmal gar des Merkwürdigen. Also ist es gar nicht allzu überraschend, wenn einen die innere Ausstattung eines solchen Pfarrhauses überrascht. Was aber Christian Ludwig Brehm, Pfarrer zu Unter-Renthendorf nahe Neustadt (Orla), in seiner dortigen Behausung angesammelt hatte, konnte dennoch ein wenig verblüffen: 15.000 tote Vögel. Welche selbstverständlich wissenschaftlichen Zwecken dienten; Brehm hatte sie präpariert und akribisch etikettiert, waren sie ihm doch Anschauungsmaterial seiner ornithologischen Nebentätigkeit – oder war ihm diese gar zur Haupttätigkeit erwachsen? Immerhin galt er als der führende deutsche Vogelkundler seiner Zeit, 1831 erschien in Ilmenau sein 1.036-seitiges Opus magnum: *Handbuch der Naturgeschichte aller Vögel Deutschlands*. Große Teile seiner Vogelsammlung haben es übrigens mittlerweile in New Yorks Museum of Natural History geschafft.

Mit seiner ersten Frau hatte Brehm acht Kinder, die allerdings fast alle schon im Säuglingsalter starben. Seine zweite Frau gebar ihm sechs weitere, zuvorderst 1829 den Sohn Alfred, der bald die Vogelliebe des Vaters übernehmen sollte, daneben aber auch Ehrgeiz auf dem Feld der Architektur entwickelte. Selbige studierte er in Dresden – bis er das Angebot des Ornithologen von Müller erhielt, diesen auf einer fünf Jahre währenden Vogelforschungsreise durch Afrika zu begleiten. Brehm junior schmiss das Studium und erschloss sich die Tierwelt des Schwarzen Kontinents, wobei er es übrigens nicht versäumte, seinen Namen, heute noch zu lesen, in den Stein des Hathor-Tempels zu Philae nahe Assuan einzumeißeln. Zurück in Deutschland, studierte Brehm in Jena die Naturwissenschaften und brachte es hier im Rekordtempo von nur vier Semestern zum Doktor. Fortan verlegte er sich auf zwei Tätigkeiten:

naturkundliche Expeditionen, unter anderem erneut nach Afrika sowie nach Lappland und Sibirien – sowie extrem gut zu lesende populärwissenschaftliche Aufsätze über die Tiere der Welt. Jene weckten bald das Interesse des Thüringers Hermann Julius Meyer. Der Super-Verleger schlug dem Star-Journalisten vor, gleich ein Großwerk zu veranstalten. 1864 erschien dieses in sechs Bänden – noch unter dem Titel *Illustrirtes Thierleben*. Doch schon bei der zweiten Auflage (1876–79) war der Name des Autors zum Begriff geworden: *Brehms Thierleben* war nun die Marke, unter der folgende Generationen all das kennenlernen sollten, was da kreucht, fleucht und schweucht.

Bei Brehm hatten die Tiere Gefühle, eine Seele gar. Dass die Fachwissenschaftler damit heftige Probleme hatten, scherte ihn wenig, noch weniger seine Leser – denn was ist schon der trockenen Staub der Wissenschaften gegen die pure Lust am Lesen? Und wer wäre je imstande gewesen, etwas Charmanteres zum Beispiel über das Wildschwein zu sagen, als Brehm? Urteilen Sie selbst: »Die tapferen Borstenträger stehen mutig ein für das Wohl der Gesamtheit, alle für einen, und bearbeiten den bösen Wolf, welcher sich erfrechen sollte, unter ihnen einzufallen, mit den Hauzähnen so wacker, dass er alle Räubergelüste vergisst und nur daran denkt, sein aufs höchste bedrohtes Leben in Sicherheit zu bringen. Versäumt er den rechten Augenblick, so wird er von den erbosten Schweinen unbarmherzig niedergemacht und dann mit demselben Behagen verzehrt, welches ein Schweinebraten bei ihm erwecken mag.«

Wunderbar. Solche Texte erwecken fast so viel Behagen wie der Verzehr eines Schweinebratens, nicht wahr? Ja: Genau so muss Naturwissenschaft sein.

Weil hier das Deutsche endlich in Ordnung gebracht wurde

Der Vater bestritt seinen Lebensunterhalt durch die Herstellung von Branntwein, ein zweifelsohne ehrenwertes Gewerbe, in welches ihm der Sohn jedoch nicht nachfolgen wollte. So verließ Konrad 1846 das heimische Wesel, studierte in Bonn, schmiss das Studium, wahrscheinlich aus Geldnot, um sich fortan als Privatlehrer durchzuschlagen. Doch die Uni Bonn war gar nicht so: Sie ermöglichte es Konrad trotzdem, das Staatsexamen abzulegen, später packte er in Marburg gar noch den Doktor drauf. Anschließend lehrte er mal hier, mal dort, bis man ihn 1869 nach Schleiz rief, wo er das Gymnasium leiten durfte. Und plötzlich vor unerwarteten Problemen stand: Die Schüler konnten nicht richtig schreiben. Das heißt, richtig schreiben konnten sie schon, nur jeder auf seine Weise: In Schleiz traf das Thüringische auf das Sächsische und das Fränkische, und jeder Eleve hing seiner Mundart an, auch in orthografischer Hinsicht. Das erschwerte die Beschulung der Racker ungemein. Blöderweise aber konnte man ihnen keine standardisierte Rechtschreibung aufdrücken, allein aus dem Grunde, dass es diese nicht gab. Es soll sie aber gefälligst geben, sagte sich der neue Direktor, und wenn es kein anderer macht, dann nehme ich es halt persönlich in die Hand. So ging er ans Werk, zunächst nur, um die strubbeligen Schreibweisen seines eigenen Gymnasiums glattzubürsten. Doch bald wollte er auch den Rest der deutschen Sprachwelt zur Ordnung rufen. So legte er seine orthografischen Prinzipien 1872 in der *Deutschen Rechtschreibung* vor. Seinerzeit stritten die Gelehrten: Soll die Rechtschreibung der Geschichte des jeweiligen Wortes folgen, sodass man im Geschriebenen die Herkunft erkennt? Immerhin war der Historismus seinerzeit schwer in Mode. Oder soll man schreiben, wie man spricht? Der Schleizer Direktor vertrat letzteres Prinzip. Und begann die Arbeit an einem vollständigen orthografischen Wörterbuch der deutschen Sprache, das schließlich 1880, übrigens in Meyers Bibliographischem Institut, erscheinen konnte, und zwar unter dem etwas sperrigen Titel *Vollständiges orthographisches Wörterbuch der deutschen Sprache*. Das Buch wurde erfolgreich, später sogar verbindlich, und aus Gründen der Zeitersparnis ging man bald dazu über, es einfach nach seinem Autor zu benennen: Duden.

44. GRUND

**Weil Thüringen den Deutschen
5.000 wundervolle Spezialwörter geschenkt hat**

Hand aufs Herz: Wie viele Schimpfwörter haben Sie in Gebrauch? Fünf? Zehn? Das hielte ich schon für viel, leben wir doch in Zeiten, da die Sprache immer ärmer wird. Viele Menschen schlagen sich mit einem einzigen Universalschimpfwort durchs Leben, welches sie immerfort in Anwendung bringen, gleich wie die Situation ist, gleich wer der Widersacher: Ein SUV nimmt ihnen die Vorfahrt (»Du Arsch!«), der Stoßstürmer des Lieblingsvereins köpft aus fünf Metern übers leere Tor (»Du Arsch!«), der Bankangestellte senkt die Dispo-Linie (»Du Arsch!«), die Ehegattin wünscht zärtlich eine Gute Nacht (»Du Arsch!«) – das ist doch, geben wir es zu, dürftig! Denn die Menschen sind derart mannigfaltig, ebenso die Arten der Begegnung mit ihnen, dass wir nicht ein Schimpfwort brauchen, nicht fünf, nicht zehn, sondern mindestens – sagen wir einmal – 5.000. Umgekehrt wird auch ein Schuh draus: Wenn wir jeden Menschen, dem wir begegnen, mit demselben Wort beschimpfen, rauben wir ihm das Besondere, Einzigartige, nehmen wir ihm seine Individualität, ebnen alle Unterschiede ein und erzeugen so eine Masse uniformer Termiten. Nein: Jeder Mensch ist besonders, und so hat jeder Mensch, der unseren Lebensweg kreuzt, ein Anrecht auf ein ganz besonderes Schimpfwort.

Doch woher nehmen? Ha! Ganz einfach: Das Gute liegt so nah, nämlich in Thüringen. Hier lebte einst ein Irgendwer, der ganz ähnliche Gedanken hegte wie die obenstehenden. Doch jener Thüringer begnügte sich nicht mit bloßem Denken, stattdessen schritt er zur Tat und sammelte Schimpfwörter, wo er sie nur kriegen konnte – aus Büchern, Zeitschriften, »die meisten aber kommen aus dem Munde des Volkes, des gemeinen und vornehmen Pöbels«. Schließlich hatte der fleißige Philologe rund 5.000 Schimpfwörter archiviert. Glücklicherweise fand er auch einen Verleger, und zwar Herrn Ferdinand Meinhardt in Arnstadt, und so konnte 1839 dortselbst ein Buch erscheinen, das in der deutschen Literatur einzig dasteht: *Deutsches Schimpfwörterbuch. Oder die Schimpfwörter der Deutschen. Zum allgemeinen Nutzen gesammelt und alphabetisch geordnet, nebst einer Vorvor-, Vor- und Nachrede, von: Mir. Selbst.*

Wer sich hinter diesem Pseudonym verbarg, wird wohl im Dunkeln bleiben; in seinem ironiegetränkten Vorwort beschreibt sich der Autor als »armen Gelehrten in meinem Dachstübchen«, gibt aber großen Plänen Ausdruck: »Ich habe mir nämlich vorgenommen, nicht blos dieses Verzeichniß so viel als möglich zu vervollständigen, sondern auch noch ein besonderes Werk zu bearbeiten, in welchem die Erklärung eines jeden Wortes, der Ursprung desselben, wenn man ihn auffinden kann, der verschiedene Gebrauch angegeben (…) werden soll«. Für den Fall, dass er vorher zu Tode käme, stellt er die Weiterführung des Projekts einem Nachfolger anheim, bedingt sich aber aus, dass sein Name auf dem Titel erscheint, weil er »den Ruhm, den Plan zuerst entworfen zu haben, auch nach meinem Tode mit keinem Andern theilen oder gar desselben verlustig gehen will«.

Tja, lieber Mirselbst: Mit deinen hochfliegenden Plänen wurde es leider nichts, auch fand sich keiner, der dein Erbe weiterführen wollte, weiterführen konnte. Und deinen Namen kann ich leider nicht preisen, weiß ich ihn doch nicht. Was aber bleibt, sind jene 5.000 wundervollen Wörter, die du zusammengetragen hast und die mein Leben noch reicher und schöner gemacht haben. Endlich können alle Mitmenschen genauso beschimpft werden, wie es ihnen zukommt. Dank sei dir dafür!

Und jetzt schreite ich durch jenes zauberhafte Blumenbeet, das Mirselbst 1839 angelegt hat, und pflücke ein kleines Sträußchen, zur allgemeinen Erbauung und freien Verfügung. Wenn Sie also demnächst jemanden beleidigen möchten – bitte bedienen Sie sich bei Herrn Mirselbst:

Afterarzt, Allmannshure, Anarchist, Anisbrenner, Arschmonarch, Augendiener, Automat, Baumfrevler, Besteck, Bettwälzer, Bibelhusar, Binselbüchse, Bolzendreher, Bordellmensch, Brausebeutel, Breipeppe, Brillenmann, Brummdrüsel, Brunzprophet, Bücherschreiber (?!), Buttermilchgesicht, Cabinetskriecher, Copiermaschine, Darmschrapler, Deckerl, Democrat, Deutscher, Dichter, Dickscheißer, Ding, Dreckschlumpe, Dummrian, Dunkelliebhaber, Eckenpisser, Eheschelm, Empiriker, Entenklemmer, Eva, Fatzvogel, Faulfisch, Fenstergucker, Fickfacker, Fiedelmann, Fischverkäufer, Fleischmasse, Fletschluder, Flintenpfropf, Flügelmannsperückenstock, Fratschelweib, Frau, Fresse, Freudenstörer, Fummel, Gabelreiterin, Gadenschwengel, Galeerenhure, Gartendieb, Gegner, Geldverfälscher, Gesicht, Gleichheitsmacher, Gluhpisch, Glunde, Gnarre, Grätscharsch, Greulicher Gottlieb, Gricklich, Großglotze, Gurkenmaler, Halbmensch, Hans Peter, Hasenkanzler, Heisterfeister, Herr, Herumläufer, Heulpastete, Holz, Hosenloser, Hurenprotector, Insectenseele, Ische, Jammergesicht, Jedermannsfeind, Kabackenbruder, Kacks, Käsegesicht, Kleinstädter, Kloakenfeger, Kopf, Kotzer, Küchenmensch, Labberhans, Lachfirzel, Ladenschwengel, Lausefittig, Liberaler, Lichtlöscher, Lulei, Lumpludel, Lunzenkoch, Luppe, Lurk, Majestätsschänder, Mantelträger, Maschine, Matztasche, Menschenpack, Mikrolog, Milchsuppengesicht, Mistfactor, Motzel, Nichts, Nudelkoch, Null, Opiumfresser, Originalfaulthier, Pampschwester, Pantheist, Pantsch, Papelhans, Parteiführer, Perückengesicht, Pfirre, Pflotsch,

Pfumpf, Philosoph, Piephahn, Piepsack, Pisser, Pisserin, Pißbeschauer, Plämpel, Plätscharsch, Plapperarsch, Plattarsch, Plattling, Ploderer, Plotzig, Plunze, Plusmacher, Polsterprediger, Prachthans, Prätel, Prudel, Puddenwurst, Puffbohnter, Pullerhans, Pullmeister, Pumpf, Pumps, Putenjunker, Puthuhn, Putzdocke, Quakelchen, Queilarsch, Quetschgenpeter, Quinkelloch, Rabbeltasche, Rasenwälzer, Reflexionsmensch, Ripsraps, Rockbrunzerin, Rotzkoben, Rückwärtsgänger, Ruppsack, Sacramentsschwärmer, Sauensenger, Saufpulle, Saumensch, Schandmensch, Scheißenfresser, Scheißenschlucker, Schelmenfabrikant, Scherzelgeiger, Scheurenpurzler, Schiepel, Schimmerschammer, Schlabbertasche, Schlampampermacher, Schlankel, Schlappstrumpf, Schlaps, Schlauch, Schlinkschlankschlorum, Schlorrfuß, Schlunks, Schlunze, Schmantlecker, Schmecker, Schmierakel, Schmiereimer, Schmierkäse, Schmierpesel, Schmolldarm, Schmurgler, Schmutzkoch, Schneebrunzer, Schniffler, Schotentöffel, Schrubber, Schwabbel, Schwartenrutscher, Schwiemel, Schwierigkeitsmacher, Secretfeger, Seidendieb, Selbstschänder, Senfmacher, Spilzenpeter, Spion, Spitzbubenherbergsvater, Spützigschlucker, Stacksparthel, Stadtfratze, Stampfe, Staubbesenmensch, Stengelmadam, Stinknase, Straßenmensch, Subtilitätenkrämer, Sudelbube, Suppenfresser, Tellerlecker, Terrorist, Theaterprinzessin, Thranmoppel, Tolterkrums, Trabant, Trändelmatz, Trallewatsch, Trellarsch, Treppenfleisch, Trompeter, Trutschel, Tumultuant, Umgaffer, Umgetaufter, Unfläther, Verdummer, Verflicktes Fell, Vergrößerer, Verkleinerer, Verunreiniger, Vollmondsgesicht, Wackelarsch, Wassereimerseele, Wassertrinker, Wegwurf, Weiberschänder, Weiberschinder, Weintrinker, Weltbetrüger, Wimmerling, Wippdich, Worghals, Wortsparer, Würgemann, Wursthusar, Zeidelbär, Zeitsplitterer, Zierkäthe, Zip, Zipollenjungfer, Zolg, Zweiächsler, Zwirnscheißer.

5. KAPITEL

Esswaren, Sprache und sonstiges Brauchtum

Weil ... Bratwurst!

Zweifelsohne: Die Thüringer Rostbratwurst ist die Königin der deutschen Bratwürste. Wer wollte ihr diesen Rang schon streitig machen? Die Nürnberger etwa? Na ja, auf ihre Art ist sie ganz annehmbar, zudem kann man sie notfalls mit einer Pinzette über dem Feuerzeug garen, aber verdient diese Schafsaitling-Miniatur den Namen »Bratwurst«? Nein. Wer bewirbt sich noch um den Thron? Die Currywurst? In den deutschen Großballungsgebieten, wo ein Menschenleben nicht viel wert ist, in Berlin und dem Ruhrgebiet also, konsumiert man sie gerne: Ein bratwurstähnlicher Gegenstand zweifelhafter Herkunft, durch Zerhäckselung noch unansehnlicher geworden, wird ebendeshalb mit roter Ketchup-Tarnfarbe übergossen, darüber schüttet man schließlich Unmengen von Curry-Pulver, Chili, Phosphor, Salpetersäure sowie eine Prise Plutonium. Das Ergebnis ist kultig, hat aber nur am Rande etwas mit menschlicher Nahrung zu tun. Nein, nein, es bleibt dabei: Die Königin der deutschen Bratwurst kommt zweifelsohne aus Thüringen.

Huldigen wir ihr: Mit einem einzigartig zarten Knack-Geräusch gibt der Naturdarm dem Biss unserer Schneidezähne nach, sodann umschmeichelt ein betörendes Aroma den Gaumen, bestehend aus dem mittelfein gekörnten Fleisch glücklicher Thüringer Schweine, die ihr Leben gern für diesen Moment gaben, sowie einer raffinierten Gewürz-Komposition aus Majoran, Kümmel, Knoblauch und manchem mehr, wobei selbstverständlich jeder Thüringer Metzger, der etwas auf sich hält, sein geheimes Hausrezept hat, welches er erst auf dem Sterbebett dem würdigsten seiner Nachkommen ins Ohr flüstert.

Am leckersten mundet die Thüringer Rostbratwurst im Freien. Eine Vielzahl mobiler Bratroste sorgt für die flächendeckende Versorgung der Innenstädte: Wenn man seine Wurst im Gehen verspeist, sieht man in der Regel nach dem letzten Bissen schon den nächsten Rost am Horizont auftauchen, so ist die Kontinuität der Wurstaufnahme garantiert. Einige Bratroste sind die Außenposten etablierter Metzgereien, andere werden von freischaffenden Wurstbratern betrieben, manche von Einzelkämpfern, andere von Ehepaaren. Bei Letzteren ist es in aller Regel so, dass der Gattin das Kaufmännische obliegt: Ihr gibt man das Wurstgeld, im Austausch erhält man ein aufgeschnittenes Brötchen verabreicht. Dieses hat drei Funktionen. Es ist erstens – im wahrsten Sinne des Wortes – das Zubrot, zweitens die Wursthalterung, welche die Finger vor Fett und Hitze schützt, und drittens quasi die Quittung, die man dem Gatten, der ein paar Meter weiter am Holzkohle-Rost steht, auffordernd hinhält: Sieh, ich hab bezahlt, gib mir Wurst! Selbiges darf man denken, doch natürlich nie aussprechen! Der Autor dieser Zeilen hat einmal – einmal! – den Fehler gemacht, auf eine Wurst zu zeigen und zu sagen: »Bitte geben Sie mir die da.« Daraufhin traf ihn ein Blick, der seine Körpertemperatur um fünf Grad fallen ließ. Höre mal, sprach dieser Blick, du hergelaufener Wessi glaubst mir, der ich mein Leben der Wurst geweiht habe, sagen zu können, welcher dieser Roster verzehrfertig ist? Wisse, Wessi: Ich wache hier übers Wohl der Wurst, und ich allein entscheide, welche wann wohlzubereitet ist!

Also sprach der Blick des Wurstmeisters. Endlos lang schienen die folgenden Sekunden. Dann schwang er zeptergleich seine Zange, griff mit ihr nach einer Wurst (natürlich nach einer anderen als jener, auf die der hergelaufene Wessi gedeutet hatte) und legte sie ins leicht zitternde Brötchen. Der Wessi hatte seine Lektion gelernt: Die Bratwurst ist nicht nur des Thüringers liebster Snack, sie ist auch sein Stolz, seine Ehre, geradezu Teil seiner Identität. Sie gehört einfach dazu. Wo immer sich zehn Thüringer zusammenfinden, rollt der Elfte einen Bratwurstrost heran.

Beispiel? Gerne: Zwischen Arnstadt und Ohrdruf erstreckt sich das Jonastal. Während der letzten Monate des Zweiten Weltkriegs waren hier tiefe Stollen in den Berg getrieben worden, später mauerten die Russen sie zu. In den 90ern blühten die Spekulationen: Vielleicht ist hier das Bernsteinzimmer verborgen. Oder das letzte Führerhauptquartier. Oder der Führer selbst. Oder was auch immer. So beschloss man von offizieller Seite, den Gerüchten ein Ende zu bereiten, indem man amtlicherseits einen Stollen öffnete. Hierzu stellten sich zahlreiche Schaulustige ein. Und – richtig: Natürlich wurde ein Bratwurststand ins unwegsame Gelände gerollt, um für alle Eventualitäten gewappnet zu sein. Übrigens fand man nichts im Stollen. Aber immerhin hatte man Bratwurst.

Die Bratwurst ist des Thüringers treuester Begleiter. Nichts geht ohne sie. Selbst wenn die Welt unterginge, wenn das Tier mit den sieben Häuptern und zehn Hörnern aus dem Meer stiege – der Thüringer würde zunächst einen Bratwursttrost herbeirollen, um bei einer leckeren Wurst der weiteren Dinge zu harren. Gerne übrigens mit Thüringer Senf. Ketchup nehmen nur Touristen.

Bei dem innigen Verhältnis, das der Thüringer zu seiner Bratwurst pflegt, nimmt es nicht wunder, dass man ihr 2006 ein vier Meter langes Denkmal gesetzt hat. Selbiges befindet sich unweit Arnstadts am Ortseingang der Wachsenburg-Gemeinde Holzhausen. Dort betreibt der eingetragene Verein »Freunde der Thüringer Bratwurst« übrigens auch das »1. Deutsche Bratwurstmuseum«, dessen Ausstellung kaum eine Frage bezüglich des delikaten Rosters offen lässt. Voller Stolz verweist man auf die reiche Wurstgeschichte der Region: Im Thüringischen Staatsarchiv zu Rudolstadt wird eine Urkunde aus dem Jahre 1404 bewahrt, welche ausweist, dass seinerzeit »1 gr vor darme czu brotwurstin« ausgegeben wurde – ein Groschen also für Bratwurstdärme. Welche, so kann man sicher sein, hernach aufs Leckerste gefüllt und mit Hochgenuss verspeist wurden.

Weil ... Rostbrätel!

Ich will nicht rührselig werden, aber eine gewisse Wehmut beschleicht mich doch, wenn ich an den guten alten thüringischen Dorfkrug zurückdenke. Jener besondere Dorfkrug, den ich meine, lag genau dort, wo ein Dorfkrug liegen muss: Inmitten eines lauschigen Dorfes, an einem Dorfplatz, im Schatten einer mächtigen Dorflinde. Es war knapp nach der Wende, als ich zum ersten Mal seinen Schankraum betrat und über die alten Holzdielen schritt, dem Wirt einen artigen Gruß entbot, ebenso dem Stammtisch der Dorfältesten, die uns mit mäßig interessierter Freundlichkeit musterten: Aha, Fremde, Wessis womöglich, warum auch nicht. Hier würde man kaum »platziert« werden, also steuerte ich einen Vierertisch an.

Wir nahmen Platz und sahen uns um: Die Tischplatte aus ehrlichem Holz, anscheinend hatte sie schon zu Kaisers Zeiten hier gestanden, waren ihre Kanten doch von unzähligen Händen, Unterarmen, herabgesunkenen Oberkörpern schon rundpoliert worden. Auch die Sitzmöbel trugen zur wohligen Atmosphäre bei: Die Stühle hatten, von alter Hand gefertigt, genau das, was Stühle brauchen, kein überflüssiges Beiwerk: Setz dich, sagten sie, sonst nichts. Die Wände waren halbhoch getäfelt, darüber weiß getüncht, ohne kitschigen Schnickschnack, einzig neben dem Kachelofen hing ein angegilbter Stich von irgendeinem alten Gemäuer. Hier, meine liebe Ische, würde sich gut saufen lassen!

Zur edlen Einfalt und schlichten Größe des Gasthauses trug auch und gerade die Wirtsfamilie bei: Vati, dessen lichtes Haupthaar zu drei Strähnen gekämmt quasi sportschuhemblematisch auf der Glatze lag, trug dazu ein gutmütiges Gesicht umher und bediente den Zapfhahn. Mutti, mit keckem Lächeln und zupackender Art ausgestattet, verteilte die Getränke im Raum. Und von Zeit zu Zeit zeigte sich in der Durchreiche das regungslose Antlitz einer kittelbeschürzten Omi – sie würde uns bekochen, recht so, waren wir doch hungrig.

So traf es sich gut, dass Mutti uns bald eine Speisekarte vorlegte, deren Klarheit uns bezauberte: Fünf Gerichte, gute Thüringer Hausmannskost, was braucht man mehr? In diesem Dorfkrug war die Welt noch in Ordnung, wir erwogen, auf ewig hier einzuziehen, ein neues Leben zu beginnen, vielleicht könnte man uns ein Gästebett an die Fensterseite stellen. Zunächst galt es aber, aus der Fünfheit das passende Gericht auszuwählen. Rindsroulade mit Thüringer Klößen? Zwei Rostbratwürste mit Röstkartoffeln und Salat? »Was ist das hier«, ließ Ische sich vernehmen, »Rostbrätel«?

Ich überlegte kurz: »Klingt wie eine verkleinerte Rostbratwurst.«

In diesem Moment merkte Mutti auf, wiewohl sie bestimmt zehn Meter Luftlinie von uns entfernt stand – sie musste über ein exzellentes Gehör verfügen – und näherte sich unserem Tisch, wobei ihr Lächeln immer kecker ward: »Aber nein! Ein Rostbrätel ist doch keine Rostbratwurst!«

»Sondern?«

»Kamm!«

»Äh … Kamm?«

»Schweinekamm!«

Ich hatte nicht gewusst, dass Schweine Kämme haben. Wozu sollten sie auch? Irgendwie klang das wie nix Gutes.

Mutti sah meine Not und tröstete mich: »Schweinenacken.«

»Also ein Nackenkotelett?«

»Nein, ohne Knochen. Ausgelöst. Und dann eingelegt.«

»Eingelegt in was?«

Nun musterte Mutti mich wie einen ganz lieben Jungen, der gerade etwas ungezogen ist – Küchengeheimnisse ausspionieren? So geht's ja nicht: »Eingelegt in eine Marinade. Aus Bier, Senf … und ein paar anderen Sachen. Zwei Tage lang.«

Zwei Tage lang? Ist das erlaubt? Ich stellte mir das gealterte Fleisch vor, grünlich schillernd, zu neuem, gefährlichem Leben erwacht. Hier konnte nur ein sofortiger Rückzug auf die sichere Seite der Speisekarte das Schlimmste verhindern. Doch dann sagte Mutti etwas ganz und gar Magisches: »Probieren Sie es. Es ist lecker!« Und während sie es sagte, legte sich die mütterliche Wärme ihrer Stimme so zart um mich, dass ich willenlos wurde. Und dreijährig: »Ja! Will das haben!«, konnte ich noch hervorstoßen. Mutti wandte sich nickend ab, schritt zur Durchreiche und übermittelte die Bestellung.

Ein Pils später wurde aufgetragen: Der Teller war wohlgefüllt, einerseits mit Röstkartoffeln, andererseits mit zweien jener Brätel, die jedoch unter einer dicken Schicht fettgetränkter Zwiebeln verborgen lagen. Ich probierte zunächst ein paar Kartoffeln … mmmh, nahezu perfekt. Dann wagte ich das, was noch nie ein Mensch zuvor gewagt hatte: ein Stück Rostbrätel, und – um Himmels willen, das war ja so lecker, dass ich nicht umhinkam, laut auszurufen: »Um Himmels willen, das ist ja so lecker!«

Fortan war das Leben schön: Im lockeren Zehntagesturnus wandte ich mich Ische zu, sagte »Brätel«, schon stiegen wir wortlos ins Auto, fuhren über Land in den Dorfkrug und freuten uns des köstlichen Schweinekamms. Nicht ahnend, dass er vergänglich war.

Den ersten Hauch davon empfingen wir, als wir eines Abends den Schankraum betraten, welcher nicht mehr der Schankraum war: Die wundervoll schlichten, würdevoll gealterten Wirtshausmöbel waren verschwunden und durch altdeutsch-rustikal ornamentiertes Standard-Gestühl made in China ersetzt, darüber reihte sich Zinnkitsch auf Wandregalen. Offenbar hatte die Brauerei entsprechenden Modernisierungs-Druck ausgeübt. Wir setzten uns widerwillig und versuchten, die Brätel mit geschlossenen Augen zu essen, was freilich schwierig war, fielen uns doch immerzu die Zwiebeln von der Gabel.

Das Ende kam nur wenige Monate später: Mittlerweile hatten wir den Gelsenkirchener-Barock-Schock einigermaßen absorbiert, so strebten wir gut gelaunt Richtung Dorfkrug, der mir allerdings irgendwie verändert vorkam – gerade noch rechtzeitig hielt ich

Ische, die schon die Klinke umfasst hatte, am Unterarm fest und wies auf den Speisekarten-Aushang. Der Dorfkrug hatte einen neuen Inhaber.

Bis auf die Alibi-Bratwurst war das Thüringische aus dem Angebot getilgt. Dafür gab es »Bœuf Stroganoff«, »Viktoriabarsch im Salzmantel« und dergleichen Allweltgerichte mehr, die keiner braucht, zumindest nicht hier. Wir wandten uns ab und gingen. Ische sagte: »Ach, Mann …!« Ich aber senkte den Kopf und kickte einen Kiesel über das Kopfsteinpflaster, an der Linde kam er zum Liegen.

47. GRUND
Weil ... Thüringer Klöße!

Wir kommen nun zur dritten der Thüringer Nationalspeisen – dem Thüringer Kloß. Dieser unterscheidet sich in mancherlei Hinsicht von seinen Geschwistern. Rostbratwurst und Rostbrätel lieben die Öffentlichkeit, fühlen sich im Trubel der Straße extrem wohl, haben fast etwas Exhibitionistisches: Nackt liegen sie auf dem Rost, jeder kann ihnen beim Garwerden zuschauen, sie genießen das geradezu. Natürlich haben auch sie ihr Mysterium, doch dieses liegt allein in ihren Zutaten: Womit ist die Wurst so wundervoll gewürzt? Was war in der Marinade, dass der Brätel so unwiderstehlich geriet?

Der Kloß ist das glatte Gegenteil davon. Seine Zutaten sind allbekannt und, mit Verlaub gesagt, äußerst simpel: Erstens Kartoffeln. Zweitens (meistens) Weißbrotwürfel. Fertig. Doch anders als seine Kollegen vom Rost ist der Kloß eine äußerst häusliche Natur: Er mag das Getöse nicht, stattdessen schätzt er das Private, am wohlsten fühlt er sich in einer gut ausgestatteten Küche, wo er sich in den zartfühlenden Händen einer kloßkundigen Thüringerin bestens geborgen weiß. Ja, ThüringerIN. Auf die Gefahr hin, als ewig gestrig zu gelten, schließe ich mich der weit verbreiteten Meinung an, die da sagt: Es gibt eine Differenz zwischen den Geschlechtern, welche sich auch und gerade bei der Zubereitung Thüringer Spezialitäten zeigt. Denn: Mann-Holzkohle-Feuer-Aua-rohes Fleisch-Zange-Jungsteinzeit. Die Dame hingegegen reüssiert dort, wo das Kochen zur Kunst wird, ach was: zur Alchemie. Denn die Kloßbereitung hat in der Tat etwas von Goldmacherei: Aus unedlen Zutaten entsteht mittels Geheimwissen etwas Kostbares, Köstliches.

Damit das gelingt, muss die Kloß-Köchin nicht nur viele Dinge tun. Sie muss diese Dinge auch mit geradezu wissenschaftlicher Präzision tun. Sie muss diese Dinge zeitlich exakt aufeinander abstimmen. Und schließlich wird auch die beste Thüringer Kloß-Köchin eingestehen, dass sie etwas Glück braucht. Denn der perfekte Thüringer Kloß ist ein unerreichbares Ideal. Der Real-Kloß kommt diesem nahe, manchmal äußerst nahe. Doch selbst wenn die Familie nach vollendeter Mahlzeit vor lauter Kloß-Glück die Arme hochreißt und in Jubel-Chöre ausbricht, weist die Dame des Hauses alle Huldigungen unwillig von sich: Die Klöße hatten eine Winzigkeit zu wenig Elastizität. Und einen Hauch von Grauschleier.

Im Folgenden sei kurz skizziert, wie so ein Kloß entsteht – nicht etwa, auf dass sich der Dilettant in der Kloßkunst versuche, Gott bewahre, sondern allein, um den Respekt vor dem Kloß zu mehren, auf dass der Leser, so er je das Glück hat, einen serviert zu bekommen, ihm mit der nötigen Ehrfurcht begegne.

Zunächst wird die Kartoffelmenge geteilt: Zwei Drittel werden roh verarbeitet, indem man sie langfaserig, meist unter Wasser, reibt. Anschließend wird die so entstandene Masse in den Presssack verfrachtet, dieser wiederum wandert in die Metallpresse – hier wird mittels einer Spindelschraube und erheblichem Kraftaufwand das Wasser aus der Kartoffelmasse gedrückt. Jenes Kartoffelwasser lässt man so lange stehen, bis sich die Stärke abgesetzt hat, dann lässt sich diese durch geschicktes Abgießen separieren. Folglich hat man dehydrierte Rohkartoffelmasse und -stärke – doch das reicht noch lange nicht. Denn anschließend tritt zunächst das letzte Drittel der Ursprungskartoffeln auf den Plan, welches die umsichtige Hausfrau währenddessen im Kochtopf gegart hat. Jetzt wird es – noch äußerst heiß – mit Quetsche und Quirl zu einer pampigen Pampe verpampt, diese wiederum mengt man sofort unter die gestärkte Rohmasse. Hier beginnt der schmerzhafte Teil des Jobs, denn das Zwischenprodukt ist nach wie vor übelst heiß. Sodann werden die Klöße unter Zugabe von in Butter gerösteten Weißbrotwürfeln geformt – Letztere haben im Hightech-Konstrukt Kloß eine wichtige thermophysikalische Funktion, indem sie im Zentrum des Objekts einen kloßmassefreien Raum schaffen, was sich segensreich auf die Garungseigenschaften auswirkt. Nun endlich werden die Klöße im Kloßtopf gesotten, wobei es hier – wie natürlich auch bei allen vorangegangenen Arbeitsschritten – auf Millisekunden ankommt. Doch schließlich können die überirdisch leckeren Klöße serviert werden, das Festmahl darf beginnen! Äh … war da noch was? Ach ja, richtig: Der Kloß funktioniert nicht für sich. Dummerweise bedarf er der Sauce. Und die muss ja irgendwo herkommen. Folglich ist die Thüringer Kloßköchin genötigt, noch eine Beilage aufzutischen. Am beliebtesten ist hierbei der Gänsebraten, knapp gefolgt von den Rouladen.

48. GRUND
Weil das Rhönschaf erfolgreich in Frankreich einmarschierte

1813 war für Napoleon beruflich nicht gerade ein Superjahr: Die Völkerschlacht bei Leipzig war ein wenig suboptimal verlaufen, und so machte sich der Korse kurzerhand auf den Heimweg. Dieser führte ihn am 26. Oktober durch Buttlar in der Rhön, wo Napoleon im Gasthaus »Schwarzer Adler« einkehrte, um sich dort ein wenig zu stärken.

Was aber serviert man einem Kaiser? Und dann auch noch einem derart berühmten? So arg viele Köstlichkeiten hatte die

Rhön seinerzeit nicht zu bieten. Immerhin konnte man mit einer robusten Schafrasse aufwarten, die – da sie dem zuweilen etwas ungemütlichen Klima des Mittelgebirges gewachsen war – ein Quasi-Monopol auf die vielen Weiden der Region hatte. Allerdings: Schön im klassischen Sinne war jenes Rhönschaf nicht: Gelblich in der Grundfarbe, etwas staksig anmutende Beine, dazu ein schwarzer, kurzbehaarter Kopf … aber da Bonaparte das Tier ja nicht heiraten, sondern essen sollte, wurde diesem Umstand nicht gar so viel Bedeutung beigemessen. So trug man Rhönschaf auf – und der Empereur war begeistert: Merde, ist das lecker! So sorgte Napoleon in seiner Abstiegsphase immerhin noch dafür, dass das Rhönschaf als »Mouton de la Reine« in den französischen Küchenkanon einging, wobei man die Tiere per Wanderherde aus der Rhön bezog.

So blieb es lange Zeit – bis Frankreich 1878, vielleicht inspiriert durch die kürzliche Kriegsniederlage und die ihm in deren Folge auferlegten Kontributionen, ein Einreiseverbot für Auslandsschafe verfügte. Das war desaströs für das Rhönschaf, denn daheim war es eher unbeliebt: In Sachen »Fleischerzeugung« war es seinen Mitbewerbern unterlegen, zumindest was die Quantität betraf. Und in Sachen Wolle war es sowieso nie konkurrenzfähig gewesen: Zu kratzig, will keiner haben. So ging die Rasse mehr und mehr zurück. In den Roaring Sixties beschloss die DDR, auch die Schafzucht planwirtschaftlich auf Vordermann zu bringen, wobei das Rhönschaf zu den ewig gestrigen, reaktionären Schafen gezählt wurde, deren bloße Existenz dem Aufbau des Sozialismus im Wege stand: So reduzierte sich der Rhönschaf-Bestand (Ost) von 25.000 in den 60ern auf unter 100 im Jahr 1975. Wobei die Wessis keinesfalls besser waren: Auch hier zählte man seinerzeit nur noch ein paar Hundert Tiere.

Fast also hätte man es in dieser deutsch-deutschen Gemeinschaftsanstrengung geschafft, die Rasse auszurotten … doch dann, gerade noch rechtzeitig, kam die Wende: Vielleicht, so besann man sich, ist der wirtschaftliche Aspekt nicht der einzige, der zählt. Vielleicht gibt es so etwas wie »Heimat« (und über Eck könnte sich die Chose ja doch noch lohnen, dieweil die Rhönschaf-Zucht staatlicherseits gestützt wird – und der Rhön-Besucher durchaus auch mal ein paar Euro mehr auf den Tisch des Hauses legt, um das superleckere und superheimische Tier verkosten zu dürfen). So geht es seither wieder steil bergauf mit dem Rhönschaf. An dessen Aussehen man sich übrigens gewöhnt: Je länger man sie betrachtet, umso hübscher werden die Tiere. Erst recht, wenn man von Zeit zu Zeit ein Gläschen Rhön-Obstler auf ihr Wohl trinkt.

49. GRUND

Weil das Thüringische eine wunderbare Geheimsprache ist

Unsere Welt ist zivilisiert geworden, man könnte auch sagen: langweilig. Wo die Reise früher ein großes Abenteuer war, ist sie heute zum Pauschal-Arrangement verkommen. Doch manchmal gibt es sie noch, jene Situationen in fremder Ferne, wo das Elementare, Gefährliche plötzlich den zivilisatorischen Vorhang durchbricht und man dem Tod ins blutunterlaufene Auge blickt: Man unternimmt eine Kanonenbootfahrt auf dem Kongo, als sich plötzlich ein Krokodil aus dem Wipfel des Affenbrotbaumes löst und mit weit aufgerissenem, sabbernassem Maul senkrecht auf einen herabschießt. Ja, dergleichen sind existenzielle Grenzerfahrungen, die einen nach wie vor, wenn auch selten, auf Reisen ereilen können.

Mich ereilte die meine 1990. Der Osten war offen, man brauchte keinen Visums-Quatsch mehr, sondern konnte sich einfach ins rostige Auto setzen, um ins gelobte Land Thüringen zu fahren, was für uns umso näher lag, als dort, am Rande des Kyffhäusers, die Oma meiner Ische in einem ebenso pittoresken wie einsturzgefährdeten Häuschen wohnte. So kamen wir frohgemut an, der linde Duft des Braunkohleschwefels umfing uns, alles war wundervoll, auch und gerade die Oma in ihrer schicken Kittelschürze. Begrüßung, Umarmungen; Ische war sehr kommunikativ, ich hingegen ein wenig übermüdet, Oma lächelte still, ließ nur hie und da kleine Laute des Behagens vernehmen. Dann entschuldigte Ische sich, eben mal frisch machen. Ich war mit Oma allein. Wir lächelten uns mit aller menschenmöglichen Freundlichkeit an. Es dauerte ein wenig, bis Oma die Stille durchbrach, und zwar auf Altgriechisch oder was weiß ich, verstand ich doch kaum eine Silbe, geschweige denn ein Wort. Wohl klang es hübsch, aber darauf kann man ja keine Konversation gründen. Immerhin (so viel Verständnis traute ich mir noch zu), die Sprachmelodie deutete auf Aussagesätze hin, folglich erzählte mir Oma irgendwas Nettes, und so konnte ich mit interessiertem Neigen des Kopfes und einem noch freundlicheren Gesichtsausdruck dagegenhalten. Doch nun geriet Oma, vielleicht stimuliert durch meine Stummheit, mehr und mehr in Fahrt, die unverständlichen Silben flogen mir nur so um die Ohren, verdammt, wie lange will Ische denn noch im Badezimmer bleiben? Und dann geschah das Schreckliche: Oma hob zum Ende ihrer Ausführungen die Stimme und schaute mich erwartungsvoll an. Kein Zweifel: Sie hatte mir eine Frage gestellt. Das Krokodil war vom Affenbrotbaum gefallen.

Ich spielte auf Zeit, blickte zur windschiefen Zimmerdecke, tat so, als müsste ich die Antwort gewissenhaft abwägen (komm, Ische, bitte!). Dann nahm ich all meinen Esprit zusammen und sagte: »Äh … wie meinen?« Oma schien gelinde verwirrt, nichtsdestotrotz wiederholte sie ihre Frage. Ische, anstatt mein nacktes Leben zu retten, blieb weiterhin verschwunden, wahrscheinlich perfektionierte sie noch ihr Make-up. Was tun? Vielleicht sollte ich einfach »ja« sagen. Was kann schon passieren? Schlimmstenfalls hatte Oma wissen wollen, ob ich Lust auf einen Nordhäuser Begrüßungskorn habe, und den würde ich schon noch schaffen. Doch nein, halt: Vielleicht hatte Oma ja kokett gefragt, ob ich sie für eine alte Schachtel halte.

Stumm starrte ich die Dame an. Diese wiederholte ihre Frage erneut, langsamer nun, die unverständlichen Silben sorgsam portioniert, eine nach der anderen, wobei sich in ihrem Gesicht erster Unmut regte: Warum antwortest du nicht? Bist du ein Idiot? Oder einfach ungezogen, gar ein Westlümmel übelster Machart? Das Zimmer schien vor Stille zu implodieren. Vage war mir, als hätte ich in Omas Frage die Silbenfolge »Höl-der-lin« ausgemacht. War der mal in Thüringen? Ich glaube, als Student in Jena. Soll ich jetzt irgendwas Profundes über Hölderlin sagen? Leider nur fiel mir überhaupt nichts Profundes zu Hölderlin ein, und ehrlicherweise musste ich mir eingestehen, dass Oma wahrscheinlich gar nicht »Hölderlin« gesagt hat, sondern »Volkskammerwahl« oder »Buttercremetorte« oder irgendetwas beliebig anderes.

Die Peinlichkeit war nicht länger zu ertragen. Ich hatte kein Gefühl mehr in Armen und Beinen, Gedanken rasten durch meinen Kopf und formierten sich zum finalen Rettungsplan: Ich würde einfach die Luft anhalten und so einen Ohnmachtsanfall erzeugen. Dann nämlich würde es allen leidtun, dass sie so böse zu mir gewesen waren. Das habt ihr nun davon!

So senkte sich allmählich ein grauer Schleier über die Szenerie – auf der dann unvermittelt die frisch geschminkte Ische erschien. Versehentlich atmete ich wieder, der Schleier entschwand. Oma wandte sich ihrer Enkelin zu und stellte nun ihr jene mysteriöse Frage. Enkelin schaute erst Oma, dann mich leicht irritiert an und sagte: »Martin, Oma. Das weißt du doch. Er heißt Martin.«

50. GRUND
Weil das Thüringische vor Kreativität nur so strotzt

Ich muss den vorgenannten Grund ein wenig relativieren: Dass man als Zugereister die ältere, noch erdverbundene Generation nicht versteht, wenn diese mit ihrem Dialekt Ernst macht, ist kein ausschließlich thüringisches Phänomen. Dieses Wie-bitte-Erlebnis hat man nahezu überall zwischen Oberbayern und Ostfriesland. Wobei der Dialekt ja leider deutschlandweit im Rückgang begriffen ist, somit selbstverständlich auch in Thüringen. Er reduziert sich vom eigenständigen Idiom zur bloßen Klangfarbe, im Grunde sprechen wir alle irgendein Hochdeutsch.

So hat die Betrachtung des Thüringischen schon fast etwas Nostalgisches. Aber dabei etwas ungemein Interessantes. Denn jetzt komme ich zu meiner steilen Kernthese: Das Thüringische war keineswegs nur ein deutscher Dialekt unter vielen. Sondern eine völlig einzigartige Verständigungsform, welche darauf basierte, dass jedes Dorf, auch das winzigste, sein eigenes Spezialvokabular hatte. Welches sich von dem des Nachbardorfes eklatant unterschied.

Leider bin ich ein Jahrhundert zu spät nach Thüringen gekommen, um dieses Sprachwunder noch in vollem Umfang genießen zu können. In der guten alten Zeit jedoch hatte es in den Dörfern nur so vor Germanisten gewimmelt, die mit Papier und Bleistift den Bauersfrauen hinterherhechelten, um seltene Wörter aufzuschnappen. Einen Kirchturm weiter verstand man diese Wörter zwar noch, wies den aktiven Gebrauch aber von sich: Das sagen die da drüben, wir haben aber ein anderes Wort dafür, nämlich »Kärtelsdepfen«. Kam der Fatzenkerl mit seiner nippernäpschten Ranunkel und goss einen Kärtelsdepfen durch den Zuttig (oder so ähnlich). Die Germanisten waren hellauf begeistert und schrieben eine Doktorarbeit nach der anderen. (Gut, möglich ist viel, und wer weiß, wie humorig die Thüringer Dörfler vor 100 Jahren waren – vielleicht haben sie die lustigen Wörter einfach ad hoc erfunden, um die nickelbebrillten Stadtmenschen zu verarschen ... aber nein, das will ich nicht glauben, scheint es mir doch tatsächlich so, als wohne dem Thüringer ein ganz außergewöhnlicher wortschöpferischer Genius inne.)

Wobei das Wunderbare dieser Wörter darin liegt, dass es einem Fremdling unmöglich ist, ihre Bedeutung zu erschließen. Oma zum Beispiel fabulierte eines Tages fröhlich vor sich hin, ich verstand wie immer nichts, hörte allerdings deutlich das Wort »Knetschpansen« heraus. Ah, dachte ich, klingt nach thüringischer Traditionsküche, wahrscheinlich gibt's heut Abend lecker Knetschpansen mit Thüringer Klößen – weit gefehlt: Wie Ische, die mich seither nicht mehr mit Oma allein lassen durfte, mir später offenbarte, bezeichnet »Knetschpansen« jemanden, der fröhlich vor sich hin fabuliert. Zumindest war das die gängige Vokabel in der Straße, in welcher Oma wohnte. Um die Ecke mag's schon ein anderes Wort dafür gegeben haben.

Das nennt man wohl »verschwenderischen Sprachreichtum«! Doch wie gesagt: Die unglaubliche wortschöpferische Kraft scheint versiegt, im Zeitalter der elektronischen Medien ist es nicht mehr möglich, rund um die alte Dorflinde heimisches Sprachgut zu pflegen. So müssen wir hier die Vergangenheit lieben. Denn nie wieder wird man so wundervoll die Germanisten verwirren können wie damals, im goldenen Zeitalter des Kärtelsdepfen.

51. GRUND
Weil »nò« so viel wie »ja« bedeutet — zumindest manchmal

Glücklicherweise hat das Thüringische seine Verwirrkraft nicht gänzlich verloren, gibt es doch noch eine winzige, dabei sehr effektive Geheimwaffe, mit welcher der Thüringer den Zugereisten aushebeln kann. Ich rede vom wunderbaren Einsilber – wie soll man ihn gleich schreiben? – vielleicht: »Nò«, wobei das »ò« aber sämtliche deutschen Vokale in veränderlichen Gewichtsanteilen enthält: Etwa 43 Prozent o, 29 Prozent a, 17 Prozent e, acht Prozent u, der Rest setzt sich zusammen aus i, dem Emulgator Lecithin sowie den Farbstoffen E 101 und E 150c, kann Spuren von Sellerie enthalten. Das ist, wohlgemerkt, eine Beispiels-Rezeptur. Ein Dorf weiter kann das »ò« schon gänzlich anders klingen.

Nach meinen (natürlich völlig unzureichenden) Sprachforschungen taucht das »Nò« stets allein auf, nie ist es Bestandteil eines Satzes; höchstens, dass es sich euphorisch multipliziert: »Nò!

Nò! Nò!« Offensichtlich mag das »Nò« nur sich selbst, aber keine anderen Wörter. Immerhin scheint der Einsatzbereich des »Nò« einigermaßen definiert zu sein: Man entgegnet es auf einen Aussagesatz. A sagt irgendwas, B entgegnet »Nò!«. Manchmal mit sehr drolligen Folgen. Nämlich wenn ein Nicht-Thüringer mit von der Partie ist.

Dieser Fremdling trifft eine Feststellung, und der Einheimische antwortet mit »Nò!«. Der Fremdling ist verärgert: Wie kann dieser Thüringer nur eine solch elementare Wahrheit verneinen? So wiederholt er das Unbestreitbare: »Schalke ist ein hervorragender Fußballverein. Dortmund hingegen nicht.« – Nò!«, wiederholt der Thüringer, worauf der Fremdling sich entschließt, die Wahrheit auf dem Prügelwege zu ermitteln.

Wenig später zieht der verschwollene Thüringer mit dem einen Arm, den er noch bewegen kann, sein Portemonnaie aus der Jacke, öffnet es, nestelt ein Dokument hinaus, welches er nun mit zitternder Hand ins Gesicht des wutschnaubenden Fremdlings hält. Dieser erstarrt vor plötzlicher Rührung: Ein Mitgliedsausweis von Schalke 04, ausgestellt 1990, unmittelbar nach der Wende. Schluchzend nehmen sich der Thüringer und der Fremdling in den Arm. Letzterer lernt im weiteren Verlauf des Abends, dass Thüringer Bier wirklich sehr lecker ist, auch und gerade in größeren Mengen, dass der Thüringer schon zu DDR-Zeiten Schalker war, genau wie dessen Vater, und dass »Nò!« hier so viel heißt wie »Ja!«.

Das ist eine Erkenntnis. Aber wie belastbar ist sie? Denn immerhin, wir erinnern uns, ist das Thüringische kein simpler Dialekt, sondern ein ausgeklügeltes Verwirrspiel. So kann es sein, dass »Nò« in dieser Stadt so viel wie »Ja« bedeutet, in jener, zehn Kilometer weiter, aber genau das Gegenteil. Ich übernehme keinerlei Garantie. Der Thüringer wäre kein Thüringer, wenn er seinem Thüringisch mit Einheits-Regeln die Vitalität raubte: Das Lebendige bleibt nie berechenbar. Und das »Nò« ein Rätsel.

Vermutungen gehen dahin, dass es seinen Ursprung im Tschechischen hat, dort nämlich sagt man »ano« für »ja«. Weiter scheint es, als haben die Sachsen jenes »ano« übernommen, das »a« entfernt und das verbleibende »nò« nach Thüringen exportiert. Allerdings wohl nicht überallhin. So kann man sich nie sicher sein.

Wenn man also schwere Missverständnisse und noch schwerere Körperverletzungen vermeiden will, sollte man sich sofort zu Anfang des Gesprächs am besten sämtliche Mitgliedsausweise des Gegenübers zeigen lassen.

52. GRUND
Weil Thüringen auch ganz anders kann

Das eine wird erst wirklich sexy, wenn es auch Teile des anderen enthält: Dinge, die zu clean sind, langweilen. So ist es wunderbar, dass Thüringen ein kleines Stück Non-Thüringen hat, denn erst durch diesen neckischen Widerspruch in sich wird es zu einem Ganzen. Also: höchste Zeit, das herrliche Eichsfeld zu betrachten!

Der Grund für die Besonderheit des Eichsfelds liegt in seiner Geschichte: Seit dem Hochmittelalter gehörte das Gebiet als Exklave zum geistlichen Kurfürstentum Mainz, wobei man es bald aufgrund seiner fernen Lage mit einer eigenen Verwaltung ausstattete und zum »Kurfürstlich Mainzischen Eichsfelder Staat« erhob. 1524 begann in Mühlhausen, quasi um die Ecke, der Bauernkrieg, in dessen Verlauf Müntzers Truppen auch im Eichsfeld Party machten, worauf sich weite Teile des dortigen Volkes zur Reformation bekannten. 50 Jahre später schlug das Pendel jedoch zur anderen Seite aus: Im Zuge der Gegenreformation fand das Eichsfeld – nicht immer ganz freiwillig – zu Rom zurück. Seither bildet es einen sehr katholischen Auswuchs des lange Zeit superprotestantischen, mittlerweile konfessionell eher ungebundenen Thüringen, grenzend an die gleichfalls recht non-katholischen Länder Hessen und Niedersachsen.

Das hat durchaus etwas vom Gallischen Dorf, und so pflegen die Eichsfelder ihren Sonderstatus voller Hingabe. Sie empfinden sich in erster Linie als Eichsfelder und Katholiken, sämtliche anderen ihnen auferlegten Identitäten sind unwichtig bis nervig: In Heiligenstadt, der Hauptstadt des Eichsfelds, blieben die Nazis beispielsweise unter 20 Prozent der Wählerstimmen. Solche Renitenz missfiel den wechselnden Obrigkeiten, insbesondere dann, wenn diese Wert auf straffen, uniformen Zentralismus legten. So beschloss die SED 1958, das Eichsfeld auf Vordermann zu bringen: Zunächst galt es, die agrarisch-rückständige Region zu modernisieren, und dieses wiederum war zu erreichen, indem man das lauschige Dorf Leinefelde durch den Bau einer Super-Baumwollspinnerei zur sozialistischen Stadt aufpimpte. Eine solche Industrialisierung hätte ja auch einen Zuzug von klassenbewussten Proletariern zur Folge, und dadurch würde der katholische Klüngel endlich entklüngelt. Ein wunderbarer Plan, der jedoch irgendwie nicht verfing: Das Eichsfeld blieb sich treu und trug weiterhin alljährlich zur Palmsonntags-Prozession stolz seine sechs passionsgeschichtlichen Großfiguren durch Heiligenstadt.

Damit sei nicht gesagt, dass die Region SED-herrschaftsfreier Raum gewesen wäre, keinesfalls. Aber die Obrigkeit hatte es hier stets ein wenig schwerer als anderswo im Arbeiter-und-Bauern-Staat. Mitunter sah sie sich gar zum Laisser-faire genötigt, was ihr dadurch etwas leichter wurde, dass das Eichsfeld aufgrund seiner speziellen, auf sich selbst bezogenen Identität den Funken der Rebellion wohl kaum in den Rest der Republik tragen würde. Außerdem konnte der Rest der Republik weite Teile des Eichsfelds kaum betreten, bedurfte es hierzu (Achtung! Grenzgebiet!) doch zahlloser Berechtigungsscheine.

So überwinterte das Eichsfeld die DDR, und, wer weiß, vielleicht überwintert es ja auch die Bundesrepublik, um für alle Zeiten das zu bleiben, was es ist und einzig ist: das Eichsfeld.

Weil Mareile uns die Runst weist

Alljährlich, wenn die linde Luft des Lenzes weht, wiederholt sich ein merkwürdiges Schauspiel: Anscheinend völlig normale Menschen, Menschen, die aussehen wie du und ich – na ja, vielleicht doch etwas eher wie du als wie ich –, Menschen also, denen niemand etwas Böses zutrauen würde, treffen sich am Strande der Werra, um diesem lieblichen Flüsschen einen Stein zu entnehmen. Nämlichen Stein tragen sie dann südostwärts über den Kamm des Thüringer Waldes, und zwar unter Wahrung äußerster Konspiration. Selbige beginnt damit, dass jene Menschen sich nie mit ihrem bürgerlichen Namen, sondern mit einem geheimen Nom de Guerre anreden; zudem benutzen sie Wörter, die nur sie allein verstehen; die Orientierung schließlich erfolgt vermittels an Bäumen und Pfählen angebrachter Geheimzeichen, sodass man etwa folgenden Dialog erlauschen kann: »Sieh nur, Zwerg Zwetschge, dort, die Mareile!« – »Jawohl, Gefährlicher Gregor, Gut Runst!«

Die einzelnen Etappenziele jener konspirativen Wanderung sind streng definiert: Am ersten Tag geht es von Hörschel an der Werra bis zur Grenzwiese am Kleinen Inselsberg, am zweiten von dort aus bis zum Rondell, am dritten erreicht man Neustadt, am vierten Limbach, am fünften Steinbach, am sechsten Tage aber, nach knapp 170 Kilometern Fußweg, stehen die Waldgänger bei Blankenstein, wo sie ihre Werrasteine rituell in die Saale werfen. Und nach ihnen kommen schon die nächsten, und die nächsten, und die nächsten; erst der beginnende Winterfrost setzt dem Strom der mysteriösen Wanderer ein Ende.

Die ökologischen Folgen dieses Tuns kann sich ein jeder selbst ausmalen: Hochrechnungen ergeben, dass – bei gleichbleibender Wandererfrequenz – schon in wenigen Jahrmillionen die Werra bei Hörschel einen kleinen See aufweisen wird, wohingegen bei Blankenstein kleine Stromschnellen entstehen könnten.

Jüngst ist es ob dieses Problems im Kreise der Rennsteig-Wanderer zu einer Fraktionierung gekommen: Moderne, umweltbewusste Renner haben angeregt, die Tour hinfort in ungeraden Jahren wie gehabt zu gehen – in geraden aber umgekehrt, wobei man einen Saalestein in die Werra wirft und so das ökologische Gleichgewicht wiederherstellt. Niemals, halten die Fundamentalisten dem entgegen: Die wahre Wanderung verläuft von West nach Ost, andersrum ist für Pussys, schon weil man da effektiv 200 Meter bergab wandert – um so viel liegt Hörschel niedriger als Blankenstein. Schließlich, der Vollständigkeit halber, sei noch die verschwindend kleine neoliberale Fraktion erwähnt, die da behauptet, dass man gar keinen Stein mitführen müsse und es stattdessen reiche, wenn man zu Beginn der Wanderung seinen Wanderstab in das Werrawasser tauche; in Ermangelung eines Wanderstabs könne man auch irgendwas anderes oder gar nichts eintauchen.

Spätestens hier sollte eines klar geworden sein: Die Rennsteigwanderung ist – im wahrsten Sinne des Wortes – Kult. Und das kommt nicht von ungefähr: Immerhin ist der Rennsteig Deutschlands ältester, berühmtester und selbstverständlich schönster Fernwanderweg.

Dabei hatte der Kamm des Thüringer Waldes seine Karriere recht schlicht begonnen. Zunächst war er nur Wasserscheide, später geriet er zur Sprach- beziehungsweise Landesgrenze, dieses, bedingt durch die Thüringer Kleinstaaterei, in erheblichem Maße: Der Rennsteigwanderer kann sich an rund 1.300 alten Grenzsteinen entlang des Wegs erfreuen. Den Durchbruch zu nationalem Ruhm aber verdankt der Rennsteig im Grunde einem Mann: August Trinius hatte, wiewohl gebürtiger Sachse, seine Kindheit und Jugend in Erfurt verbracht. Nach einem Berliner Intermezzo kehrte er 1890 nach Thüringen zurück und pries fortan die Schönheit der Gegend in etlichen Büchern, und zwar so suggestiv, dass ganz Deutschland unbedingt ins »grüne Herz Deutschlands« wollte (raten Sie übrigens mal, wer diesen Claim erfunden hat – richtig:

Trinius!). Besonders der 1890 erschienene *Rennstieg* sorgte ebendort für einen Besucher-Boom. Bald bildeten sich Wander-Regeln aus – von West nach Ost, Stein mitnehmen, lustige Wandernamen geben, einander »Gut Runst« wünschen ... äh, »Runst«? Ganz einfach: Wenn etwas brennt, spricht man von einer Brunst, und wenn man rennt, etwa über den Rennsteig, spricht man von einer – yep!

Damit man sich auf dieser Runst nicht verrennt, flankieren zahlreiche Weiser den Weg. Meist in Form eines schlichten »R« gehalten, werden sie allgemein »Mareiles« genannt – nach der ebenso drallen wie niedlichen Tochter eines Försters, der am Ende des 19. Jahrhunderts auf dem kleinen fränkischen Abschnitt des Rennsteiges amtierte. Mareile übte anscheinend eine schwer erotisierende Wirkung auf die Herrenwelt aus – Trinius verewigte sie literarisch ebenso wie dessen Nachfolger Alfred Rossner, zudem wurde sie von allerlei frühen Rennsteig-Wanderern leidenschaftlich angedichtet.

Jener fränkische Abschnitt hatte übrigens zur Folge, dass zu DDR-Zeiten 13 Kilometer des Rennsteigs kapitalistisch waren, und da der real existierende Sozialismus seine Friedensgrenze zudem noch nach innen mit einem fetten Sicherheits-Kordon abpolsterte, waren weitere 40 Kilometer unbegehbar. Umso schöner war das Wiedersehen: Seit Pfingsten 1990 ist der wunderbarste unserer Wanderwege repariert und gewährt so wieder beste Runst für jedermann.

54. GRUND
Weil die Eisenacher alljährlich den Winter abschaffen

Die meisten von uns sind dieses Phänomens schon teilhaftig geworden: In der Zeit von März bis Mai verwandelt sich das gerade noch schneebedeckte, scheißkalte Land peu à peu in ein von linden Lüften durchwogtes, blümchenbestandenes und sonnenbeschienenes Gefilde des Frohsinns. Aber wer hätte sich je gefragt, warum das geschieht? Warum wird es warm, wo es doch soeben noch kalt war?

Dabei liegt die Antwort nahe, genauer gesagt: am Westrand Thüringens. Denn dort sorgen die nimmermüden Eisenacher alljährlich unter größten Anstrengungen dafür, dass der Sommer sich gegen seinen ewigen Widersacher, den Winter, durchsetzt. Sommergewinn heißt die Veranstaltung, die stets am Wochenende zu Laetare, dem dritten Sonntag vor Ostern, stattfindet. Und zwar, trotz aller Veränderungen im Festablauf, seit Jahrhunderten mit großem Erfolg.

Im dunklen Mittelalter rollte man helle Feuerräder den Metilstein hinab, was um 1650 abgeschafft, neuerdings jedoch wieder aufgenommen wurde. 1897 verlegte man sich auf eine weniger gefahrvolle Begehensweise, seither rollt ein Festumzug durch die Straßen der Stadt, um auf dem Marktplatz zur Sache zu kommen: Frau Sunna und Herr Winter tragen einen Kampf um die künftige Vorherrschaft aus, zunächst noch mit Worten, in einer Art Battle Rap. Da sie hier aber erwartungsgemäß keine Einigung erzielen, wird der Winter (in Gestalt einer Puppe) schließlich kurzerhand abgefackelt, das hat er jetzt davon, der alte, kalte Übelmann. Und so kann es erneut, in Eisenach wie überall anders im Land, Sommer werden. Der Eisenacher und die Eisenacherin rufen einander, in berechtigtem Stolz auf ihre Leistung, den triumphalen Gruß »Gut Ei und Kikeriki« zu. Nämliches Ei, der Hahn und die Brezel sind auch beliebte Symbole, wenn zum Fest die Häuser geschmückt werden, was seit jeher insbesondere in der westlich gelegenen Georgenvorstadt, und hier speziell auf dem Ehrensteig mit großer Hingabe praktiziert wird. So greift, nach einem geheimen, in seinem tieferen Sinn nur den Einheimischen erschließbaren Plan ein Rädchen ins andere. Zwei Kommerse an den Vortagen bereiten das Ritual vor, ein Volksfest läutet es aus. Und wenn Sie, lieber Leser, demnächst, sei es wo auch immer, die Wonnen des Sommers genießen – senden Sie doch bitte einen kurzen, warmen Dankesgedanken in Richtung der Wartburgstadt. Denn ohne die wackeren Eisenacher müssten Sie jetzt Schal tragen und Skispringen schauen.

Weil in Erfurt am 10. November Gigak Schnubdewak ist

»Gigak. Schnubdewak. Schneidet auch der Gans das Bein ab. Lasst ihr noch e Stimpelchen dran. Dass sie recht noch zappeln kann.«

Das klingt ein wenig verstörend, eh? Doch folgt man den Quellen, so ist genau dieses der Spruch, mit dem die katholische Kinderschaft Erfurts vor 100 Jahren das Martinsfest beging. Na ja: Man mag entschuldigend berücksichtigen, dass die kleinen Rangen ja seinerzeit noch keine Splatter- und Gore-Videos kannten und folglich ihren kleinen süßen sadistischen Fantasien anderweitig Geltung verschaffen mussten. Wobei es wohl beim unverbindlichen Singsang blieb: Von realen Gänseverstümmelungen ist nichts überliefert.

Die Heiligenverehrung der evangelischen Kinder Erfurts aber verlief, folgt man derselben Quelle, gesitteter, biederer, artiger: »Martin, Martin / Martin war ein braver Mann / Brennt den Kindern Lichter an / Dass er oben sehen kann / Was er unten hat getan«. Wobei: Heiligenverehrung? Evangelischer Kinder? Wie das?

Nun: Das protestantische Erfurt hat diese Unmöglichkeit äußerst elegant realisiert, indem es die Bedeutung des Festes ein wenig verschoben hat: Es geht jetzt nicht mehr so sehr um den heiligen Martin von Tours. Sondern vielmehr um Martin Luther. So feiert Erfurt auch an dessen Geburtstag, dem 10. November, und somit einen Tag früher als der Rest des Universums, der sich am Todestag des Bischofs von Tours orientiert. Dieser wurde mit einer Lichterprozession zu Grabe getragen – deshalb die Laternen. Welche sich wiederum nicht so ohne Weiteres mit dem großen Reformator verlinken lassen. Außer man unterstellt, dass Lichter angezündet würden, auf dass man sehe, wie wundervoll die reformierte Welt sei.

Aber egal: Kinder interessieren sich nicht für derlei Spitzfindigkeiten, sondern freuen sich einfach am Schein ihrer bunten Laternen und an den schönen Liedern. Was aber das Martinsfest in

Erfurt so besonders macht, ist der Umstand, dass hier die Erwachsenen ein Nämliches tun: Während man anderswo seine Laterne meist nach der Grundschulzeit aus der Hand gibt, behalten viele Erfurter sie ein Leben lang. So ist der festlich erleuchtete Domplatz Jahr für Jahr ein fröhliches, anrührendes Fest. Sowohl für die amtierenden Kinder. Als auch für die gewesenen.

Weil Thüringen folkloristische Höchstleistungen vollbracht hat

Was die Vielfalt der Volksbräuche betrifft, so geht es bergab. Alles globalisiert sich: Die Dominanz des Weltstils sorgt neuerdings dafür, dass Thüringens Kinder ebenso Halloween feiern wie ihre Kollegen in den USA oder sonstwo auf dem Globus. Das ist schade. Umso mehr, als früher offenbar gerade in Thüringen allerlei Dinge getrieben wurden, die wirklich genau das hatten, was einen guten Volksbrauch ausmacht: Verschrobenheit und ein zartes Fluidum der Gewalt. Namentlich Nordthüringen scheint, glaubt man den Quellen, eine Hochburg solch grandioser Merkwürdigkeiten gewesen zu sein.

In der Goldenen Aue war es beispielsweise Usus, dass sich junge Mädchen zu Pfingsten Puppen in Männergestalt bastelten. Dann unterhielten sie sich mit diesen, tanzten mit ihnen – verprügelten und zerstörten sie schließlich. In Immenrode, heute ein Teil von Sondershausen, pflegten zu Fastnacht die Konfirmanden den Katechumenen Saugläppchen und Saugbeutelchen in den Mund zu stopfen – nun ja, einerseits ein wenig zu brutal, andererseits ein wenig zu durchsichtig, wollten die Älteren den Jüngeren damit doch nur demonstrieren, dass diese in ihren Augen Säuglinge wären.

Wesentlich subtiler, sinnloser und damit viel reizvoller ist mein persönlicher Top-Favorit unter den Nordthüringer Volksbräuchen – das »Hänseln«, gleichfalls am Fastnachtstage praktiziert: Wenn eine

Hausfrau mitbekam, dass eine ihrer Nachbarinnen gerade das Mittagessen kochte, schlich sie sich in einem unbewachten Moment in deren Küche, bestreute den Boden mit Unrat wie Asche, Eierschalen und Sägespänen, nahm den Topf vom Feuer und verschwand alsdann mit ihm. Wenn die arglose Köchin nun zurückkam, gewahrte sie, dass ihr Topf fort, dafür Unrat da war. So rannte sie aufgelöst zu ihren Nachbarinnen, in der Hoffnung, irgendwo dort ihrer Hauptmahlzeit wieder habhaft zu werden. Die anderen Frauen aber schmissen sich vor Lachen auf den Boden, zu Recht, denn damit war das Maximum menschenmöglicher Komik erreicht, und wer von uns wäre nicht gerne dabei gewesen?

Liebe Nordthüringerinnen: Wollt ihr das Hänseln nicht wieder aufnehmen? Heimisches Kulturgut wiederbeleben? Ein Zeichen gegen die globale Verflachung setzen? Ja? Danke!

6. KAPITEL

Bemerkenswerte Bauwerke

Weil der Erfurter Domplatz ein Ort ist

Streng genommen ist er ja zum großen Teil eine Kriegsbrache: Nur sein südöstlicher, kopfsteingepflasterter Teil ist der eigentliche, althergebrachte Domplatz. In seinem nordwestlichen Fortsatz aber bedecken heute Betonsteine jenen Grund, auf dem einst das Severi-Viertel stand. Bis sich, in Folge der Völkerschlacht von Leipzig, versprengte Franzosen in der Zitadelle des nahen Petersbergs verschanzten. Was den Preußen, Österreichern und Russen derart missfiel, dass diese am 6. November 1813 die Franzosen mittels vierer Batterien artilleristisch »bewarfen«, wie es damals hieß. Und diesem Angriff fiel dummerweise auch das Severi-Viertel zum Opfer – als »Kollateralschaden«, wie es heute heißt. Man verzichtete auf einen Wiederaufbau, das Gelände blieb brach; noch zuletzt scheiterten Pläne, es realsozialistisch-monumental zu bespaßen, am Willen des Volkes zur Wende. Und ebendiesen Willen konnte das Volk auf dem überdimensionierten Domplatz ja kräftig kundtun: Die 80.000, die hier demonstrierten, hätten allein in der Kopfsteinpflaster-Zone kaum Platz gefunden.

So verliert sich der Domplatz zwar gen Norden etwas im Offenen – irgendwo da hinten stehen Busse und das neugotische Erfurter Landgericht, aber das gehört eigentlich schon nicht mehr dazu. Doch andererseits gibt ihm gerade seine Übergröße eine ganz besondere Aura, und die beiden wundervollen Dominanten, der Dom und die Severikirche, sind derart wirkungsmächtig, dass nie ein Gefühl der Leere aufkommt. Zweifelsohne: Der Erfurter Domplatz ist ein Ort – in dem Sinne, dass er der Stadt einen Fixpunkt gibt. Hier geht der Erfurter hin, wenn das Außergewöhnliche ansteht: Sankt Martin, Weihnachtsmarkt, Domstufen-Festspiele – oder eben Wende-Demo.

Jene 70 Stufen, die zum Ensemble der beiden Kirchen führen, entheben den Besucher langsam der städtischen Alltagsebene. Wenn er sich dabei umwendet, sieht er die tiptop renovierte geschlossene

Häuserzeile, die den Domplatz gen Osten abschließt, dahinter die Türme und Giebel der Altstadt. Oben angekommen, kann er sich an den törichten Jungfrauen des Domportals delektieren, im Inneren den bronzenen Wolfram aus dem 12. Jahrhundert bestaunen – oder gegenüber, in St. Severi, die meisterhaft in den Sandstein gehauenen Bildnisse, welche den Sarkophag des Heiligen zieren.

Dann tritt der Besucher wieder ins Freie, schreitet die Stufen hinab, vorbei an kamerabewehrten Frührentnern, vorbei an zwei Girlies auf Klassenfahrt, die kichernd dasitzen und wer weiß welche Frivolitäten mit ihren Smartphones veranstalten, schreitet hinab auf den Domplatz, wo er sich umdreht, die Gewalt der mächtig aufstrebenden Kirchen ein letztes Mal auf sich wirken lässt und sich dabei denkt: Ja, dieses ist wirklich ein Ort. Und jetzt ist es Zeit für eine Bratwurst.

58. GRUND

Weil wir, anders als Goethe, Paulinzella mögen

Ich wage mich hier einmal unberufen an eine Goethe-Übersetzung, der Originaltext steht in seinen Annalen des Jahres 1817:

»Seit vierzig Jahren Thüringen kreuz und quer durchwandernd, war ich niemals nach Paulinzelle gekommen, obgleich wenige Stunden davon hin und her mich bewegend.«

Meint: Paulinzella interessiert mich einen feuchten Kehricht. Was soll ich da?

»Es war damals noch nicht Mode, diese kirchlichen Ruinen als höchst bedeutend und ehrwürdig zu betrachten; endlich mußte ich soviel davon hören, die einheimische und reisende junge Welt rühmte mir den großartigen Anblick …«

Meint: Diese romantischen Jungschnösel brechen ja bei allem altdeutschen Kram gleich in helle Begeisterung aus, wenn es nur in Trümmern liegt und die dunkle Aura des Ungesunden hat.

»… daß ich mich entschloß, meinen diesjährigen Geburtstag, den ich immer gern im Stillen feierte, einsam dort zuzubringen.«

Meint: Na, herrje, dann sehe ich es mir auch mal an, immerhin liegt es extrem einsam im Wald, und ich möchte an meinem Geburtstag gern allein sein.

»Ein sehr schöner Tag begünstigte das Unternehmen, aber auch hier bereitete mir die Freundschaft ein unerwartetes Fest. Oberforstmeister von Fritsch hatte von Ilmenau her mit meinem Sohne ein frohes Gastmahl veranstaltet …«

Meint: Arghh! Ich wollte doch ALLEIN sein!

» … wobei wir jenes von der Schwarzburg-Rudolstädtischen Regierung aufgeräumte alte Bauwerk mit heiterer Muße beschauen konnten.«

Meint: Na, immerhin ist der ärgste Dreck beseitigt, so hat die Ruine nicht allzu arg auf die Laune gedrückt.

Das war's. Mehr findet sich in Goethes reichem Lebenswerk nicht zu Paulinzella. Immerhin aber hat Freund Schiller ein wundervolles Gedicht über die Kirchenruine hinterlassen – dachte man lange, doch mittlerweile ist man sich Schillers Urheberschaft überhaupt nicht mehr so sicher.

Offenbar konnten die Klassiker mit Paulinzella wenig anfangen. Seither aber hat sich die Ansicht der »reisenden jungen Welt« durchgesetzt: Die mitten im Wald gelegenen Ruinen bieten wirklich einen großartigen Anblick, man zählt die Kirche zu den beeindruckendsten romanischen Bauwerken unserer Heimat. Das Kloster geht auf eine Gründung der Adligen Paulina zurück, die nach dem Tod ihres zweiten Gatten ihren Wohnort Gatterstedt verlassen hatte, um sich hier, im abgeschiedenen Tal des Rottenbaches niederzulassen. Kurz nach ihrem Tod 1107 begann der Bau der mächtigen Klosterkirche, 1124 konnte sie geweiht werden. In den folgenden vier Jahrhunderten gedieh das Kloster – dann aber reformierten sich 1533 die hier gebietenden Schwarzburger Grafen. Im Bauernkrieg kam es zu Plünderungen des Klosters, 1542 hob man es auf, fortan diente es als Steinbruch. Im frühen 17. Jahrhundert brannten die Reste obendrein noch aus – so war endlich jene wunderbar verfallene, mitten im dunkeln Wald gelegene, an die Vergänglichkeit aller Dinge mahnende Ruinengestalt erreicht, die uns heute auf gar so heitere Weise traurig stimmt.

59. GRUND
Weil der Leuchtenburg das Schlimmste erspart blieb

Von hier oben bietet sich ein Ausblick, der wirklich nachhaltig beglückt – vorausgesetzt, man ist hier wandernderweise, aus freien Stücken zu Besuch. Das war zwischen 1724 und 1871 nicht die Regel: Seinerzeit diente ein großer Teil der Leuchtenburg als »Zucht-, Armen- und Irrenhaus«, kurzum als Zwischen-, gegebenenfalls auch Endlager für solche Elemente, die man unten, im zauberhaften Tal der Saale, nicht mehr haben wollte. Und es fragt sich, mit welcher Haltung diese Menschen ins liebliche Tal geblickt haben – vorausgesetzt, ihre Wärter ließen ihnen überhaupt Gelegenheit dazu.

So haben Burgen ihre Geschichte, und die der Leuchtenburg ist durchaus bewegt: Erste urkundliche Erwähnung fand sie 1221; aus jener Zeit ist freilich nur noch der markante Bergfried erhalten, der samt seinem Kegeldach stattliche 41 Meter misst. In den folgenden Jahrhunderten wechselte die Leuchtenburg – wen wundert's, im fürstenreichen Thüringen – nicht selten den Besitzer, teils durch Kauf, teils durch Eroberung, teils auf dem Erbweg. 1871 gehörte sie dem Herzogtum Sachsen-Altenburg, und dieses beschloss nun, die Zuchthäusler nach Zeitz zu verbringen, um die zauberhafte Burg einer zeitgemäßeren Bestimmung zuzuführen: Ein Hotel mit Restaurant sollte fortan für Frohsinn sorgen. 1906 kam ein Museum hinzu, 1920 die Jugendherberge, welche Muck-Lamberty und seine beschwingten Freunde bewohnten und dabei durch allerlei Holz-

arbeiten verschönerten.* Zu DDR-Zeiten pries sich die Leuchtenburg als zweitgrößte Jugendherberge der Republik, ein Rang, zu
dem sie auch deshalb aufgestiegen war, weil sie sich mittlerweile
das Hotel einverleibt hatte. 1997 kam es jedoch zur altersbedingten
Schließung. Zehn Jahre später übernahm eine Stiftung das zauberhafte Burgensemble und bespielt es seither mit einem Porzellan-
museum – immerhin ist das am Fuße des Lichtenbergs gelegene
Kahla ein Ort mit großer Tradition in Sachen Weißes Gold.

So weit die recht bewegte Geschichte der Leuchtenburg – die fast
noch ein bisschen bewegter geworden wäre, hatte der fantastische
Erich Mielke doch geplant, sie im Falle eines Falles wieder zum
Zucht-, Arbeits- und Irrenhaus umzufunktionieren. Jener Fall wäre
etwa der Kriegsfall gewesen, durchaus aber auch schon eine äuße-
re oder innere Spannungslage. Dann wäre von der Stasi-Führung
das supergeheime Kot-Wort übermittelt worden, und auf dieses hin
hätte man all solche aus dem Verkehr gezogen, die eh schon etwas
gestört hatten und jetzt noch viel mehr: Dissidenten, Ausreisean-
tragsteller, böse Kirchenleute sowie alle, die sonst wie unter Verdacht standen, unter Verdacht zu stehen. Mehr als 10.000 zu »Iso-
lierende« gab es republikweit, nicht wenige davon im oppositionell
regen Jena – und diese hätten sich wohl im Zucht-, Arbeits- und
Irrenhaus Leuchtenburg wiedergefunden. Vielleicht hätte man dort,
neben jenem »Isolationslager«, auch noch ein »Internierungslager«
eingerichtet, denn selbstverständlich hätten sich die Organe auch
jener Wessis angenommen, die sich zur fraglichen Unzeit auf der
nahen Transitstrecke nach Berlin (West) beziehungsweise zu Besuch bei Tante Else in Langenwetzendorf aufgehalten hätten. Nun,
glücklicherweise blieb der Leuchtenburg all das erspart. Eine derart schöne Burg wie sie hätte dieses Schicksal auch wirklich nicht
verdient gehabt.

* Siehe auch 111. Grund »Weil man hier den Hippie-Kram schon 1920 abgearbeitet hat«.

Weil sich hier eine Brücke als Gasse maskiert hat

Zu den Sehenswürdigkeiten Erfurts, die keiner, selbst nicht der eiligste Tourist, auslässt, gehört eine, die ihren Zauber erst entfaltet, wenn man sie zweimal gesehen hat, und zwar aus unterschiedlichen Perspektiven.

Denn beim ersten Kennenlernen ist sie ein hübsches, altstädtisches, kopfsteingepflastertes Gässchen, recht schmal im Durchgang, zunächst auf-, dann absteigend, beiderseits gesäumt von adrett restaurierten Häuschen, in denen man allerlei Dinge erstehen kann, welche sonders irgendetwas Kunstgewerbliches, Handwerkliches oder Altertümliches an sich haben.

Das ist ja zweifelsohne ein erfreulicher Anblick, freilich jedoch keiner, der einen unmittelbar dazu veranlassen würde, Grunzlaute der Begeisterung auszustoßen. Diese rechtfertigen sich erst, wenn man nach Durchschreiten jener hohlen Gasse kehrtmacht und auf der südlich gelegenen Parallelstraße zurückgeht. Dann nämlich entdeckt man Unglaubliches: Das hübsche Flaniersträßchen hebt sich ja vom Erdboden empor – und während man sich an den schönen Schaufensterauslagen seiner Lädchen delektierte, befand man sich in schwindelerregenden vier Metern Höhe über den tosend dahinschießenden Wassern der Gera ... na ja, über dem gemütlich einherfließenden Wasser der Gera. Mithin war man – der werte Leser mag es schon geahnt haben – auf einer beidseitig geschlossen bebauten Brücke, und zwar – Fanfare – der längsten ihrer Art nördlich der Alpen!

Die Ursprünge dieses architektonischen Kleinods verlieren sich im Dunkel des Hochmittelalters, als hier der west-östliche Handelsverkehr der Via Regia trockenen Fußes die Gera überquerte – wenn die Brücke, seinerzeit als Holzkonstruktion ausgeführt, mal gerade nicht abgebrannt war. 1325 errichtete man den Neubau kurzerhand aus Stein, was sich als fundamental dauerhaft erwies. Schon damals standen Buden auf der Brücke, doch fielen auch sie häufig Bränden zum Opfer. Später ersetzte man sie durch feste Häuser, allerdings fackelten selbst diese mitunter ab, sodass die Krämerbrücke erst im 18. Jahrhundert jene Gestalt annahm, die uns heute so nachhaltig begeistert.

1895 erwog man kurzzeitig, sie abzureißen, dieweil sie ja doch schon arg in die Jahre gekommen war und den Erfordernissen des modernen Straßenverkehrs nicht mehr im Mindesten genügte – dann jedoch siegte die höhere Einsicht. Welche sich seither ausgezahlt hat: Erstens haben sich so weitere Generationen heimatstolzer Erfurter an ihrem Wahrzeichen erfreuen können. Und zweitens kommen Myriaden zahlungskräftiger Besucher in die Stadt – nicht zuletzt, um einmal über jene berühmte Brücke zu gehen, die sich als Gasse maskiert hat.

61. GRUND
Weil es kaum irgendwo anders so viele Residenzschlösser gibt wie hier

Wenn der Sinn von Staatlichkeit darin läge, möglichst viel Macht zu bündeln, wäre die Geschichte der Thüringer Staaten vielleicht nicht ganz so sinnvoll: Erst 1920 brachte man mit Ach, Krach und Revolution ein Land namens Thüringen auf die Karte des Deutschen Reichs.

In den Jahrhunderten zuvor war die Region in zahllose Klein- und Spaßstaaten zersplittert gewesen, darunter solche Weltmächte wie Reuss-Untergreiz und Reuss-Obergreiz, wobei sich Reuss-Untergreiz bekanntlich 1583 in Reuss-Untergreiz I und Reuss-Untergreiz II spaltete, worauf sich Reuss-Untergreiz I im Jahr 1596 unter Einfügung Burgks zu Reuss-Untergreiz-Burgk emporarbeitete, nur um 1616 wieder in Reuss-Burgk und Reuss-Untergreiz zu zerfallen, wobei Letzteres sich dieweil immerhin wieder mit Reuss-

Untergreiz II vereinigt hatte. Alles Wesentliche über Reuss-Obergreiz erfahren Sie in irgendeinem anderen Buch.

Auf rund 40 neuzeitliche Staaten hatte Thüringen es gebracht, wobei man sich jene keineswegs als integrale Territorien vorstellen sollte: Jeder Kleinstaat, der auch nur etwas auf sich hielt, hatte Exklaven wer weiß nicht wo – und selbstverständlich auch Enklaven von wer weiß nicht wem, manchmal wusste man im allzu drolligen Patchwork beim besten Willen nicht mehr, in wessen Territorium man eigentlich exklavierte, dieweil man doch zur Gänze von Exklaven anderer Staaten umgeben war.

Wie gesagt: Unter dem Aspekt der Machtbündelung war das vielleicht ein wenig verfehlt. Aber anderweitig sollte es sich für die Region als absoluter Bringer erweisen: Jeder Alfons der Viertelvorzwölfte wollte sich selbstverständlich ein stattliches Residenzschlösschen in die Landschaft setzen, zudem hatte nahezu jeder einen Spleen: Dieser stand auf Landgärten im englischen Stil, jener auf orientalische Altertümer, dieser pflegte (und finanzierte) das Theaterleben, jene begeisterte sich für die Musik – und engagierte überdies den berühmten Dichter Wieland als Erzieher ihrer Söhne – der Anfang des steilen Aufstiegs Weimars zur Weltliteraturhauptstadt.

Man sieht: Der Reiz Thüringens gründet zum nicht geringen Teil auf seiner – politisch betrachtet irrsinnigen – Zersplitterung. Wo immer Sie im Freistaat gerade stehen: Das nächste Residenzschloss ist gerade einmal einen Steinwurf weit weg. Oder zwei. Na gut: drei. Aber dieser dritte könnte schon historisch wertvolle Fensterscheiben beschädigen.

62. GRUND
Weil man dank eines Thüringers
von Manhattan nach Brooklyn kommt

Wenn Sie je des Nachts vor der hell erleuchteten Brooklyn Bridge, diesem viel gepriesenen Wahrzeichen New Yorks standen, und – bei aller Faszination des wundervollen Anblicks – die Divi-Blasii-Kirche Mühlhausens nicht aus dem Sinn bekamen, so mag dies einen tieferen Grund haben. John August Roebling nämlich, ebenjener, der die seinerzeit längste Hängebrücke der Welt 1865 ersonnen hatte, stammte aus Mühlhausen – und manche behaupten, dass die neugotischen Pfeiler am East River die Fensterform jener Thüringer Kirche exakt zitieren.

Johann August Röbling, 1806 als Sohn eines Tabakhändlers geboren, zeigte frühzeitig technisch-mathematische Anlagen, sodass man ihm ab 1824 ein Studium in Berlin ermöglichte, wo er umfassende Kenntnisse in Architektur und Bautechnik erwarb – nebenher allerdings noch Hegel hörte, der seinerzeit Amerika als »Land der Zukunft« pries.

Und da man sämtlichen Hinweisen der Philosophen selbstverständlich immer folgen muss, wechselte Röbling, zusammen mit einigen anderen Mühlhäusern, 1831 den Kontinent. Gemeinsam gründete man in Pennsylvania einen Ort namens »Germania«, den man bald, etwas dezenter, in »Sachsenburg«, schließlich »Saxonburg« umtaufte. Auch wurde Röbling zu Roebling, und als solcher versuchte er sich ohne nennenswerten Erfolg in der Landwirtschaft, bevor er sich dann wieder der Architektur widmete, insbesondere den Hängebrücken, die er, anders als damals üblich, nicht mit Ketten, sondern mit Stahlseilen baute. Letztere stellte er nach einem speziellen Verfahren selbst her – so machte sich der Migrant allmählich einen Namen.

Folglich übertrug man ihm bald das seinerzeit anspruchsvollste Brückenprojekt, das die Neue Welt zu vergeben hatte: Um endlich trockenen Fußes von Brooklyn nach Manhattan zu gelangen, musste der East River überbrückt werden, und da dieser im Grunde kein Fluss, sondern ein Meeresarm mit Gezeiten ist, zudem dicken fetten Schiffen Durchfahrt gestatten muss, bot sich eine Hängekonstruktion an – welche die längste der Welt werden würde. Aber wie stark müsste sie sein? Roebling berechnete, berechnete, berechnete … und nahm das Ergebnis, sicher ist sicher, mal sechs. Um seine persönliche Sicherheit war er offenbar weniger besorgt, denn bei Vermessungsarbeiten passierte es, dass sein Fuß von einer anlegenden Fähre zerquetscht wurde.

Bei all seinem technischen Genie war Roebling privat ein wenig neben der Spur: einerseits mit üblen despotischen Zügen ausgestattet, andererseits verschrobenen Glaubenssätzen anhängend. Etwa dem, dass man zerquetschte Füße reparieren könnte, indem man sie ausgiebig mit klarem Wasser begießt. Diese Eigentherapie überlebte der störrische Roebling genau 24 Tage. Doch glücklicherweise hatte er zeitig einen Sohn gezeugt, Washington August Roebling, der das Brückenwerk des Vaters nahtlos fortsetzen konnte. Bis auch er seine Gesundheit ruinierte: Um die Fundamente der beiden Brückentürme ins Bett des East River legen zu können, arbeitete man in Caissons, die unter Überdruck standen. So zogen sich viele Arbeiter bei der Dekompression eine Art Taucherkrankheit zu – ebenso der Chef selbst. Hernach war er an den Rollstuhl gefesselt und konnte die Arbeiten an der Brücke nur noch von zu Hause per Fernglas verfolgen. Doch glücklicherweise hatte er perfekt geheiratet, nämlich Emily Warren, welche nun – unerhört für ihre Zeit – das Kommando auf dem Bau übernahm; das notwendige fachliche Rüstzeug hatte sie sich mit Unterstützung ihres Gatten angeeignet. So konnte die Brooklyn Bridge 1883 eröffnet werden, und der erste Mensch, der sie überquerte, war ebenjene Emily Warren Roebling.

In der Folgezeit verlegte sich die Familie auf die Produktion von Stahlseilen, wo sie es zum Weltmarktführer bringen sollte. Allerdings erbte sich das Unglück im Glück offenbar fort: 1912 weilte der Enkel des Gründers, Washington A. Roebling II, zu Stahlseil-Studienzwecken in Europa. Um auf der Rückreise in angemessenem Luxus relaxen zu können, buchte er eine Passage auf diesem brandneuen Schiff, von dem jetzt alle sprachen, wie heißt es noch gleich? Ach ja: »RMS Titanic«.

63. GRUND
Weil der Thüringer sich rührend um schräge Bauwerke bemüht

Die meisten von uns kennen es, dieses beschwingte Gefühl: Die Augen heften sich an irgendetwas Horizontähnliches und übermitteln dem Gehirn, dass diese Achse in etwa die Waagerechte markieren müsste. Gleichzeitig geht aber eine Meldung des Gleichgewichtsorgans ein: Hey, dieses hier ist die Waagerechte, glaub mir, das ist echt meine Kernkompetenz. Bedauerlicherweise weichen beide Waagerechten ein wenig voneinander ab, schätzungsweise um 3°. Nun wäre das Gehirn in der Pflicht, für Ordnung zu sorgen, doch leider ist dieses Organ zurzeit extrem pflichtvergessen. Und voll damit ausgelastet, dem Stimmapparat zu gebieten, das *Rennsteiglied* zu singen, der einen Hand zu befehlen, den bunten Luftballon zu schwenken, der anderen, die Flasche Nordhäuser Dreifachkorn erneut zum Munde zu führen. So kann das Gehirn der für die Fortbewegung zuständigen Muskulatur nur ein launiges »Seht zu, wie ihr klarkommt! Cheerio!« zurufen; das Resultat ist eine Gangart, die zwar enorm abwechslungsreich, jedoch nicht unbedingt Respekt gebietend ist.

Genau dieser Gangart befliss ich mich permanent, so lange ich Gast in Omas Bad Frankenhäuser Haus war. Und das auch in völlig nüchternem Zustand. Was schlicht daran lag, dass es in jenem Haus keinen rechten Winkel, keine waagerechte Ebene gab. Und dieses wiederum hatte seine Ursache darin, dass hier, am Saum des stark verkarsteten Kyffhäusers, die Erde ein wenig unstet ist. So hat sich ein ehedem recht konventionelles Haus über die Jahrzehnte in ein Cabinet des Doktor Caligari verformt: Purer Expressionismus, den ich bisweilen durch das lautstarke Deklamieren von expressionistischen August-Stramm-Gedichten zu veredeln trachtete: »Du steht! Du steht! / Und ich / Und ich / Ich winge / Raumlos zeitlos wäglos / Du steht! Du steht!«. Die Ische lachte, hellperlend und niedlich. Tja, so weit die kleinen, banalen Privat-Erinnerungen. Einen Kieselsteinwurf von jenem Haus entfernt klafft ein Erdfall, auf dessen Grund die Elisabethquelle ihre Sole schüttet, und unweit dieser wiederum kann der Besucher eine wirklich schwindelerregende Bekanntschaft machen: nämlich die einer der wunderlichsten Kirchen unserer Heimat.

Einst waren die Salzquellen ja der absolute Bringer der Stadt gewesen. So nimmt es nicht wunder, dass die Salzsieder-Gilde sich 1382 durch den Bau der Basilika »Unserer Lieben Frauen am Berge« erkenntlich zeigen wollte. Dem mittlerweile unter dem Begriff »Oberkirche« geläufigen Gotteshaus sollte allerdings ein unruhiges Dasein beschieden sein: 1525 wurde es durch den Bauernkrieg, der ja in der Schlacht bei Frankenhausen kulminierte, schwer in Mitleidenschaft gezogen. Zu einer weiteren Plünderung kam es 1632 im Zuge des Dreißigjährigen Krieges; später hinterließ auch der Siebenjährige (1756–1763) seine Spuren. 1759 fackelte ein Stadtbrand die Turmspitze ab, 1806 nutzten napoleonische Truppen die Kirche kurzerhand als Lager für preußische Kriegsgefangene, was das Interieur gleichfalls heftig in Mitleidenschaft zog. Während des Zweiten Weltkriegs musste die Oberkirche als Arsenal herhalten, und auch dieses gereichte ihr nicht gerade zum Vorteil: Als die siegreichen Amerikaner den Frankenhäusern generös freistellten, sich an den eingelagerten Waren gütlich zu tun, ging im allgemeinen Überschwang die Orgel und so manches Fenster zu Bruch. 1962 endlich gewahrte man den Schwamm im Dach des südlichen Kirchenschiffs, sodass man dieses abtrug und, weil man schon mal dabei war, gleich auch noch den Bau entkernte.

Ach, die arme, arme Kirche! Was hat sie alles erleiden müssen! Und das Allerschlimmste: Nicht nur Mensch und Schwamm wollten ihr übel, sondern gemeinerweise auch noch die Erde. Erste Anzeichen dafür sind schon aus dem Jahr 1640 belegt: Irgendwie war der Turm ein wenig aus dem Lot geraten. Als man 1760 die neue Haube aufsetzte, versuchte man diesen Schrägstand zu kaschieren. Vergebens: Der Oberkirchenturm wurde schiefer und schiefer, was anscheinend von Auswaschungen der Elisabethquelle beziehungsweise geologischen Senkungen knapp östlich des Gotteshauses herrührt. 1911 ersann man einen großartigen Plan: Zwei mächtige Pfeiler an der Nordostseite des Turmes sollten diesen vor weiterem Niedergang bewahren. Das misslang zwar, allerdings blieb die Maßnahme nicht gänzlich ohne Effekt: Sie beschleunigte den Vorgang, indem die massigen Pfeiler den Grund, auf dem sie standen, niederdrückten und so den Turm mit sich zogen. Mitte der 30er-Jahre folgte die nächste Sicherungsmaßnahme – nicht gerade elegant, dafür etwas erfolgreicher: Der Turm wurde mittels eiserner Ringe ans Langhaus gefesselt. Das verlangsamte den Abwärtstrend, konnte ihn jedoch nicht stoppen: Wer heute vor der Oberkirche steht, kämpft zunächst spontan mit Gleichgewichtsproblemen, ist dann aber versucht, dem armen, tapferen Turm ein Stramm'sches »Du steht! Du steht!« zuzurufen – immerhin ist das Bauwerk mittlerweile gut 4,60 Meter aus dem Lot. Damit stellt der Oberkirchenturm seinen etwas prominenteren Konkurrenten in Pisa (4,07 Meter) locker in den Schatten.

So kann sich Bad Frankenhausen freuen, mit einem solch rekordträchtigen Monument auftrumpfen zu können – aber wie lange noch? Hochrechnungen haben ergeben, dass der Oberkirchen-Turm sich spätestens zum Ende dieses Jahrhunderts, von der Last seines Daseins erschöpft, auf den Boden schmeißen wird. Wenn nichts geschieht.

Doch glücklicherweise haben sich Land, Stadt, ein Förderverein und engagierte Bürger dem Fall des Turmes entgegengestemmt. So bleibt die Hoffnung, dass wir Menschen den Turm, sei es mit guten

Worten, viel Verständnis, Stützkonstruktionen oder großzügigen Gaben von Beton, doch noch irgendwie davon überzeugen können, dauerhaft in seiner aparten Schräglage zu verharren.

64. GRUND

Weil man hier per Fahrrad auf Schienen durch die Luft gleiten kann

So ein Krieg ist doch eine herrliche Sache: Siegreich schlägt man Frankreich, steckt dann den blitzenden Säbel wieder in die Scheide, kehrt umjubelt heim und badet anschließend in den Moneten, die der unterlegene Erbfeind zur Strafe für sein bloßes Dasein ins ruhmreiche deutsche Vaterland schaufeln muss. Ach, gäbe es doch nur mehr Kriege!

So suhlte sich 1871 ganz Deutschland im Sieg, doch selbstverständlich dachte man schon an den nächsten Waffengang: Wohl hatte man dem Franzmann soeben Lothringen abgejagt, doch wenn dieser es wiederwollen würde, müsste man gerüstet sein. Am besten mit Kanonen. Und damit diese sowie das nötige Bedienungspersonal blitzesschnelle zum Brennpunkt des Geschehens spediert werden könnten, baute man kurzerhand eine Eisenbahnstrecke, welche von der Reichshauptstadt in die lothringische Metropole Metz führte: die Kanonenbahn. Der Name war Programm: Wo Eisenbahnstrecken normalerweise Orte verbanden, an denen Menschen lebten, ließ diese sie links liegen, sollte sie doch auf dem schnellsten Weg die Front des künftigen Krieges erreichen.

Dieser kam 1914 … mit der Folge, dass man Lothringen 1918 wieder los war. Und auch der weitere Verlauf des 20. Jahrhunderts war der Kanonenbahn nicht günstig, sodass mit der Zeit viele ihrer Strecken zu Nebenstrecken degradiert wurden, andere gänzlich aus dem Kursbuch verschwanden.

Was mitunter schade war, gab es doch Abschnitte der Kanonenbahn, in der sich eisenbahnerische Ingenieurskunst und natürliche

Schönheit wundervoll durchdrangen – etwa am Lengenfelder Viadukt, wo ein virtuoses Werk aus genietetem Schweißeisen sich dank sechs Fischbauch- und zwei Kastenträgern 244 Meter weit durch die gesunde Thüringer Luft erstreckt und dabei aus seinen 24 Metern Höhe einen fantastischen Halt-mich-fest-ich-bin-nicht-schwindelfrei-Ausblick bietet. So ist es absolut begrüßenswert, dass hiesige Kanonenbahn-Enthusiasten diesen Teilabschnitt wiederbelebt haben – wobei sie nicht etwa Lokomotiven und Triebwagen zum Einsatz bringen, sondern Fahrrad-Draisinen, auf denen vier bis sieben Gäste, teils pedalierend, teils entspannt sitzend, die Schönheit des Weges gemächlichen Tempos genießen können. Übrigens hat die Strecke auch ihren – quietsch, kicher, kreisch – Darkroom: Der 288 Meter lange Entenbergtunnel bietet diskrete erotische Begegnungsmöglichkeiten. Wer Wert auf Sittsamkeit legt, kann sogar – ein entsprechender Antrag beim Standesamt der Landgemeinde Südeichsfeld vorausgesetzt – vor der Tunneleinfahrt noch eben den Bund der Ehe schließen.

65. GRUND

Weil Jena im Grunde das deutsche Chicago ist

Es ist ja nun nicht so, dass die Menschen vergangener Jahrhunderte nicht in die Höhe bauen konnten, man sehe sich nur einmal die vielen mächtig emporragenden Thüringer Kirchtürme an. Allerdings brauchte es sehr lange, bis Menschen auf die Idee kamen, nicht nur Gottes-, sondern auch Menschenhäuser nach ganz oben wachsen zu lassen. Lange Zeit wäre das ein völlig albernes Unterfangen gewesen: Wer hätte schon Hunderte von Stufen steigen wollen, um seinen Lebensmitteleinkauf nach Hause zu tragen? Und außerdem gab es doch wahrlich genug Baugrund: Wenn man mehr Wohnfläche brauchte, setzte man einfach ein neues Haus neben die anderen.

Dieses Prinzip sollte sich erst ändern, als der Aufzug erfunden worden war und jene absolut übertriebenen Städte in jenem absolut übertriebenen Land namens USA akute Platzprobleme in ihren Downtown Areas bekamen. Die Lösung lag im Hochhaus. Begünstigt wurde die Vertikal-Architektur durch den großen Brand Chicagos 1871. Nun hatte man endlich Tabula rasa und konnte neu bauen. Und zwar direkt in den Himmel hinein. So sorgten die Wolkenkratzer Chicagos bald weltweit für enormes Aufsehen, und fortan galt das Hochhaus als perfekter baulicher Ausdruck der industriellen Moderne, zu der ja auch das Prahlerische gehört. Denn der Besitzer eines solchen Skyscrapers konnte wunderbar angeben: Hey, meiner ist viel größer als deiner!

Nun kam hierzulande die Frage auf: Wann erreicht der Chicago-Stil endlich das gute alte Deutschland? In welcher unserer Städte wird das erste »Turmhaus« stehen? Und man staune: Das Rennen machte nicht etwa Berlin, nicht Leipzig, nicht Hamburg, sondern – Jena!

1915 ließ sich die Carl-Zeiss-AG stattliche elf Stockwerke mit einer Gesamthöhe von 43 Metern ins Saaletal setzen, was mitten im Ersten Weltkrieg übrigens nicht gerade einfach war. Doch mit einem nachdrücklichen Verweis auf die enorme rüstungstechnische Relevanz der hier hergestellten optischen Produkte konnte man sämtliche Beschränkungen elegant umgehen. Friedrich Pützer, der Architekt, hatte sich sichtlich von amerikanischen Vorbildern inspirieren lassen, und so erfreut sich Jena seither an seinem Stück Chicago, welches mittlerweile den wunderbar nüchternen Namen »Bau 15« trägt. Der Stolz der Jenaer, das erste Hochhaus Deutschlands zu besitzen, wird nur geringfügig durch den Umstand getrübt, dass es mittlerweile dem Finanzamt ein Obdach gewährt.

Doch Jena ließ es nicht beim Bau 15 bewenden: 1936 setzte Carl Zeiss den Bau 36, auch »Ernst-Abbe-Hochhaus« genannt, direkt daneben, 15 Stockwerke, 66 Meter Höhe – seinerzeit war das europäischer Rekord! Die Hightech-Metropole Jena war nun auch in

Sachen moderne Architektur ganz weit oben. Fortan konnte man fast schon von einer Skyline sprechen. Wenn auch von einer etwas kurzen.

66. GRUND

Weil in Jena ein riesiger Henselmann steht

Jena – das Chicago Thüringens, die Stadt, welche mit immer kühneren Hochhäusern unaufhaltsam nach oben wächst! Bau 15! Bau 36! Da wollten sich auch die Einheitssozialisten nicht lumpen lassen, galt es doch, die neue Zeit mit neuen, fortschrittsfroh emporstrebenden Bauwerken abzufeiern. Das Weichbild der Stadt hatte – für Thüringer Verhältnisse – recht heftig unter den Bombardements des Zweiten Weltkriegs gelitten, immerhin jedoch war das alte Zentrum rund um den Eichplatz noch verhältnismäßig intakt geblieben. So entsprach es ganz und gar der SED-Logik, genau hier die Abrissbirne zu schwingen: Bums, krach, prassel, und schon hatte man Platz für ein neues Zentrum, dessen architektonische Dominante dem damaligen Star-Architekten der DDR anheimgestellt wurde: Hermann Henselmann hatte ja schon auf der Berliner Stalinallee (angesichts der widrigen Planvorgaben) sehr Ansehnliches geleistet.

Für das Jenaer Renommierprojekt zauberte er nun ein aufrecht stehendes Riesenfernrohr aus dem Hut – durchaus angemessen, denn das Gebäude sollte ja dem mittlerweile volkseigenen Kombinat Carl Zeiss als Forschungszentrum dienen. Die Zeissianer stellten sich aber an: Der runde Grundriss wäre doch ganz und gar unökonomisch. So musste Walter Ulbricht persönlich ein Arbeiter-und-Bauern-Machtwort sprechen, und er sprach es pro Henselmann: Der Turm bleibt rund.

Freilich musste sich der Architekt nun gefallen lassen, dass sein Entwurf hier und da ein wenig kastriert wurde: Die runden, an optische Linsen erinnernden Fenster fielen weg, desgleichen der krönende Metallring. Die Errichtung des solcherart verbilligten Henselmann-Turms vollzog sich in sozialistischer Rasanz: Am 30. April 1970 wurde der Grundstein gelegt, am 10. September bereits das Richtfest gefeiert, am 2. Oktober 1972 fand die Einweihung statt: 26 Geschosse, 127 Meter Höhe, mithin hatte Jena das höchste Gebäude Deutschlands, Ost+West!

Doch Zeiss schmollte nach wie vor: Wollen wir nicht, weil für unsere Zwecke völlig ungeeignet. So überließ man den Turm kurzerhand der Uni, was ihm folgerichtig die Bezeichnung »Universitätsturm« einbrachte. Womit wiederum der Jenaer Volksmund nicht zufrieden war: Inoffiziell erhielt er Namen zwischen nicht-ganz-so-originell (»Keksrolle«) bis prima-und-treffend (»Penis Jenensis«).

Seither weist Jenas Innenstadt eine architektonische Dominante auf, welche zwar ringsumher alles erdrückt, doch immerhin ein architektonisches Alleinstellungsmerkmal darstellt. Und irgendwie hat er ja was, der Turm, selbst wenn ihn ein Radikal-Umbau 2000 seiner charakteristischen Riffel-Fassade aus Aluminium und Glas beraubte. Keine Frage: Der erigierte Riesenhenselmann, unverkennbar und einzigartig, ist Jenas neues Wahrzeichen geworden.

67. GRUND

Weil Hindenburgs Füße im Stasi-Bungalow stecken

Thüringen ist geschichtsträchtig – wer nach unserem Herkommen fragt, erhält hier eindrucksvolle Antworten. Über Jahrtausende hat das menschliche Leben in Thüringen seine Spuren hinterlassen, haben Generationen in Denkmal und Bauwerk monumentale Zeugnisse ihres Wesens abgelegt, vor denen wir Nachgeborenen staunend stehen … wobei das eine oder andere steinerne Relikt der Vergangenheit weniger ehrwürdig als vielmehr völlig gaga ist. Aber freilich gehört auch die Absurdität zur Geschichte. Und in diesem Sinne gibt es kaum ein authentischeres deutsches Denkmal als die Hindenburg-Statue am Kyffhäuser.

Paul Ludwig Hans Anton von Beneckendorff und von Hindenburg ging in die Geschichte als jener ein, der Adolf Hitler zum Reichskanzler ernannte, und es gibt nicht wenige, die meinen, dass sich angesichts dieses Faktums jedwede weitere Erörterung Hindenburgs erübrige. Umso mehr, als der Weltkriegsheld und »Sieger von Tannenberg« noch kurz zuvor beteuert hatte, dass er Hitler bestenfalls zum Postminister, aber keinesfalls zum Kanzler machen würde. Kurt von Schleicher, Hitlers Vorgänger im Kanzleramt, stellte Hindenburg nach der Ernennung zur Rede. Dieser, 85-jährig, erwiderte etwas kleinlaut, dass er ohnedies schon mit einem Fuß im Grab stehe und nicht recht wisse, ob er seine Entscheidung demnächst im Himmel bereuen werde. Daraufhin soll Schleicher ihn kühl ausgekontert haben: »Nach diesem Vertrauensbruch, Exzellenz, bin ich nicht sicher, ob Sie in den Himmel kommen werden.« Chapeau! Wo immer Hindenburg nun tatsächlich hinkam – mit seinen Füßen steckt er im Stasi-Bungalow fest. Und das geschah so:

Wie gesagt, heutzutage reduziert man Hindenburg auf den, der Hitler die Tür geöffnet hat, und verachtet ihn folglich; die Nazis hingegen reduzierten Hindenburg auf den, der Hitler die Tür geöffnet hat, und verehrten ihn folglich. Gern auch in Denkmalform. Der Kyffhäuserbund, ehedem ein Dachverband aller deutschen Krieger-Verbände, hatte sich 1938 in den »Nationalsozialistischen Reichskriegerbund« verwandelt und hegte als solcher den Wunsch, eben am Kyffhäuser eine Hindenburg-Statue ... Entschuldigung für dieses undeutsche Wort, es muss selbstverständlich heißen: eine Hindenburg-Bildsäule zu errichten. Der passende Bildsäulenhauer fand sich auch an; man entschied sich für den gebürtigen Eisenacher Hermann Hosaeus, der als Referenz schon eine stattliche Anzahl kernigster Kriegerdenkmäler vorzuweisen hatte. Im Mai 1939 konnte der steinerne Hindenburg geweiht werden, reichlich drei

Meter groß, zehn Tonnen schwer, ernster Blick, die Arme trutzig im Rücken verschränkt. Sämtliche NS-Gliederungen hatten Vertreter entsandt, und der Thüringer Supergauleiter Sauckel sprach Worte. Auch die Urkunde, die in den Sockel eingemauert wurde, war beredt: »Diese Bildsäule des Generalfeldmarschalls v. Hindenburg aus bayerischem Porphyr, d. h. deutschem Urgestein gemeißelt, errichtete der Nationalsozialistische Reichskriegerbund, früher Kyffhäuserbund genannt, 1938 im 5. Jahre der Reichsführung durch Adolf Hitler« und so weiter, blablabla.

Allerdings sollte die Reichsführung durch Adolf Hitler hinfort nicht mehr allzu lange währen. 1945 standen Rotarmisten vor der Bildsäule. Unwillig, wie sich vermuten lässt: Erstens hatte Hindenburg Hitler ins Amt gehievt, und zweitens hatte er 1914 bei Tannenberg den Russen eine mittelschwere Niederlage zugefügt. So beschloss die Besatzungsmacht, es richtig krachen zu lassen: Hindenburg gehöre in die Luft gesprengt. Diesem Vorhaben stand freilich das deutsche Urgestein im Wege: Grüner Porphyr hält ganz schön was aus. So obwaltete schließlich der rotarmistische Pragmatismus: Wenn man den Koloss schon nicht sprengen kann, dann verscharrt man ihn halt, irgendwo in der Nähe. Hauptsache weg.

Der nächste Akt ereignete sich in den 80er-Jahren: Da sich nach Ansicht der Stasi die Stasisten bisweilen vom Stasieren erholen mussten, wurde ihnen ein Ferienheim im schönen Kyffhäuser spendiert. Und was kam da zum Vorschein, als man die Baugrube eines Bungalows aushob? Die Füße des Herrn Generalfeldmarschalls! Was tut man da als findiger Tschekist im Geiste Dzierżyńskis? Genau: Kurzer Prozess, Genossen, Beton drübergießen, Bungalow drauf – fertig!

Doch da die deutsche Geschichte so reich an Wendungen ist, war es den stillen Helden der Staatssicherheit nur kurze Zeit vergönnt, sich über dem Schuhwerk des Helden von Tannenberg auszuruhen. Denn der nächste Akt der Farce sollte bald schon folgen.

Die Wende machte ein Erholungsheim für Stasi-Mitarbeiter überflüssig, so wechselte das »Objekt«, wie so viele seinerzeit, in die Hände eines Wessis, welcher es zum Hotel umfunktionierte. Und davon hörte, dass er quasi eine Leiche im Keller habe: Hindenburg. Der Hotelier begann zu graben – und wenig später erblickte Hindenburg erneut das Licht der Welt, mit nach wie vor perfekt modelliertem Haar, emporgebürsteten Schnurrbartspitzen und statuarischem Gesichtsausdruck: Es war ihm nicht im Mindesten anzumerken, ob es ihn irgend störte, mit den Füßen im Stasibungalowbetonfundament festzustecken.

Und nun resümieren wir den ganzen Hindenburg: Der Kaiser hat ihn zum Feldmarschall erhoben, die Weimarer Republik zum Präsidenten gewählt, die Nazis haben ihn in Stein gemeißelt und aufgerichtet, die sowjetischen Besatzer haben ihn umgelegt und eingebuddelt. Die realsozialistische Stasi hat einen Erholungsbungalow auf seine Füße gesetzt und die Freie Marktwirtschaft seinen Oberkörper freigelegt.

Wenn wir ein »Nationaldenkmal für die absurde Seite der deutschen Geschichte« brauchen – hier in Thüringen haben wir es bereits!

68. GRUND
Weil hier ein Zentimeter Autobahn 100 Euro wert ist

Mancher mag sich noch daran erinnern, dass es eine Zeit lang etwas kompliziert war, Thüringen in westlicher oder südlicher Richtung zu verlassen. Ähnliches galt auch, wenn man das grüne Herz Deutschlands aus jenen Richtungen erreichen wollte – ragte doch ein antifaschistischer Schutzwall zwischen den beiden deutschen Staaten auf, der den Verkehrsfluss merklich behinderte. Nachdem aber die Mauer gefallen war, gerieten die Menschen und Dinge mächtig in Bewegung, wobei der Verkehr in Ost-West-Richtung einigermaßen flüssig rollte, zwar war die A4 etwas in die Jahre gekommen, aber immerhin war sie da.

Anders lagen die Dinge, wenn der Thüringer in den Süden wollte – oder der Süden nach Thüringen. Hier gab es zwar so schöne Straßen wie die B4; allerdings waren diese nicht im Mindesten für die Erfordernisse des modernen Massenverkehrs ausgelegt. So war den Planern alsbald klar, dass eine Autobahn hermüsse – und zwar quer durch den Thüringer Wald. Das war an sich schon eine technisch recht anspruchsvolle Aufgabe, umso mehr aber noch in Zeiten, wo nicht jeder die Ankunft von Beton in der vormals irgendwie doch noch unberührten Natur freudig begrüßte. Folglich galt es, den Bau der Bahn so ökig wie nur möglich zu vollziehen. Was man zum Beispiel dadurch erreichte, dass man sie vorübergehend den Blicken entzog: So konnten es die Sprengmeister mal richtig krachen lassen, etwa am Tunnel Rennsteig, der mit knapp acht Kilometern der längste seiner Art in ganz Deutschland ist. Gleichfalls imposant ist die Talbrücke Wilde Gera, deren mächtiger Stahlbetonbogen den Autofahrer in 110 Meter Höhe über das namensgebende Flüsschen brettern lässt, ihre Spannweite von 252 Metern war noch bis vor Kurzem deutscher Rekord. Insgesamt brachte man es im Thüringer Teil der A71 auf sechs Tunnel und 55 Brücken, und selbstverständlich war man auch so artig, an die Bedürfnisse der Fauna zu denken. So weist die A71 jede Menge Wildwechsel auf, wobei sich der Autoverkehr den Tieren nicht selten räumlich unterordnet: Sogenannte »Grünbrücken« erlauben es den Vierbeinern des Thüringer Waldes, hoch oberhalb des Fahrzeugstroms bequem von A nach B zu gelangen.

Freilich war so viel Vergnügen nicht ganz zum Nulltarif zu haben: Die Kosten der A71 summieren sich auf satte zwei Milliarden Euro. Bei gut 200 Kilometern Länge entfallen so rund 10 Millionen Euro auf den Kilometer, immerhin noch 10.000 Euro auf den Meter, 100 Euro auf den Zentimeter. Und damit genießt jeder, der so den Thüringer Wald durchquert, ein exquisites Luxusdasein – fährt er doch auf der wertvollsten Autobahn, die Deutschland zu bieten hat.

7. KAPITEL

Geniale Erfindungen, grossartige Erfolgsprodukte

Weil hier der weltweit erste Kindergarten war

Es gibt nichts Schöneres als die Kinder – nein, hier dulde ich keinen Widerspruch: Es gibt nichts Schöneres als die Kinder! Kinder sind reines Glück. Kinder sind wundervoll. Man könnte sich den ganzen Tag von ihnen bezaubern lassen. Das Problem liegt allein darin, dass man sich auch den ganzen Tag von ihnen bezaubern lassen muss. Denn sie verlangen das: Papa guck mal hier Papa mach mal da Papa wo ist dies Papa hol mal das will Saft will Müsli will raus will rein Papa Mama soll kommen und so weiter.

Das ist wirklich alles wundervoll, aber zuweilen will man das Wunder Wunder sein lassen und sich profaneren Dingen widmen, wie zum Beispiel: Spülmaschine ausräumen, Geld verdienen, Lebensrätsel lösen, Freunde anrufen, Fingernägel schneiden. Bei all diesen Tätigkeiten sind unsere Wunder-Kinder – nun, wie soll man's sagen? – mitunter etwas hinderlich. Angesichts dieses Umstands kann man die Erfindung des Kindergartens gar nicht genug preisen: Des Morgens verpackt man den Racker in Latzhose und Jacke, dann nimmt man ihn an die Hand und geleitet ihn zum nahen Kindergarten, wo er auf andere Wunder-Kinder trifft, etwa Lea, die ihn bezirzt, oder Leandro, dem er die Holzschiene auf den Kopf hauen kann. So sind alle glücklich, Papa winkt noch einmal zum Abschied und kann sich sodann seinen Pflichten verschreiben, wie zum Beispiel jener, ein Loblied auf den Kindergarten zu singen.

Und wem ist dieses Loblied gewidmet? Wem verdanken wir diese lebensrettende Erfindung? Natürlich einem Thüringer! Um ein Haar wäre es Johann Samuel Ferdinand Blumröder (1793–1878) gewesen, seines Zeichens Pfarrer in Marlishausen, unweit Arnstadts im Wipfratal gelegen. Blumröder hatte 1838 die richtige Idee, nämlich die einer Einrichtung, in der Kinder temporär von qualifiziertem Personal – hier: einer Witwe aus dem Dorf und ihm selbst – betreut werden. Nichtsdestotrotz sollte sich Blumröders Erfindung auf dem Weltmarkt nicht durchsetzen – lag's vielleicht am Namen? »Kleinkinderbewahranstalt« klingt wahrlich nicht wohltuend. Wie positiv hebt sich dagegen doch der Begriff ab, der Friedrich Wilhelm August Fröbel im Frühjahr 1840 auf einer Wanderung zuflog, und zwar als »Offenbarung«, wie er hernach selber betonte: »Kindergarten«. Da ist doch alles drin, das Blühende, Gesunde, Gedeihende, von frischer Luft umweht und warmer Sonne beschienen, ach, ist's nicht eine Lust zu leben? Kein Wunder, dass dieses schöne deutsche Neuwort alsbald seinen Siegeszug um die ganze Welt antrat, ja heutzutage in so viele fremde Sprachen eingegangen ist wie ansonsten höchstens noch Weltschmerz, Wanderlust und Blitzkrieg.

Dabei war der Kinder-»Garten« kein leerer Begriff: Seinerzeit erblickte man im Kind einen noch unfertigen Erwachsenen. Das Revolutionäre an Fröbels Konzept bestand nun darin, das Kind nicht als Rohstoff anzusehen, welchen man erst zum Menschen formen muss, sondern als Inbegriff des Menschlichen überhaupt. »Die Kinder sollen nicht bewahrt und belehrt werden«, forderte er, »sondern glücklich sollen sie im Sonnenlicht wachsen, erstarken und sich entwickeln.« Im zartkeimenden Pflänzchen Kind sei alles schon angelegt, hier bedarf es nur noch der behutsamen gärtnerischen Pflege: »Erziehung ist Beispiel und Liebe, sonst nichts.«

Wobei es Fröbel mitnichten darum ging, den Müttern die Kinder abzunehmen (Väter hatten seinerzeit mit Kleinkinderziehung ohnehin nix am Hut). Stattdessen sollten die Mütter, so Fröbels Kindergartenkonzept, mit in die Einrichtung kommen, um hier von kundiger Seite zu lernen, wie Kinder zu bespielen seien. Dabei gab Fröbel ihnen die passenden Hilfsmittel an die Hand: Unter dem ebenso euphorischen wie schönen Titel *Kommt, lasst uns unsern Kindern leben!* veröffentlichte er 1844 in Blankenburg seine, so der Untertitel: »Mutter- und Kose-Lieder. Dichtung und Bilder zur edlen Pflege des Kindheitslebens«. Dort fanden sich Bewegungsspiele wie etwa das »Strampfelbein«: Die Mama nimmt die Beinchen des Kleinchens und bewegt diese rhythmisch, wobei sie singt: »Flugs gib mir das Strampfelbein / Wollen schlagen aus Mohn und Lein / Öl fürs Lämpchen zierlich, klein / Dass es brenne hell und rein / Wenn Mutterlieb in langer Nacht / fürs liebe kleine Kindchen wacht«.

Oder:

»All-all, mein Kind, all-all! / Das Süppchen ist nun all. / Ei! Wo ist's denn hingekommen? / Mündchen hat's zu sich genommen / Züngchen hat's zurück gedruckt / Kehlchen hat's hinab geschluckt / Mäglein hat es schön verdaut / Noch vom Zähnlein nicht gekaut. / Drum ist mein Kind auch wohlgemut / Und weiß und rot, wie Milch und Blut!«

Man merkt: Fröbels Idee, dass Mütter ihren Kindern die Vielfalt des Lebens spielend und singend nahebringen, ist ganz allerliebst, wiewohl ihm die Dichtung mitunter noch etwas rumpelig gerät und die Bilder etwas verstörend sind.

Ungleich einflussreicher und langlebiger war das von Fröbel konzipierte Holzspielzeug: Die Kleinen sollten die geometrischen Elementarformen Kugel, Zylinder und Würfel – im wahrsten Sinne des Wortes: be-greifen, um dann aus ihnen die tollsten Dinge zu bauen. Den Einfluss dieser Fröbel'schen Bauklötze kann man kaum überschätzen. Im Grunde haben sie die Formensprache des 20. Jahrhunderts vorweggenommen. Das halbe Bauhaus besteht aus Kugel, Zylinder, Würfel, und, durch eben jenes Bauhaus vermittelt, auch ein Großteil unserer Architektur, unserer Kunst, unseres Produktdesigns. Wobei Fröbels direkte Wirkung bis nach Amerika reichte: Der nachmalige Star-Architekt Frank Lloyd Wright spielte als kleiner Junge jahrelang mit seinen »Froebel Gifts« und empfing hier nachhaltige Inspiration: Er spüre, so bekannte er als reifer Mann, »noch bis zum heutigen Tage diese Klötze aus glattem Ahorn in meinen Fingern«. Tja, wie hatte schon Fröbel gewusst: »Die Spiele dieses Alters sind die Herzblätter des ganzen künftigen Lebens.«

Und wenn wir nur diese drei Dinge aus Fröbels Schaffen nähmen: Die Erkenntnis, dass man das Kind aus dem Kinde selbst be-
greifen muss, das Konzept Kindergarten (samt dieses wunderbaren
Wortes) und jene epochalen Bauklötze – wer käme ihm an Bedeutung gleich?

Weil Steinach das Weltmonopol hatte

Wir wollen zunächst einmal darstellen, wie es richtig geht: Im guten,
alten Urmeer schwebten einst feinste Tonmassen umher, bis diese
sich endlich auf dem Grund niederließen, um eine Sedimentations-
Ebene zu bilden. Durch den dort unten herrschenden Hochdruck
verwandelte sich die niedergelassene Tonmasse bald in Tonstein.
Etwas später, als die Frühzeit unserer Erde im Karbon zu Ende ging,
faltete der Planet in einer quasi pubertären Anwandlung die Mittelgebirge auf. Dadurch sah sich unser Tonstein erheblicher Hitze
und hohem seitlichen Deformationsdruck ausgesetzt, was zur Folge
hatte, dass er kristallisierte und in dünne Platten brach: Schiefer war
entstanden. Wenn diese Plattenbrüche parallel zur Sedimentations-
Ebene des Urmeeres verliefen, hatte die Natur alles richtig gemacht:
Folglich sprechen wir dann von »wahrer Schieferung«.

Nun nahm sich die Natur freilich schon damals allerhand heraus:
Mitunter brach sie die Platten kreuz oder quer zur Sedimentations-
Ebene, dann spricht der Mensch – mit berechtigtem Tadel – von
»falscher Schieferung«.

In seltensten Ausnahmefällen neigte die Natur aber auch zu völlig anarchischen, durch nichts mehr zu rechtfertigenden Kapriolen:
Dann schieferte sie an ein und der selben Stelle sowohl wahr als
auch falsch, sodass sich die Bruchebenen schnitten.

Was das bedeutet, lässt sich unschwer ermessen: Wo die Natur
noch einigermaßen vernünftig geschiefert hatte, entstand prima

Schiefer, den der Mensch entlang der Bruchebenen zu Platten spalten kann, und mit diesen Platten kann er vielerlei Schönes anstellen – zum Beispiel seine Häuser decken. Oder die Fassaden seiner Häuser verkleiden. Wenn man heute durchs Thüringer Schiefergebirge wandert, freut man sich immer wieder an den wunderbar stilvollen, in schwarzblauem Schieferglanz schimmernden Ortsbildern. Auch die offen gelassenen Schieferbrüche und die Schieferhalden tragen durchaus zum Zauber der Region bei.

Nach dieser erhebenden Betrachtung müssen wir jedoch dringend auf jene merkwürdige Alfanzerei der Natur zurückkommen: Was geschah dort, wo sie sowohl wahr als auch falsch geschiefert hatte? Nun: Wo sich die Bruchebenen schnitten, waren kantige Stäbchen entstanden, und mit diesen kann man wohl kaum ein Dach decken. Oder eine Fassade verkleiden. Es bedurfte erst des Genies einer thüringischen Kleinstadt, um aus dem Bruchmaterial noch Verwertbares zu schaffen. Tafelförmiger Schiefer hatte sich ja zu Schiefertafeln verarbeiten lassen – und nun kreierte Steinach, etwas nördlich von Sonneberg gelegen, aus den dortselbst gewonnenen kantigen Stäbchen jene Griffel, mit denen sich auf den Tafeln schreiben ließ! Mit dieser Schöpfung begründete Steinach ein Quasi-Weltmonopol: Wo immer Schulkinder fortan ihre ersten Buchstaben auf eine Schiefertafel schrieben, taten sie es mit einem Steinacher Griffel.

Dieser, angespitzt, ritzte einen flachen Strich in die Tafel. Der abgeriebene Schiefer hinterließ eine graue Spur, die sich vom Schwarz der Tafel abhob – und durch ein feuchtes Schwämmchen wieder zu beseitigen war. Ein perfektes Prinzip. Mit minimalen Schwächen, etwa der, dass sich mit der Zeit die einstmals glatte Oberfläche der Tafel durch die ständigen Ritzungen etwas aufraute, was hinfort beim Schreiben Quietschkreischknirschgeräusche erzeugte, die kein lebendiger Mensch ertragen konnte. So setzte sich mit der Zeit der »Buttergriffel« durch, ein bleistiftähnliches Machwerk, dessen weiße Mine ihre Spuren auf der Tafel hinterlässt. Und schließlich wurde auch dieser ausgemustert: industriell gefertigtes Papier war so billig geworden, dass kein Kind mehr Tafel und Schwämmchen brauchte. Und leider auch keinen wahren falschen Schiefer aus Steinach – wo heute immerhin noch ein Schiefermuseum von einstiger Weltbedeutung zeugt.

71. GRUND
Weil hier das Weiße Gold nacherfunden wurde

»Nicht anfassen! Wir müssen sofort ... die Polizei alarmieren!«

Meine Finger krallten sich in ihren Oberarm. »Oh Gott«, presste ich noch tonlos hervor, »wer hat das getan?« So verharrten wir, schwer atmend, für Sekunden, für Ewigkeiten, auf diesem Feldweg knapp hinter Plaue, und starrten auf das Unfassbare, was da vor uns am Rand des Ackers lag: ein Frauenkopf.

Ich versuchte, sie fortzuziehen, doch sie hielt dagegen. Es wurde zu viel für mich: »Los! Weg hier! Wir brauchen ein Telefon. Du kannst nichts mehr für sie tun!« Die letzten Worte schrie ich ihr ins Gesicht – in ein Gesicht, das, seltsam genug, irgendwie seine Fassung wiederzugewinnen schien: Ihr Mund verhärtete sich, ihre Augen fixierten, mich nicht achtend, den Acker. Zwischen ihren Brauen bildete sich eine kleine vertikale Falte aus. »Warte«, sagte sie, und ihre Stimme klang wie kalter Stahl, »ich habe eine Hypothese. Lass mich nachdenken.«

»Wozu, verdammt? Du kannst das da nicht ungeschehen machen.«

»Ja. Aber sag mal, wie groß schätzt du diesen Kopf im Durchmesser?«

Ich kämpfte mit mir, überwand das Grauen, drehte mich um und wagte erneut den Blick auf das Unfassbare da zu unseren Füßen.

»Was weiß ich!? Anderthalb Zentimeter! Zwei Zentimeter! Irgendwas!«

»Gut. Und wie groß schätzt du den Durchmesser … etwa: meines Kopfes?«

»Was soll das? Es ist nicht die Zeit für kindische Fragespiele! Vielleicht 15 Zentimeter! 20! Das ist doch jetzt völlig egal!«

»Gut«, quittierte sie, plötzlich sehr souverän, »nun höre: Aus dieser Größendifferenz und einigen anderen Beobachtungen folgere ich«, sie hielt inne, ganz im Genuss dieses, ihres Augenblicks, »dass es kein Menschenkopf ist.«

»Sondern?«

»Sondern der einer kleinen Porzellanfigur.«

Mein Griff wurde kraftlos. Sie wand sich an mir vorbei, hob das Ding auf und hielt es mir, zwischen Daumen und Zeigefinger geklemmt, mit triumphaler Geste ins Gesicht: »Hier!«

Und, was soll ich sagen: Sie hatte recht. Wieder einmal.

Ich gewann Contenance, betrachtete das winzige Frauenhaupt, das traurigerweise auch einen Teil seines Unterkiefers eingebüßt hatte. Die Haare in neckische Schneckchen geflochten, die Nase leicht griechisch gebildet. Wehmut beschlich mich: »Zu Lebzeiten muss sie wunderschön gewesen sein.«

»Ts«, sagte sie, und schnippte das Köpfchen fort. Wir ordneten unsere derangierte Oberbekleidung und gingen weiter, die Augen fortan auf den Acker gerichtet, wo wir noch so manchen Porzellanrest fanden. Offenbar hatte irgendwer, aus welchen Gründen auch immer, den Bruch einer der vielen nahen Porzellan-Manufakturen über den Acker verteilt. Vielleicht war unser Erlebnis gar nicht so außergewöhnlich, denn tatsächlich war Thüringen zu seiner Glanzzeit, etwa um 1900, das Kernland der deutschen Porzellan-Produktion: Seinerzeit gab es hier knapp 400 Manufakturen – mehr als irgendwo sonst in Europa. Hergestellt wurde alles von ganz profan (zum Beispiel Toilettenabzugskettengriff) bis hochkünstlerisch (zum Beispiel unbekleidete blonde Tänzerin in pläsierlicher Pose).

Im Grunde hatte ein Thüringer sogar das europäische Porzellan erfunden – nacherfunden, wenn man es genau nimmt, denn nämlicher Georg Heinrich Macheleid machte seine Entdeckung zwar unabhängig von Böttger (dessen Rezeptur ja ein Staatsgeheimnis war), jedoch erst 1757, also 50 Jahre später. Aber immerhin! Und da Thüringen einerseits die notwendigen Rohstoffe hatte und andererseits fleißige Menschen mit ausgeprägtem Erwerbssinn, kam es zu oben erwähntem Boom. Selbst den Sozialismus überstand die Thüringer Porzellanbranche, ohne zu Bruch zu gehen. Und auch heute noch werden hier ebenso hübsche wie fragile Kostbarkeiten gefertigt: Die Thüringer Porzellanstraße gibt auf ihren 340 zum Teil recht verschlungenen Kilometern interessanteste Einblicke in Geschichte und Gegenwart des Weißen Goldes. Vielerorts kann man die prachtvollen Stücke auch erwerben. Wer sich aber schon mit Scherben zufrieden gibt, sei auf die Äcker verwiesen.

72. GRUND

Weil Thüringen der Welt den Gartenzwerg gab

Unter all den Dingen, die Thüringen der Welt geschenkt hat, bedarf eines der vorzüglichen Erwähnung: der Gartenzwerg.

Nun ist es freilich nicht so, dass Thüringen sich diese kulturelle Leistung allein an die Fahne heften könnte, nein: Zwergenhafte Statuetten zwecks Verzierung des Gartens wurden schon in der Antike produziert. Aber erst hierzulande hat man die Sache in großem Stil aufgezogen. Und ihr System gegeben.

Denn der Gartenzwerg jener Gestalt, die wir schätzen und lieben, erblickte um 1880 in Gräfenroda, unmittelbar südlich des 490 machtvolle Meter aufragenden Läusebühls an der Gera gelegen, das Licht der Welt, anscheinend als synergetische Schöpfung zweier Konkurrenten: Philipp Griebel und August Heissner. Gemeinsam brachten sie den Zwerg auf den Weg, zunächst, indem sie sein Wesen definierten: Der deutsche Gartenzwerg ist stets männlichen Geschlechts, trägt eine rote Zipfelmütze sowie einen Old-Dutch-Bart

(Vollbart minus Schnauzbart). Dieser ist, ebenso wie das zottige Haupthaar, von weißer Farbe, was Schlüsse auf das Alter zuließe, wenn für Zwerge nicht womöglich ganz andere Gesetze gälten. Der deutsche Gartenzwerg geht einer Beschäftigung nach, und zwar zumeist einer – wen wundert's – gärtnerischen, jedoch kommen auch Bergbauzwerge vor. Zuweilen ruht sich der Zwerg auch aus, mitunter liegend, mitunter sitzend; zu seinen Leidenschaften zählt in erster Linie das Saugen an der Zwergenpfeife, welche vermutlich mit Tabak gefüllt ist.

So ging der Zwerg nun in Massenfertigung, fleißige Gräfenrodaer brannten ihn aus Ton und bemalten ihn liebevoll per Hand, anschließend wurde er in sämtliche Himmelsrichtungen verschickt, fand sich bald in zahllosen Vor-, Hinter- oder Kleingärten wieder und avancierte so zum treffendsten Ausdruck treudeutscher Biederkeit – halt, nein: Das ist ein Vorurteil! Denn keinesfalls beschränkte sich der Wirkungsbereich des Zwerges auf Deutschland, ist dieser kleine Mann doch zum europäischen Phänomen geworden – in der Schweiz erfreut er sich ebensolcher Beliebtheit wie in Frankreich oder England. Scheinbar ist es bestens um den Gartenzwerg bestellt – wären da nicht gewisse Krisensignale.

Zunächst das der Plastik-Krise: Selbstverständlich lassen sich in Fernost billigste PVC-Kopien der wundervollen Gräfenrodaer Originale fertigen; so steht zu befürchten, dass auch dieses Spitzenerzeugnis deutscher Handwerkskunst dereinst die Gera runtergehen könnte. Dann ist der gute alte Gartenzwerg irgendwie in den Ruch der Spießigkeit gekommen, weshalb neuerdings, hahaha, »kecke, unkonventionelle« Kreationen auf den Markt schwappen: Zwerge mit »coolen« Sonnenbrillen, Zwerginnen (pfui!), Zwerge mit E-Gitarren oder provokanten Mittelfingern; demnächst werden wir vermutlich auch die Modelle »Cracknutte« und »Exekutionskommando« haben. Das ist nicht richtig!

Und dann gibt es schließlich noch extremistische Geheim-Banden, die da behaupten, der Gartenzwerg würde gegen seinen Willen im Vorgarten festgehalten und zur Gartensklavenarbeit gezwungen: Die französische »Front de Libération des Nains de Jardin« zum Beispiel befreit die Zwerge in nächtlichen Kommandoaktionen, um sie sodann im Wald auszusetzen, was sie wiederum fotografisch dokumentiert. Eine Variante hiervon ist der »Travelling Gnome Prank«: Hierbei wird ein Gartenzwerg entführt und in allerlei ferne Orte geflogen, wo er für Erinnerungsfotos posieren muss, welche dann per Internet verbreitet werden. Vorbild dieses merkwürdigen Tuns ist offensichtlich der Kino-Hit *Die fabelhafte Welt der Amélie*, wo einem Zwerg genau dieses Schicksal widerfährt. Kein Zweifel: Gräfenrodas Erfindung hat mittlerweile eine globale Wirkung entfaltet, man darf auf die Zukunft des Zwerges gespannt sein.

73. GRUND
Weil für Sonneberg alles ein Kinderspiel war

Einst, in der Vor-Plastikzeit, war die Holzpuppe ein vielbegehrtes Spielzeug, und die Schnitzer und Drechsler rund um Sonneberg waren virtuos darin, schöne Puppenkörper zu fertigen. Körper – denn für filigran gearbeitete Köpfe war das Holz einerseits zu störrisch, andererseits zu brüchig. Um dieses Übel zu umgehen, trat ein anderes Handwerk auf den Plan: das des Bossierers. Dieser formt die Dinge aus nachgiebigem Material; die Sonneberger Bossierer entschieden sich dabei für eine Teigmasse aus Schwarzmehl und Leimwasser. Daraus ließen sich wundervolle Köpfe bossieren, welche sodann, auf wundervolle Holzkörper gesetzt, das Ganze mit wundervollen Farben bemalt, aus Sonneberg ihren Weg in die weite Welt nahmen. Bis hin ins ferne Amerika. Wo die Qualitätspuppen aus Thüringen bei ihrer Ankunft allerdings für Irritationen sorgten – waren sie doch kopflos. Schiff. Mäuse. Teig. Lecker.

Ein kleiner Fehlschlag einer ansonsten heftig prosperierenden Branche: Zu ihrer Spitzenzeit, unmittelbar vor Ausbruch des Ersten

Weltkriegs, kam etwa ein Fünftel der Welt-Spielzeugproduktion aus Sonneberg! Man stelle sich vor: ein Fünftel! Der Welt! Aus Sonneberg!

Begonnen hatte diese Erfolgsgeschichte im späten Mittelalter, als Nürnberger Kaufleute, die unterwegs zur Leipziger Messe waren, die Thüringer Waldbewohner aufforderten, aus ihrem vielen Holz doch mal ein paar schöne Dinge zu schnitzen. Bald brachten es die Sonneberger hier zu großartigen Fertigkeiten – und nahmen schließlich auch den Vertrieb in die eigene Hand.

Im Laufe der Jahrhunderte stellte sich anderswo der Fortschritt ein: Ehedem handwerkliche Produktionen wurden industrialisiert, um mittels großartiger Maschinen ins Immermehr und Immerschneller zu gelangen. Nicht so in Sonneberg. Hier wurden die Spielzeuge weiterhin per Hand gefertigt, nicht selten in Heimarbeit – was übrigens eine unschöne Folge hatte: Jene Dinge, die den einen Kindern Freude machten, machten den anderen Kindern Kummer, denn auch die kleinsten Sonneberger wurden in die Produktion eingespannt, etwa wenn es galt, Pappmaschee-Pampe in Puppenform zu pressen.

Die Weltkriege waren der Sonneberger Spielzeugproduktion nicht gerade zuträglich, später führte der Sozialismus zu starkem Fabrikantenschwund. Was übrig blieb, wurde in den 50ern zum »VEB Sonni Spielwaren« ausgebaut, welcher hinfort die DDR-eigenen Kinder und jene der sozialistischen Bruderländer, aber auch den Nachwuchs des kapitalistischen Klassenfeinds mit teils sehr hübschen Kuschelpuschelpuppen beglückte.

Wiewohl die Tage, da Sonneberg die Kinderzimmer der Welt beherrschte, nun lange vorbei sind, ist das Spielzeug nach wie vor äußerst präsent in der Stadt – nicht zuletzt im sehenswerten Spielzeug-Museum, dessen älteste Exponate zeigen, dass auch schon die kleinen Mädchen und Jungen der Antike ihren Spaß hatten.

Weil Deutschland sich hier seiner selbst versicherte

Bedenken Sie doch nur einmal, was alles passieren kann, während Sie diese Seite lesen! Dieses Buch könnte plötzlich explodieren, ein tieffliegender Albatros könnte sich durch Ihre Fensterscheibe bohren, die Spanische Inquisition vor der Tür stehen, das Magnetfeld der Erde sich verkehren – uiuiui, das Leben ist allzu gefährlich, Un-, Not- und Schadensfälle jedweder Art sind möglich, und wenn auch beileibe nicht alles eintritt, wovor man sich fürchten kann, ist es doch eine enorme Beruhigung, dass es Versicherungen gibt. So zumindest empfindet der moderne Mensch, und folglich lässt er ziemlich alles versichern, was irgendwie erhaltenswert ist, und sei es – wie im Falle einer amerikanischen Sängertänzerin – die eigene Backside, in deren Schadensfall, wie man hört, 27 Millionen Dollar fällig würden, wobei es nicht lautbar wurde, gegen welche Art Schaden jene Backside versichert ist – Hagelschlag?

Gleichwohl: Das Versicherungswesen ist eine feine Sache, besonders das deutsche Versicherungswesen, und dieses verdanken wir zu einem nicht geringen Teil der Stadt Gotha, genauer gesagt deren Bürger Ernst Wilhelm Arnoldi.

Arnoldi kam 1778 als Sohn eines renommierten Kaufmanns und Fabrikanten zur Welt. Unter anderem betätigte sich Arnoldi senior als Teilhaber einer Tabak-Manufaktur – welche sich 1818 brandbedingt in Rauch auflöste. Zwar war die Bude versichert, die Schadensregulierung jedoch gestaltete sich schwierig. Zu jener Zeit nämlich gab es im kleinstaatlichen Deutschland kein nennenswertes Versicherungswesen, sodass die deutschen Gewerbetreibenden, so auch Arnoldi senior, genötigt waren, sich bei der Londoner Phoenix Assurance abzusichern. Doch diese verweigerte ihm nun jedwede Zahlung.

Das rief den Unwillen des Juniors hervor, das und noch mehr: Warum, fragte sich der Patriot Ernst Wilhelm Arnoldi, schaufeln wir eigentlich unser gutes deutsches Geld in ausländische Versicherungen? Was den rechtschaffenen Kaufmann zudem ärgerte, war der Umstand, dass die englischen Versicherungen in der Regel Aktiengesellschaften waren. Das hieß: hohe Versicherungsprämien, geringe Leistungen, hohe Dividenden, feixende Londoner Aktionäre.

Dieses, beschloss Arnoldi, sei nicht mehr hinnehmbar, und so rief er kurzerhand eine eigene Versicherung ins Leben. Dabei leiteten ihn zwei Gedanken: Erstens wollte er die kleinstaatlichen Grenzen sprengen, sein Plan war es, in ganz Deutschland tätig zu werden, nur so konnte man den englischen Konkurrenten Paroli bieten. Und zweitens rückte Arnoldi vom Aktionärsprinzip ab: Das Unternehmen sollte den Versicherungsnehmern selbst gehören – alle, die sich versichern wollen, zahlen ihre Prämien in einen großen Topf ein, aus dem dann die Schäden reguliert werden. Und für den Fall, dass der Topf zu voll wird, fließen die Überschüsse wieder zurück an die Versicherungsnehmer. Wohl hat Arnoldi dieses Prinzip des »Versicherungsvereins auf Gegenseitigkeit« nicht erfunden (dergleichen gab es auch schon in England), doch war er es, der den Mut hatte, diese Idee in Deutschland umzusetzen, und zwar in großem Stil und mit hoher fachlicher Kompetenz. 1820 hob er in Gotha die »Feuer-Versicherungsbank für den deutschen Handelsstand« aus der Taufe, deren Direktorat er zunächst selbst übernahm, und zwar unbesoldet. Das Unternehmen sorgte bald für beste Laune bei seinen Mitgliedern: Nach dem ersten Geschäftsjahr wurden ihnen 31 Prozent ihrer Beiträge zurückerstattet, nach dem zweiten sogar 64 Prozent. So sah Arnoldi sich motiviert, ein weiteres Projekt zu starten: Eine Lebensversicherung, denn diese, so wusste er, »fördert Ehefrieden, Erwerbslust, Ordnung und Sparsamkeit«. Auch hier hatte man in Gotha recht unselige Erfahrungen mit englischen Anbietern gemacht: Herzog Friedrich IV. von Sachsen-Gotha-Altenburg war hochverschuldet, weshalb seine Gläubiger sein Leben bei einem Londoner Unternehmen versichern ließen. Als Friedrich 1825 starb, winkten die Briten ab: Der Herzog sei wohl an den Spätfolgen einer 1793 erlittenen Kriegsverletzung dahingeschieden, und diese hätte in den ärztlichen Attesten keine ausreichende Erwähnung gefunden, überdies wäre er ja wohl auch nicht mehr ganz klar in der Birne gewesen, also kein Geld, tut uns echt total leid, mit vorzüglicher Hochachtung und Tschüss. So wurde die Gründung der »Lebensversicherungsbank für Deutschland« auch von einer kleinen Welle patriotischer Empörung getragen. 1829 nahm das Projekt seinen Betrieb auf, Arnoldi hatte sich der Mitwirkung hoch qualifizierter Mediziner und Versicherungsmathematiker versichert. Demzufolge florierte bald auch die Lebensversicherung bestens.

In den letzten Jahren seines Lebens widmete Arnoldi sich wieder verstärkt seinen unternehmerischen Tätigkeiten, unter anderem unternahm er leidenschaftliche Anstrengungen, die zuletzt in Deutschland arg rückläufige Runkelrübenzuckerfabrikation wieder in Schwung zu bringen. Vielleicht waren es zu viele Anstrengungen: 1841 starb der deutsche Versicherungspionier, womöglich an den Folgen einer dauerhaften Überarbeitung. (Es bleibt nur zu hoffen, dass er versichert war!)

Weil hier die urdeutsche Weihnachtsgurke geboren wurde

Ach, unser gutes Vaterland ist doch so reich an schönem Brauchtum, und gerade in der Weihnachtszeit bringt doch so manches Althergebrachte die tiefempfindende deutsche Seele zum Leuchten. Wer kennt zum Beispiel nicht den lieblichen Brauch der Weihnachtsgurke, welche, aus filigranem Glas gefertigt und versteckt im Weihnachtsbaume aufgehängt, jenem Kind, das sie entdeckt, ein feines Extra-Geschenk beschert?

Was? Sie kennen diesen Brauch nicht? Wie bitte? Keiner kennt diesen Brauch? Äh ... verdammt: Das dürfen die Amerikaner auf keinen Fall erfahren! Denn in den USA gilt die Gurkensuche als Inbegriff deutscher »Gemutlikkeit«, und um diese nachleben zu können, kaufen die Amis Weihnachtsgurken wie blöde, bevorzugt natürlich von dorther, wo diese zu Hause sind, also aus Deutschland. Und wenn je über den großen Teich dränge, dass die Gurke in der deutschen Weihnacht überhaupt nicht kulturell verwurzelt ist, könnte dieses zu Umsatzeinbußen bei der hiesigen Weihnachtsgurkenexportindustrie führen, und das will doch wirklich keiner. Schon weil dann das kleine thüringische Städtchen Lauscha in Mitleidenschaft gezogen würde, in welchem die Gurke mit großem Erfolg geblasen wird. Und, so vermutet man: in welchem die weihnachtliche Glasgurke auch um 1900 herum erfunden wurde, zu welchem Zweck auch immer.

Dass Lauscha zu innovativen Glasprodukten imstande war, verwundert jedoch wenig: Dieser Ort ballt so viel Glas-Kompetenz wie kaum ein zweiter auf der Welt. Wo andere Städte Gewerbe hervorgebracht haben, hat hier das Gewerbe die Stadt hervorgebracht: Die Keimzelle Lauschas war eine von Hans Greiner und Christoph Müller 1597 im Tal des Lauschabaches gegründete Zweifamilien-Glashütte. Bald boomte die Lauschaer Produktion, weitere Glasmeister kamen hinzu. Andererseits machten sich in späteren Zeiten oftmals die nicht erbberechtigten Söhne mitsamt ihres Know-how auf in die Welt, um woanders Glasfertigungen zu gründen: Lauscha machte Schule.

Im 18. Jahrhundert kam eine neue Technologie in den Ort: das Glasblasen vor dem offenen Brenner, mittels dessen der Glasbläser, oftmals in Heimarbeit, aus kleinen Glasröhren oder -stäben allerlei filigrane Schönheiten herstellt. Und hieraus, so die Fama, entstand in der Adventszeit 1847 etwa ganz Großartiges: Einem armen Glasbläser gebrach es am Gelde, den Baum seiner Familie mit Äpfeln und Leckereien schmücken zu können, so griff er zum Gerät und stellte große, hohle Glaskugeln her – welche bald die ganze Welt erobern sollten. Diese Sage ist freilich nicht verbürgt, wohl aber steht fest, dass Lauscha in der Tat die Ehre gebührt, die Christbaumkugel erfunden zu haben ... äh, und für den Fall, dass ein Amerikaner dieses lesen sollte: die urdeutsche Weihnachtsgurke ja sowieso!

Weil hier dem Pröbeln endlich ein Ende bereitet wurde

Die deutschen Handwerker-Sprachen sind reich an drolligen Ausdrücken, mitunter bezeichnen diese auch drollige Dinge: »Pröbeln« zum Beispiel heißt so viel wie Herumprobieren, Mal-gucken-was-passiert. Nun denkt man, das Pröbeln würde vielleicht im edlen Sanitärhandwerk gepflegt: Pröbeln wir mal, ob wir den Abfluss mit dem Pümpel frei kriegen oder ob wir die Rohrreinigunsspirale nehmen müssen. Doch weit gefehlt: Das Pröbeln war lange Zeit die bestimmende Technik im Präzisions-Mikroskopbau.

Im 19. Jahrhundert wurde das Mikroskop zu einem der wichtigsten wissenschaftlichen Instrumente: Man stieß ins Unsichtbare vor, entdeckte das Allerkleinste, etwa die biologische Zelle, was so manche Wissenschaft, zuvorderst die Medizin, revolutionierte. Kein Wunder also, dass Mikroskope enorm gefragt waren, dass der Markt nach immer besseren verlangte. Einer der renommiertesten deutschen Produzenten war Carl Zeiss in Jena. Zeiss, gebürtiger Weimarer, war gelernter Mechaniker, hatte aber nebenher ein paar Semester Mathematik gehört. Seit 1846 betrieb er ein »Atelier für Mechanik«, welches sich bald auf die Herstellung von Mikroskopen spezialisierte. Diese gelangen Zeiss recht gut; einerseits war er findig, was mechanische Verbesserungen anbelangte, andererseits hatte er ein rigoroses Qualitäts-Management: Wenn seine Angestellten ihre Mikroskope nicht nach den strengen Präzisions-Vorgaben ihres Chefs zusammengebaut hatten, nahm dieser ihnen die filigranen Geräte aus der Hand, platzierte sie auf einem Amboss und schlug dann munter mit dem Hammer drauflos.

So florierte das »Atelier für Mechanik« im Grunde großartig – bis auf einen Umstand: Beim Herzstück des Mikroskops, dem optischen System, wurde nach wie vor gepröbelt: Was passiert, wenn wir diese Linse gegen jene austauschen und da noch eine weitere hinmachen? Hmmm ... gut, aber nicht perfekt. Versuchen wir doch noch was anderes. Ein solches Herumstümpern war Zeiss, der – wir erinnern uns – ja immerhin Mathematik studiert hatte, ganz und gar zuwider. Man müsste die Funktionsweise eines Mikroskops doch exakt vorausberechnen können! So wandte sich Zeiss an einen wissenschaftlichen Jung-Star der Universität Jena: Der 26-jährige Eisenacher Ernst Abbe lehrte dort Physik und Mathematik – genau der Mann, den Zeiss brauchte. So trug der Unternehmer dem Privatdozenten sein Problem vor. Abbe fing Feuer, ging ans Werk, das deutsche Wissenschaftsgenie und der deutsche Präzisionsmechaniker bündelten ihre Kräfte, und heraus kam, wen wundert's, ein Mikroskop, das deutlich schlechter war als all das, was Zeiss sich zuvor zurechtgepröbelt hatte. Doch nun liefen beide Herren zur Höchstform auf: Zeiss ließ sich von dem Rückschlag nicht beirren, glaubte nach wie vor an die Berechenbarkeit des optischen Systems, und Abbe rechnete alles, was sich ihm noch entgegenstellte, furios in Grund und Boden. 1872 war es endlich geschafft: Das erste »theoretisch berechnete« Mikroskop der Firma Carl Zeiss Jena stellte weltweit alle Konkurrenzprodukte in den Schatten. Das Pröbeln hatte ein Ende, zumindest in Jena. Nun wollte Abbe (wie Wissenschaftler halt so sind) seine Konstruktionsprinzipien unbedingt publizieren, Zeiss hingegen wollte sie (wie Unternehmer halt so sind) unbedingt geheim halten. Die Lösung war, Abbe zum Unternehmer zu machen: 1876 erhob Zeiss ihn zum Teilhaber (als welcher er sich übrigens bald sehr für das Wohlergehen seiner Arbeitnehmer engagieren sollte).

Zeiss und Abbe dominierten fortan den Mikroskop-Markt, doch freilich waren sie sich bewusst, dass es kein gutes Produkt gibt, welches nicht noch verbessert werden könnte. Die Mechanik war (dank

Zeiss) top, gleichfalls (dank Abbe) die optische Konstruktion. Der einzige Schwachpunkt lag in den Gläsern. Die bezog man von Lieferanten aus Frankreich, England und der Schweiz, doch was da so nach Jena kam, wurde den Qualitätsanforderungen der Inhaber nicht unbedingt gerecht. Was tun? Glücklicherweise stellte sich, gerade zur rechten Zeit, ein junger Ruhrgebietler ein: Der 28-jährige Chemiker Otto Schott war ein äußerst findiger Kopf, wenn es darum ging, neue Glassorten zu entwickeln. Im heimischen Witten hatte er das Lithium-Glas erfunden, zudem das englische Monopol in der Herstellung mikroskopischer Deckgläser durchbrochen. Darüber hatte er Abbe brieflich berichtet. Dieser erkannte das Talent und forderte Schott auf, nach Jena zu kommen. Was er bald tat, hatte er die Stadt doch schon während seines Studiums kennengelernt. 1884 gründete er mit Zeiss und Abbe das »Jenaer Glaswerk Schott und Genossen«, welches fortan optische Gläser in Spitzenqualitäten herstellen sollte. Nun setzte das Triumvirat Zeiss-Abbe-Schott weltweit Standards in Sachen Mikroskopie und Teleskopie, wobei Schott damit offensichtlich noch nicht ausgelastet war: Nebenher erfand er noch das »Jenaer Glas« aus Borsilikat, welches sich durch extreme Hitzebeständigkeit auszeichnete und noch zu DDR-Zeiten ein Exportschlager war. »Feuerfeste« Jenaer Glasformen gingen zuhauf in den kapitalistischen Westen, auch in Schotts Heimat, das kapitalistische Ruhrgebiet, wo meine liebe Oma uns in einer solchen oft ihren unnachahmlichen Makkaroni-Auflauf bereitete, mit Ei- und Schinkenwürfeln.

Die Firma Carl Zeiss selbst zerbrach mit der deutschen Teilung in zwei Stücke: das Stammhaus in Jena und die West-Niederlassung in Oberkochen. Wobei beide Firmen weltumspannend tätig waren. Mitunter gar weltraumumspannend: Der erste Deutsche im All, Sigmund Jähn, arbeitete mit einer Carl-Zeiss-Multispektralkamera aus Ostproduktion. Armstrong und Aldrin hingegen fotografierten ihre ersten menschlichen Schritte auf dem Mond durch ein Carl-Zeiss-Objektiv aus dem Westen.

Weil hier dem Leben deutscher Männer ein Sinn gegeben wurde

Um es sofort einzugestehen: Nein, ich kann es nicht. Dabei gehörte es zu den vielen Fertigkeiten, die man an der Schwelle des Erwachsenwerdens erlernte (oder eben nicht). Nicht, dass ich es unversucht gelassen hätte, denn eines Nachts in einer Kneipe machte ich Anstalten. »Komm, wir bringen's dir bei«, hatten wohlmeinende, lebenserfahrenere Freunde mich gelockt, und ein paar der damals erworbenen Kenntnisse schwirren noch heute in meiner Erinnerung herum, untilgbar: 18-20-2-0-4 (was aber kam dann gleich?), ohne Zwei Spiel Drei – oder so ähnlich. Aber irgendwann trafen mich dann jene Blicke, die ich schon als Kind nicht gemocht hatte, und dazu sprach eine Stimme, halb mitleidig, halb vorwurfsvoll: »Aber es war doch klar, dass er kein Kreuz mehr hat …«, worauf ich beschloss, diese Klarheit gar nicht zu wollen, nie gewollt zu haben, gab es doch wichtigere Dinge, auch und gerade in dieser Kneipe, etwa das faszinierende Girl im sehr engen, hellblauen Angorapuschelpullover, welches sich mir zwar als gleichermaßen unzugänglich erweisen sollte, aber hier wusste ich wenigstens, wofür ich mich ins Zeug legte.

Das Skatspiel nicht gelernt zu haben gehört nicht zu den folgenreichen Versäumnissen meines Lebens; in den letzten zehn Jahren wurde ich exakt einmal gefragt, ob ich es könnte, und mein Nein hatte keinerlei mir unangenehme Konsequenzen.

In früheren Zeiten aber hätte mich diese Unzulänglichkeit ins soziale Abseits katapultiert, ich wäre aus der Stadt gejagt worden und hätte mich, im Walde verwildert, von Wurzeln und Beeren nähren müssen, gehörte das Skatspiel doch zu den wenigen Banden, die die deutsche Männerwelt zusammenhielten. Skat war überall, auf dem Wohnzimmertisch, im Freibad, auf dem Betriebsfest, beim Turnier, beim Preisskat und vor allem im Gasthaus, wo der Jungmann in diese Kunst initiiert wurde, welche er dann ausübte,

bis die ergrauten Haare sämtlich abgefallen waren, die Brillenglä-
ser dick wie Glasbausteine, und seine vom Leben gebeugte Gestalt,
vom Nebel der Zigarrenstumpen umwogt, irgendwann tot in sich
zusammensank, worauf einer der beiden Partner das herabgefallene
Blatt aufnahm und, nach kurzer Musterung desselben, sprach: »Ist
besser so. Hätte er verloren.«

Ich wage zu vermuten, dass der endgültige Durchbruch des Skatspiels zum alles vereinenden Ritual während eines kollektiven Aus-
flugs des deutschen Mannes in die freie Natur stattfand, und zwar
zwischen 1914 und 1918. Hier, etwa in den vermatschten Unter-
ständen Flanderns, gab es wenig anderes als den Tod und die Langeweile, wobei man Letzterer vielleicht irgendwie durch einen Null-
Ouvert-Hand entgehen konnte.

Und jenes fantastische Kartenspiel, das alle anderen aus dem Feld
schlug, kam aus Thüringen. Erfunden hatten es rund 100 Jahre zuvor
einige honorige Bürger der Stadt Altenburg: ein Ratsherr, ein Kanzler, ein Hofadvokat, ein Medizinalrat und ein Gymnasial-Professor,
möglicherweise waren auch die Lexikografen Brockhaus und Pierer
beteiligt. Dieser Brain Trust schöpfte teils aus älteren Kartenspielen,
teils aus eigenem Genie, und kreierte daraus den »Scad« oder »Scat«,
welcher sich bald epidemisch verbreiten sollte. Wobei es freilich zu
Mutationen kam: Bald bildeten sich regionale Varietäten heraus,
was allerdings – im Sinne der deutschen Einheit – dringend unter-
bunden werden musste. So ging man daran, die Regeln verbindlich
festzulegen, und selbstverständlich hieß das Rom des Skatspiels, in
welchem dieses geschah, Altenburg. Und ebenso selbstverständlich fand 1886 der erste Skat-Kongress ebenfalls hier statt. Selbst die
deutsche Teilung konnte die Einheit der Skat-Spieler nicht sprengen;
sämtliche Regeländerungen wurden gleichermaßen in Ost und West
vollzogen. Seit 2001 gibt es sogar ein Internationales Skatgericht. Mit
Sitz (selbstverständlich) in Altenburg.

Weil man hier Vögel mit zwei Rädern machte

Die Geschichte der Suhler Simson-Werke ist eine durchaus bewegte, schon weil sich in ihr die durchaus bewegte jüngere Geschichte Deutschlands widerspiegelt: Begründet wurde das Unternehmen von den Brüdern Löb und Moses Simson 1856 im seinerzeit preußischen Suhl. Zunächst befasste man sich mit der Herstellung von Stahl. Bald verarbeitete man diesen gleich auch weiter: hauptsächlich zu Waffen, sowohl zu solchen, mit denen man auf Tiere, als auch zu solchen, mit denen man auf Menschen schoss. Mit Letzteren visierte der Hauptabnehmer, das preußische Heer, zunächst (1866) Österreicher, wenig später (1870) Franzosen an. Freilich engagierte sich Simson auch auf dem zivilen Sektor, und zwar durch die Herstellung von Fortbewegungsmitteln: 1896 nahm man Fahrräder ins Programm, 1911 rollte der erste Pkw aus dem Suhler Werk, 1924 folgte mit dem Simson Supra ein Erfolgs-Auto, sowohl was die Verkaufszahlen, als auch, was die Rennsiege betrifft. Die Weltkriege wiederum setzten andere Produktionsschwerpunkte, insbesondere die Maschinengewehre Suhler Provenienz ratterten an allen möglichen Fronten vor sich hin. Wobei das Unternehmen im Zweiten Weltkrieg selbstverständlich nicht mehr den Namen »Simson« trug – 1933 war es »arisiert« worden.

1946 schraubten die Sowjets all das ab, was sie irgend gebrauchen konnten, und verbrachten es ins Vaterland der Werktätigen; mit dem Rest musste die Thüringer Belegschaft Reparationsproduktionen leisten. Unter anderem wünschte sich die Sowjetische MilitärAdministration ein Motorrad, irgendwas in der Art der BMW R 25. Und Simson lieferte: 1950 kam die A425 zum Vorschein. Und mit dieser rollen wir nun heraus aus dem Sauerteig der deutschen Geschichte, hinein in die liebenswerte Welt der zivilen Zweiräder: Die Simson 425 wurde bald auch für den Binnenmarkt produziert, wo sie sich recht großer Beliebtheit erfreute. Doch 1962 traten die fantastischen Planungsbehörden des zentralgesteuerten Sozialismus auf den Plan: Motorräder, so legte man in Berlin (Hauptstadt der DDR) fest, sollten fürderhin nur noch im sächsischen Zschopau produziert werden. Im Thüringer Wald hingegen habe man sich allein der Herstellung von Kleinkrafträdern zu verschreiben.

In dieser Kunst verfügten die Thüringer freilich schon über eine gewisse Erfahrung: Begonnen hatte die Mopedgeschichte Suhls (und mithin die der DDR) 1955 mit der Simson SR1 – eine wonnige Synthese aus Pedal und Motor, dieser wurde übrigens vom VEB Büromaschinenwerk (!) in Sömmerda gebaut, nichtsdestotrotz konnte er, hatte man ihn durch emsiges Fahrradpedaltreten erst mal ins Laufen gebracht, das Gefährt auf bis zu 45 km/h beschleunigen. Die Bürger freute es, war die SR1 doch recht preiswert zu haben und allemal ein probates Mittel, um von A nach B zu kommen … nun, falls B auf einem Berg lag, kam der Sömmerdaer Büromaschinenmotor zwar bald an seine Grenzen, aber wozu gab's denn die Pedale?

Beides – Pedale und den Sömmerdaer – wies auch der Nachfolger-Bolide des SR1 auf, welcher folgerichtig SR2 hieß und 1957 ins Rennen ging. Diese SR2 sah schon etwas weniger nach Fahr-, etwas mehr nach Kraftrad aus, wobei allerdings der Schein trog: Die neue Simson musste sich ebenfalls mit braven 1,5 PS bescheiden. Nichtsdestotrotz erfreute auch sie sich beim Kunden größter Beliebtheit. Kein Wunder, mag man nun naseweis einwenden: Damals gab's ja in der DDR nix anderes. Doch dabei ließe man außer Acht, dass sich die SR2 auch im nichtsozialistischen Ausland ganz gut verkaufte, einige Exemplare brachten es gar bis ins Herzland der imperialistischen Imperialisten, die USA! Diese devisenträchtige Weltgeltung der SR2 spornte die Ingenieure an, für eine Exportversion – die SR2E – das Letzte aus den Motoren herauszukitzeln: 1,8 PS!

Dann kam – wir erinnern uns – das Jahr 1962, das den Suhlern die flächendeckende Versorgung der Republik mit Kleinkrafträdern aufbürdete. Doch Simson erwies sich diesem Auftrag als absolut gewachsen: Man ging flugs an die Reißbretter, sodass bereits 1964 die Nachfolgerin der SR2, die SR4-1 fertig war: spritzige zwei PS, erhältlich auch in einer K-Version: ohne Pedale, dafür mit echtem Kickstarter! Da konnte auch der West-Versandriese Neckermann nicht Nein sagen und nahm das Zweirad für 598,- DM in den Katalog (1050,- M war übrigens der DDR-EVP). Nebst der Technik-Offensive starteten die Suhler gleich noch eine Charme-Offensive: Die sozialistischen Marketing-Experten befanden, dass »SR4-1K« zu technokratisch klinge, und irgendein kreativer Kopf (man sollte ihm um selbigen nachträglich einen Lorbeerkranz winden) kam auf den ebenso anheimelnden wie bescheuerten Namen »Spatz«. Für ein Mokick! Grandios!

Damit war die liebenswerte »Vogelserie« geboren: Gleichfalls 1964 wurde der »Star« lanciert: 3,4 PS und, hoppla, eine Sitzbank, auf der gleich 2 (in Worten: zwei) Bürger der DDR Platz fanden! Fortan konnte zum Beispiel der Mann seine Ehefrau auf dem Sonntagsausflug einfach mitnehmen! 1966 flog der »Sperber« los, und zwar in atemberaubender Geschwindigkeit: Das 4,6-PS-Leichtkraftrad brachte es auf 75 km/h. Doch irgendwie fand der Sperber beim Konsumenten nicht den erhofften Anklang, wohl auch, weil er den Motorrad-Führerschein erforderte, sodass er 1972 durch den gemütlicheren »Habicht« ersetzt wurde (3,4 PS, 60 km/h auf dem Papier, auf der Straße durchaus ein paar mehr). Hier konnte der Konsument übrigens die Farbwahl gelassen angehen: Er hatte die Auswahl zwischen Oliv/Beige und Oliv/Beige. Die meisten entschieden sich für Oliv/Beige. Die gesamte Vogelserie bezaubert noch heute durch ihre eleganten, sanft gerundeten Fifties-Formen. Damit steht sie ganz im Gegensatz zu jenem Brutalitäts-Design, das sich hernach im Zweiradsektor durchsetzen sollte.

Dem konzentrierten, hellwachen Leser wird jedoch längst aufgefallen sein, dass von dem berühmtesten, liebenswertesten und vogeligsten aller Vögel bisher noch gar nicht die Rede war: der Schwalbe. Ihr direkter Vorfahre war der einsitzige Kleinroller KR50, aufgelegt 1958 mit Sömmerdaer Schreibmaschinenmotor (2,1 PS, später 2,3 PS). 1964 wurde aus dem KR50 der KR51 entwickelt, welcher »Schwalbe« getauft wurde, wobei sich der neue Name mit einer motorischen Leistungs-Explosion verband: 3,4 PS. (Im Laufe ihres langen Lebens sollte sich die Schwalbe noch auf 3,7 PS steigern.) Auch hier trug man nun dem sozialistischen Bedürfnis nach menschlicher Nähe Rechnung: Die Sitzbank des schicken Kleinrollers bot genug Platz für zwei Personen.

Die Schwalbe ist eine veritable Erfolgsgeschichte der DDR-Industrie: Bis zur Produktionseinstellung 1986 segelten mehr als 1.000.000 Exemplare von Suhl hinaus in die Republik. (Diese imposante Zahl widerlegt übrigens das weit verbreitete Vorurteil, dass sie nur von Hebammen gefahren wurde. So viele Hebammen hatte selbst die gebärfreudige DDR nicht.) Da die Schwalbe ein sehr robuster Vogel ist und sich – so wider Erwarten doch mal was kaputtgehen sollte – auch sehr leicht reparieren lässt (wobei man übrigens durchaus auch Teile anderer Vögel verwenden kann), rollt nach wie vor eine erkleckliche Anzahl dieses Kleinrollers durchs Land. Durch das ganze Land, wohlgemerkt. In der Alt-BRD verschönert sie mittlerweile ebenfalls das Straßenbild, auch der jung-kreativ-unkonventionelle Wessi freut sich an dem zum Piepen niedlichen Fifties-Design der Schwalbe, an ihren wackeren Fahreigenschaften und schließlich daran, dass man sie im deutschen Einigungsvertrag unter Artenschutz gestellt hat: In der Regel darf sie, obwohl mit ihren 60 km/h hierfür eigentlich zu schnell, mit der Führerscheinklasse AM gefahren und als Kleinkraftrad versichert werden, Kfz-Steuer und TÜV fallen auch flach. Die Schwalbe ist, anders als der Trabant (den der arrogante Wessi als Scherzartikel wahrnahm) oder der Wartburg (den er überhaupt nicht wahrnahm), geradezu ins gesamtdeutsche Herz hineingeflogen. Keine Frage: Sie ist das Zweirad der Einheit.

Weil der Wartburg 313
der schönste 50-PS-Sportwagen aller Zeiten ist

Bisweilen stimmt es einen leicht melancholisch: Denn dass die DDR in ihrer Dinglichkeit etwas dröge daherkam, lag nicht etwa an fehlender Kreativität ihrer Werktätigen. Ganz im Gegenteil: Was hier erfunden, ausgetüftelt und konstruiert wurde, war aller Ehren wert. Gerade in Thüringen hatten Handwerk und Ingenieurskunst eine reiche Tradition, und so waren auch zu realsozialistischen Zeiten viele Macher mit Willen und Leidenschaft bei der Sache. Nur: Vieles Gute erstickte in Ressourcenmangel oder Planungsbürokratie. Überdies: Warum Gutes machen, wenn man auch Schlechtes an den Mann bringen kann? Und Letzteres konnte man – einfach dadurch, dass kein besseres Alternativ-Produkt im Angebot war. Wobei man übrigens das Gefühl hat, dass die DDR erst spät zu jener unfrohen Waren-Monokultur überging. In ihrer Startphase, so scheint es, war noch einiges möglich. Etwa der schönste 50-PS-Sportwagen aller Zeiten.

Selbiger entstand 1957 in Eisenach, und zwar auf Grundlage des Wartburg 311, eines seinerzeit auch international recht erfolgreichen Mittelklasse-Viertürers. Dessen Fahrgestell behielt man bei, die Karosserie freilich wurde sportiv modifiziert, etwa indem man die Motorhaube deutlich verlängerte … äh, scheinbar, denn man erreichte diesen Effekt schlicht dadurch, dass man den Bereich zwischen Frontscheibe und Haube verbreiterte – so konnte man auch hier das entsprechende Teil der Familienkutsche verwenden, was die Produktion merklich vereinfachte. An den Seiten wies der Sportwagen zwei Motorlüftungen auf … äh, bei näherem Hinsehen erkannte man, dass es absolut luftdichte Deko-Applikationen waren, die dem Gefährt aber zweifelsohne ein extrem dynamisches Antlitz verliehen. Innen war der Zwei-plus-zwei-Sitzer (abnehmbares Hard-Top) beziehungsweise Zweisitzer (Faltverdeck) mit Holz und Edel-Leder ausgestattet. Den Motor wiederum hatte man gleichfalls vom 311 transplantiert, allerdings pimpten die Tausendsassas aus Eisenach dessen brave 37 PS auf 50 empor, wodurch sich das Cabriolet binnen einer Stunde 140 Kilometer weit vom Ursprungsort fortbewegen konnte. So macht der Sozialismus Spaß!

Doch auch der Klassenfeind schlief nicht: Von den 469 gebauten Wartburg 313 Sport (so hieß das Baby) wanderten 143 in den Export, acht davon sogar in die autoimperialistischen USA. Nicht zuletzt ging dieser Erfolg auf das Design des 313 zurück: Er hat einen unwiderstehlich-liebenswürdigen Fifties-Chic; mag sein, dass der BMW 507 hier ein wenig Pate gestanden hatte, mag sein, dass diese Kurven, Linien und Proportionen seinerzeit einfach allgemeingültig in der Luft lagen.

Doch bald war die Zeit solcher Lust-und-Laune-Dinge in der DDR abgelaufen, hinfort wurden durchweg pragmatische Autos produziert. Die 313er verminderten sich über die Jahrzehnte durch natürlichen Abgang, sodass heute nur noch wenige Exemplare erhalten sind. Zum Leidwesen seiner Fans – die deshalb elektrisiert sind, wenn wieder einer dieser geliebten Thüringer Sportwagen irgendwo ans Tageslicht kommt, und sei es, wie jüngst geschehen, an einem solch exotischen Ort wie Südafrika.

Weil der Schaukelwagen der schönste Wagen aller Zeiten überhaupt ist

Gemeinhin gilt ja Eisenach als die Auto-Hauptstadt Thüringens. Zweifelsohne zu Recht. Doch auch abseits der Wartburg-Gemeinde gedieh ein Thüringer Automobil-Bau. Zum Teil mit verblüffenden Ergebnissen: In Ohrdruf zum Beispiel ging Anfang der 50er-Jahre ein Gefährt in Serie, welches auf einem geradezu revolutionären Konzept basierte: ein Auto, das sich durch einen einzigen Handgriff in einen Schaukelstuhl verwandeln ließ. Eine Zeit lang rollte der Wunderwagen aus Ohrdruf in die Republik, gar über deren Grenzen, gar ins nichtsozialistische Wirtschaftsgebiet. Dann jedoch verschwand er plötzlich vom Plan. Viel später, im wiedervereinigten Deutschland, avancierte er zum hochpreisigen Sammelobjekt, bevor ihn exquisite Design-Manufakturen jüngst in kleinen Stückzahlen wiederbelebten.

Um die Geschichte des Wunderwagens richtig zu verstehen, müssen wir ein wenig in die Weltgeschichte eintauchen. Als der Sozialismus in der Sowjetunion seinen unaufhaltsamen Siegeszug antrat, gab es noch einige Randfragen, die der Lösung bedurften. Unter anderem die ästhetische: Wie sieht ein sozialistisches Haus aus? Eine sozialistische Stadt? Ein sozialistischer Suppenlöffel? Zahlreiche fortschrittliche Architekten und Designer sahen damals die Sowjetunion als das Gelobte Land, in dem die Zukunft produziert wird. Einer von ihnen war der Niederländer Mart Stam, der sich folglich in den frühen 30er-Jahren an der Planung von sozialistischen Retortenstädten wie Orsk, Magnitogorsk und Makejewka beteiligte. Nach dem Krieg erhielt er einen Ruf an die Dresdner Hochschule für Bildende Künste, wo er ab 1948 das Amt des Rektors versah. Und die Moderne förderte: Selbstverständlich muss sich das sozialistische Design vom bürgerlichen Ballast befreien, stattdessen nach Klarheit und Wahrheit streben.

Ein Schüler Stams war der 1925 im Erzgebirge geborene Hans Brockhage. Dieser präsentierte dem Niederländer eines Tages seinen neuesten Entwurf: ein hölzernes Schaukelpferd. Daraufhin habe – so sagt die Überlieferung – Stam dem Studenten Folgendes mit auf den Weg gegeben: Dieses Schaukelpferd sei ja schön und gut, aber wenn es umfiele, sei es tot. Besser aber wäre ein Schaukelpferd, das nicht tot sei, wenn es umfiele. Brockhage ging in Klausur – und kam mit einer epochalen Idee zurück: dem Schaukelwagen. Selbiger hat – im Profil betrachtet – die Gestalt eines auf den geraden Rücken gefallenen »D«. Unten sind vier kleine Räder angebracht, in der Mitte ein Sitz – fertig ist das Kinderfahrzeug, bewegt wird es von den kleinen Beinchen nach dem Bobbycar-Prinzip. Doch nun kommt der Clou: Wenn man das VW-Käfer-ähnliche Fahrzeug aufs Dach stellt (also das »D« quasi auf den dicken Bauch), wird die Unterseite des Autositzes zur Sitzfläche eines Schaukelstuhls – so kann das Kind nach einer langen Fahrt gemütlich relaxen.

Kann man sich einen noch schöneren, noch sozialistischeren Gegenstand vorstellen? Dieses edle, sanftgeschwungene Design! Wie wunderbar doch hier die Form der Funktion folgt! Diese enorme Materialersparnis: Zwei Spielzeuge zum Preis von einem! Und das Ganze aus heimischer Buche (Sitz) beziehungsweise Birke (Rahmen) hergestellt! Ja, dem Schaukelwagen schien die Zukunft offenzustehen.

Zunächst ließ sich alles auch wunderbar an: Brockhages Schaukelwagen war eines der Prachtstücke einer Ausstellung, die Mart Stams Schüler Anfang März 1951 in Dresden veranstalteten. Doch schon wenige Tage später wurde das schöne, zart knospende Pflänzchen des DDR-Designs von einem Holzhammer plattgehauen. Geschwungen wurde dieser Holzhammer auf einer Tagung des ZK der SED, sein Name war: »Kampf gegen den Formalismus«. In der Kunst, so verkündete man, gehe es um »Inhalt«. Inhalt guter »realistischer« Kunst sei zum Beispiel die Lobpreisung des Genossen Stalin. Inhalt guter Kunst sei zum Beispiel auch, dass die Partei, die Partei immer recht habe. Und die Werktätigen ihr Werk fröhlich und fleißig täten. Die »Form« der Kunst sei nicht so wichtig. Hauptsache, man kapiere die »Inhalte«. Wer sich nun aber erkühnte zu sagen, dass die Form eines Dings ein Gut an sich darstelle, sei »Formalist«. Und als solcher mindestens »dekadent«. Wenn nicht gar »imperialistisch«. Jedenfalls superböse.

Und wo findet man sie nun, diese superbösen Formalisten? Klar, im Westen wimmelt es nur so von ihnen. Aber auch im Arbeiter-und-Bauern-Staat gibt es welche. Und ein hiesiger Oberformalist ist der Holländer Mart Stam (der diesen Quatsch bald zum Anlass nehmen sollte, zügig in seine Heimat zurückzukehren).

Und nun sauste der Anti-Formalismus-Hammer hernieder, bumm, bumm, bumm, und schlug die schöne Dresdner Design-Ausstellung in Stücke: böse, böse, böse! Zurück blieb eine unbelebte Trümmerwüste. Doch dann, als sich die Staubschwaden ein wenig verzogen hatten, schien sich unter den Trümmern noch etwas zu regen. Und was krabbelte da tapfer ans Tageslicht? Richtig: der kleine Schaukelwagen!

Nun irrte der kleine Schaukelwagen durch die Republik – sollte sich dort denn keiner finden, der ihn ein wenig lieb haben könnte? Lange, ach allzu lange währte seine Suche, so lange, dass er darüber ganz traurig wurde. Dann endlich, im schönen Thüringen, rollte der müde kleine Schaukelwagen in den VEB Holzspielwarenwerke Ohrdruf – und dieser nahm ihn, wie auch immer, warum auch immer, kurzerhand ins Produktionsprogramm.

Fortan stellten die Ohrdrufer den Schaukelwagen her, nicht gerade in astronomischen Stückzahlen, doch immerhin stellten sie ihn her. Einzelne Schaukelwagen verirrten sich bald gar ins Ausland, einer etwa auf die »spiel-gut«-Ausstellung nach Ulm (BRD), wo er vom Schweizer Design-Papst Max Bill eine Auszeichnung erhielt. Man munkelt sogar, dass ein Ohrdrufer Schaukelwagen in der Design-Ausstellung des New Yorker MoMA gezeigt wurde. Doch viel wichtiger ist, dass der Schaukelwagen unzählige Kinderherzen erfreute: Autofahren, Schaukeln, Autofahren – hei, das Leben ist schön!

Heutzutage taucht der Ohrdrufer Schaukelwagen hier und da in Auktionen auf, wo er formidable Preise erzielt: Ein paar Hundert West-Euros muss man schon auf den Tisch legen, um ein Exemplar zu erstehen. Man fragt sich, wer da mitbietet: Reiche Eltern, die ihrem Nachwuchs ein tolles Spielzeug schenken wollen? In die Jahre und zu Geld gekommene DDR-Kindheits-Nostalgiker? Oder am Ende doch nur einige volksfeindliche Formalisten, die Stalins Lehren nicht verstanden haben?

Weil hier die Spitzenleistung moderner Fertigungsverfahren ein Spitzenprodukt garantierte

Wir stellen uns eine coole Szene in einer coolen Stadt vor, New York, frühe 60er-Jahre, ein angesagter Jazz Club in Greenwich Village. Zwei coole New Yorker sitzen an der Bar, wartend. Der eine schaut auf seine Armbanduhr. »Hey«, sagt der andere, »du hast ja wirklich eine coole Uhr, zeig mal!«

»Yeah«, sagt der eine, »elektrisch angetrieben, eine ›Worldtime‹.«

»Komisch«, sagt der andere, »ich hab die gleiche. Nur heißt meine ›Newport‹.«

Wir könnten diese Szene jetzt noch ausmalen, indem wir andere New Yorker herbeieilen ließen, die allesamt identische Armbanduhren vorweisen, welche jedoch sonders andere Namen tragen: Champion, Lafayette, Unilectric, Predial, Chronelex, Services. Wenn wir aber wissen wollen, wie diese schöne Uhr wirklich heißt, müssen wir einen kleinen Ortswechsel vornehmen: frühe 60er-Jahre, eine coole Mokka-Milch-Eisbar im coolen Erfurt. Denn hier könnten wir jemanden treffen, der die Originalversion trägt: eine Ruhla, Modell »elektrik«, hergestellt in der gleichnamigen Stadt am Rennsteig.

Diese »elektrik« ist ein illustres Beispiel für die Fähigkeit der DDR, durchaus respektable Produkte hervorzubringen. Zwar hat man das Prinzip – eine mechanische Unruh-Armbanduhr wird nicht von der Aufzugfeder, sondern durch Batteriekraft in Gang gehalten – nicht erfunden, das haben die Franzosen von LIP und die Amerikaner von Elgin 1952 getan. Auch hat man sie nicht zur Serienreife gebracht, das haben die Amis von Hamilton 1957 getan. Aber im Thüringer Wald hat man diese Entwicklung aufmerksam verfolgt und trotz aller Hindernisse (es gab hier noch nicht einmal Knopfbatterien!) zeitnah nachvollzogen, sodass man 1962 ein erstes Exemplar der »Ruhla elektrik« um das Handgelenk Walter Ulbrichts legen konnte. Wobei derlei Gesten auch dringend erforderlich waren: Die Obrigkeit überlegte seinerzeit, die DDR-Uhrenproduktion stillzulegen, da doch die ruhmreiche Sowjetunion durchaus imstande sei, die gesamte sozialistische Welt mit Raketas und Poljots zu versorgen. So war es wichtig, dass Ruhla seine Innovationskraft unter Beweis stellte – ansonsten wäre die schon damals reiche Uhrentradition der Stadt vielleicht den Bach, genauer: den durch das Gelände des VEB Uhrenwerke fließenden Erbstrom hinuntergegangen. Aber geile Teile wie die »elektrik« versprachen Export-Devisen, und diese waren ein mächtiges Argument.

Wobei sich nun die Frage stellt: Wie gelangten die Ruhlas unter falschem Namen in die USA? Tja: Ein direkter Export wäre wohl auf unüberwindliche Hindernisse gestoßen. Aber es gab ja den deutsch-deutschen Handel. So gründete ein findiger amerikanischer Uhren-Vertreiber eine Firma in der Bundesrepublik. Diese bestellte die Uhren in Ruhla, und zwar vermutlich mit zwei Sonderwünschen: Erstens sollte nicht »Ruhla« auf dem Zifferblatt stehen, sondern halt »Newport« oder dergleichen, sowie »West Germany«. Denn zweitens durften die Uhren offenbar nicht in gebrauchsfertigem Zustand geliefert werden: Der letzte Montage-Handgriff musste wohl im Westen vollzogen werden, damit das Produkt dann als handelspolitisch korrektes Erzeugnis seinen Weg in die USA nehmen konnte. Tja. So war das damals.

Die »Ruhla elektrik« war fraglos eine schöne Uhr, oder eine »Kostbarkeit in technischer Vollendung«, wie es seinerzeit der DDR-Prospekt-Text so trefflich formulierte. Und weiter: »Die Spitzenleistung moderner Fertigungsverfahren garantiert ein Spitzenprodukt.« Schöner kann man es nicht sagen. So ist dieser fundamentalen Wahrheit wirklich nichts mehr hinzuzufügen.

8. KAPITEL

Kunsterzeugnisse

Weil Weimar eine berühmt-berüchtigte Blut-Parabel hat

Wenn Sie schon einmal in der Herderkirche zu Weimar waren, kennen Sie es; wenn nicht, sollten Sie es bei Ihrem nächsten Besuch unbedingt kennenlernen: jenes berühmte, höchst symbolträchtige Altarbild.

In der Brust des Gekreuzigten klafft eine große Wunde, von dieser fließt ein vielarmiges Rinnsal seinen Leib hinab – ein Strahl jedoch ergießt sich in hohem Bogen hinfort, und jene parabolische Kurve, die er beschreibt, endet exakt auf dem kurz geschorenen Haar eines Herrn, der am Fuße des Kreuzes steht, die Hände zum Gebet gefaltet, den Blick in die Kamera gerichtet. Wir wissen sogar, wer dieser Herr ist – eben jener Lucas Cranach d. Ä., der dieses Bild und damit sich selbst gemalt hat. Zu seiner Rechten steht Johannes der Täufer, zu seiner Linken Luther. Diese Blut-Parabel ist schon ziemlich heftig; der Kulturhistoriker Egon Friedell spricht von einer »Verirrung des Geschmacks« und erklärt das Weimarer Altarbild kurzerhand zum »berüchtigtsten Beispiel für die Rohheit der allegorischen Gemälde« jener Zeit.

Trotz der Drastik seiner Bildsprache (oder gerade wegen ihr) zählt Cranach zu den größten Künstlern der deutschen Renaissance. Wobei seine Malerei nicht nur von hoher Qualität, sondern auch von hoher Quantität ist: Rund 5.000 Bilder schreibt man ihm zu. Dieser enorme Output hat dreierlei Gründe: Erstens hatte Cranach natürlich seine Leute fürs Grobe. Zweitens wurde die Malerei seinerzeit auf eine durchaus ungenialische Weise ausgeübt, man wuppte die Bilder, Handwerkserzeugnissen gleich, nur so aus dem Atelier heraus. Und drittens war Cranach absolut hemmungslos darin, sich selbst zu kopieren, somit gibt es dasselbe Motiv in zig Versionen. Mitunter gar unter Verwendung drolligster Verwandlungskünste: Auf der Wartburg zum Beispiel hängt eine äußerst aparte junge Mutter, die ihr Kind in der Linken hält. Dieselbe Schönheit

– bis hin zur Halskette – schaut, mit identischer Haltung, nur minimal strengerem Mund, von der Wand der Stuttgarter Staatsgalerie herab – allein dass sie da nicht das niedliche Baby, sondern das soeben abgehackte Haupt des Holofernes in der Hand hält.

So schnell er auch malte, so lange brauchte der Meister, um sich an Thüringen heranzuarbeiten: In Franken gebürtig, hatte er etliche Jahre seines Lebens ebendort, in Wien und in Wittenberg verplempert, immerhin jedoch schon 1512 eine Gothaer Bürgermeister-Tochter geehelicht. Doch erst 1552 erschien er in Weimar, wo der mittlerweile 80-Jährige im prächtigen Haus seines Schwiegersohns, dem heutigen »Cranach-Haus« am Markt, unterkam. Und umgehend sein berühmt-berüchtigtes Altarbild in Angriff nahm. Vollenden konnte er es nicht mehr – am 16. Oktober 1553 segnete Cranach das Zeitliche, begraben ist er auf dem Weimarer Jacobsfriedhof. Glücklicherweise jedoch hatte er seinen Sohn Lucas jr. rechtzeitig in der Kunst unterwiesen – so konnte dieser den Malbetrieb seines Vaters fortführen und dessen Weimarer Blutparabel zum Ende bringen. (Ganz moderne Kunsthistoriker haben das wehrlose Bild übrigens neuerdings mit Infrarotstrahlen beschossen und sich anschließend zur kühnen Vermutung bemüßigt gefühlt, der Sohn habe es gänzlich alleine gemalt. Interessiert das? Nein, nicht wirklich, oder?)

83. GRUND

Weil der Gottesbeweis ein Thüringer war

Wechmar ist ein hübsches Dorf von überschaubaren Ausmaßen. Wenn man es sucht, findet man es ein wenig südöstlich von Gotha, nunmehr als hälftigen Bestandteil der Doppelgemeinde Günthersleben-Wechmar. Sicher ist, dass Veit Bach seinerzeit, aus Ungarn kommend, hier eintraf – unsicher hingegen, ob Wechmar seine eigene, vorübergehend aufgegebene Heimat war oder nur die seiner

Väter. Jedenfalls ging Veit Bach, der Ungarn aus religiösen Gründen verlassen hatte, fortan weiter seinem erlernten Beruf nach: dem Bäckerhandwerk; nebenher musizierte er noch, und zwar gut und gerne. 1619 starb der Bäcker Bach – allerdings nicht, ohne zuvor Stammvater eines Geschlechts geworden zu sein, welches das Thüringer Musikleben auf lange Zeit bestimmen sollte: Trillionen von Bachs amtierten hinfort als Stadtpfeifer und Kirchenmusiker, Kantoren und Kapellmeister, man braucht schon einiges genealogisches Stehvermögen, um sich in diesen Scharen von Vätern, Söhnen, Onkeln, Neffen und Cousins auch nur einigermaßen zurechtzufinden. Was zudem dadurch erschwert wird, dass mitunter munter durcheinandergeheiratet wurde: Ein Ur-Ur-Enkel Veits mit dem Namen Johann Sebastian ehelichte zum Beispiel eine Ur-Ur-Enkelin eben jenes Stammvaters, und selbstverständlich gingen aus dieser Verbindung wiederum Musiker hervor, die es überdies zu dauerndem Ruhm bringen sollten: der Stürmer und Dränger Wilhelm Friedemann sowie der etwas straightere, zu Lebzeiten aber extrem abgefeierte Carl Philipp Emanuel.

Doch wollen wir noch ein paar Takte lang beim oben erwähnten Johann Sebastian bleiben, man kennt diesen Namen doch irgendwoher, war der nicht gleichfalls ein Komponist?

Richtig, war er, und wie aus einigen berufenen Mündern zu hören ist, sogar ein recht guter: »Nicht Bach, sondern Meer sollte er heißen, wegen seines unendlichen, unerschöpflichen Reichtums an Tonkombinationen und Harmonien«, sagte Beethoven. Richard Wagner pries ihn als »das erstaunlichste musikalische Wunder«. In diesem Sinne ließ sich auch Max Reger vernehmen: Bach sei »Anfang und Ende aller Musik«, andere nannten ihn eine Offenbarung, ein Heiligtum, oder, wie der Aphoristiker Emil Cioran, einen »konkreten Beweis für die Existenz Gottes«.

Dieser Gottesbeweis war ein in der Wolle gefärbter Thüringer: Geboren 1685 in Eisenach, wuchs er in Ohrdruf auf, dann kam eine längere Studienreise nach Lüneburg, anschließend Weimar,

Arnstadt (erste Organistenstelle, entlassen wegen zu merkwürdiger Töne und Damenbesuch auf der Orgelbank), Mühlhausen und erneut Weimar. Erst 1717, mit der Übersiedlung nach Köthen, ging er Thüringen verloren – übrigens unter ärgerlichen Begleitumständen: Bach hatte den Kontrakt in Köthen unterschrieben, ohne vorher um Entlassung aus seinem Weimarer Dienstverhältnis ersucht zu haben. Das nahm man ihm an der Ilm ziemlich übel. Und so musste der konkrete Beweis für die Existenz Gottes tatsächlich einen Monat seines Lebens in einem Thüringer Gefängnis verbringen.

84. GRUND

Weil hier eine Frau machte, was sie wollte

Ich muss gestehen, dass ich mit derlei Dichtung nicht viel anfangen kann: »Auf des Wohlehrwürdigen und Wohlgelahrten Herrn Johann Sigismund Schlottweins Priesterliche Einsegnung zum H. Predig-Amte zu Marpach«. Der Titel ist ja noch durchaus mitreißend, und so wünscht man Herrn Schlottwein rückwirkend das Allerbeste, doch das darauf folgende, nicht zu knapp gehaltene Gedicht löst in mir eine gewisse Müdigkeit aus, und spätestens nach Zeilen wie 57f, »So viele Schönheit nun das Amt der Priester zeigt, / So hoch sein Glanz und Ruhm und seine Würde steigt«, setzt bei mir der gefährliche Sekundenschlaf ein.

Diese Ignoranz geht natürlich allein zu meinen Lasten, kann ich doch mit Barockdichtung generell wenig anfangen. Umso mehr aber beeindruckt mich die Dame, die jene oben zitierten Verse verfasst hat, als Person: Sidonia Hedwig Zäunemann, zur Welt gekommen anno 1714 als Tochter eines Erfurter Juristen. Offenbar begann sie schon als 14-Jährige, Gedichte für den Hausgebrauch zu schreiben, was ungewöhnlich war. In späteren Jahren suchte sie mit ihrer Dichtung die Öffentlichkeit, was außergewöhnlich war: Weiland hatte man einen klaren Begriff von dem, was eine Frau machen sollte, und Literatur gehörte keinesfalls zum Kanon. Wogegen Sidonia Hedwig Zäunemann protestierte, und zwar literarisch: »Ihr Männer bildet euch nicht ein, / Als ob Vernunft, Verstand, Gelehrsamkeit und aufgeklärter Sinn / Sollt euer Eigentum und Erbrecht sein; / Nein! Wahrlich, der das Firmament gesetzt, / Der hat das Frauenvolk nichts minder hoch geschätzt: / Und ihnen auch Verstand und Witz verliehen.« Das war doch mal eine Ansage! Und nicht nur auf ihr Recht zu dichten und zu denken pochte die Zäunemännin, nein: Sie wollte auch reiten, und zwar nicht nur bei Schönwetter im Kreis, sondern in freier Wildbahn, alleine, durch Nacht und Wind, durch Regen, Donner und Blitz. Das aber ging für eine Frau seinerzeit gar nicht an. So kam die Dichterin auf den naheliegenden Gedanken, sich zum Mann zu machen, jedenfalls in Sachen Oberbekleidung. Derart unkenntlich, preschte sie nicht selten von Erfurt gen Süden, über Arnstadt durch den Plaueschen Grund. Eins ihrer Lieblingsziele war Ilmenau, wo ihre Schwester lebte – und weitere Männerdomänen der Erstürmung harrten: Warum sollte ein Frauenzimmer nicht mal in ein Bergwerk einfahren? »Ich kann die Regung meiner Brust / Ohnmöglich länger unterdrücken: / Ich muss zu meiner Herzenslust / Mich mit dem Bergmannskleide schmücken. / Der Schachthut ziert mich schon, nun bin ich ganz verkleidt! / Mein Grubenlicht hat auch sein Feuer. / Kein unterirdisch Ungeheuer, / Noch Fahrt, Gefahr noch Müh setzt mich in Bangigkeit. / … Weswegen sollt denn nicht ein Frauenbild auf Erden / Durch Leder, Licht und Fahrt ein kühner Bergmann werden? / Auch diese Tat muss rühmlich sein! / Glückauf! Ich fahre freudig ein.« Und genau das tat sie, gleich zweimal, im Januar 1737. Im Jahr darauf erlebte sie die Ernennung zur »kaiserlich gekrönten Poetin« durch die Universität Göttingen sowie die Veröffentlichung ihrer gesammelten Gedichte *Poetische Rosen in Knospen*.

1740 starb sie, erst 26-jährig, einen ihr gemäßen Tod: Auf dem Weg nach Ilmenau ritt sie in Angelroda über einen Steg, der, vom Hochwasser beschädigt, unter ihr zusammenbrach. Erst am Tag danach fand man ihre Leiche. Begraben ist diese überaus beeindruckende Frau in Plaue.

Weil Frau Zäunemann eben doch eine Dichterin war

Ach, ich habe ja doch noch Reste eines Gewissens, und diese pochten gerade ein wenig: War es nicht ganz und gar gemein von mir, dass ich im Vorigen nicht einen Vers dieser Frau gelobt habe, die doch zuvorderst eines sein wollte – Dichterin? Ich bin ein Arsch, wirklich. In Erkenntnis dieses Umstands beschloss ich, noch ein wenig nachzurecherchieren, nahm Hirschbergs *Bibliographie deutscher Erstausgaben* zur Hand – und war elektrisiert: Diesem »Taschengoedeke« zufolge trägt die Erstveröffentlichung der Zäunemännin den Titel »Die von denen Frauen gepeitschte Laster«. Jawohl! Das will man doch lesen! Peitschende Frauen! Lasterhafte Peitschenfrauen! Her damit!

Nun … meine Euphorie gab ein wenig nach, als ich herausfand, dass der ansonsten doch so zuverlässige Hirschberg ausgerechnet hier geschlampt hat: Das Buch heißt *Die von denen Faunen gepeitschten Laster* – Faunen, nicht Frauen, und jene Faunen sind nach dem Verständnis der Zäunemännin das römische Pendant der griechischen Satyrn, also bedeutet der Titel etwa so viel wie »Satirisch aufgespießte Missstände«, was ja ganz nett ist, aber deutlich weniger nett als »Völlig enthemmte Frauen peitschen lasterhaft um sich«.

Nichtsdestotrotz beschloss ich, das Büchlein nun zu lesen, und siehe da: Es sollte mein Schaden nicht sein.

Die Quintessenz der Faunen-Peitsche ist wie folgt: Seht nur, in welch widerlichen Zeiten wir leben. Früher, etwa unter Kaiser Augustus, war alles viel besser. Wobei man freilich schon unter Augustus beklagt hatte, dass früher alles viel besser gewesen war.

Früher war immer alles viel besser, und deshalb sind diese Zeitkritiken seltsam zeitlos. Immerhin trägt die Zäunemännin ihre Klage mit Verve vor: »Was für ein heißer Schmerz hat meine Brust befallen! / Der Adern rote Saft fängt kochend an zu wallen; / Mein Herz bebt wie ein Blatt, mein Geist entsetzt sich ganz, / Wenn ich die alte Zeit mit ihrem Wert und Glanz, / Und unsre Zeiten seh.« Hui! An anderer Stelle, es geht um schnöselige Honoratioren, muss sie fast kotzen: »Sie können schon das Amt des Vomitivs verwalten, / Ich muß, mir ekelt selbst, den Mund schon feste halten.« Holla!

Zuvorderst fertigt die Dichterin kurz, aber nachhaltig jene Herren ab, die vermeinen, dass nur Männer schreiben und lesen dürften: »Was für ein toller Wurm hat euren Kopf durchfressen, / Daß ihr euch nur allein dies Recht sucht beizumessen?« Das saß! Anschließend erledigt sie den Mammonismus sowie die Korruption (»Gib den Richtern Geld, so kommst du bald davon«). Und offenbar konnte man sich schon damals den Doktortitel kaufen: »Ja, gar ein Platz in der Gelehrten Zunft / Ist jetzt so gut als Obst um bares Geld zu haben«. Ebenfalls zuwider sind der Dichterin aber die verhärmten Asketen: »… sein bestes Leibgewand / Ist grob, denn dieses tut der Wollust Widerstand«. Dann schon lieber der Monarch, der sich einen Serail an Maitressen hält: »… Der König braucht den Leib / Zu seiner Augen-Lust, zu seinem Zeitvertreib«. Wobei der Adel sich allerdings nicht gar so viel auf seine adelige Abkunft einbilden sollte, ist diese doch vielleicht gar keine: »Die Leute sagen's wohl, der Vater glaubt es zwar, / Doch lacht die Mutter oft, die ihn zur Welt gebar. / Wer weiß, welch geiler Kerl ein Neben-Bett gehalten? Es gibt ja Leute g'nug, die gern dies Amt verwalten. / Wer weiß, wie mancher Knecht die edle Frau geküßt, / Von dessen Bauern-Blut das Kind entsprungen ist.« Unglaublich! Diese Frauen! Und dann tragen sie auch noch heftige Dekolletés: »Drum zeigt das Frauenvolk vollkommen aufgedeckt / Daß keine Amazon' in ihrer Schnürbrust steckt«. Überhaupt, die Girls und die Mode: »Kein modenhaftes Stück kömmt von der Seine her; / Kein teures Zeug bringt man vom Po und Mittelmeer / Und von der Themse-Strom, das Weib gafft schon nach allen«. Paris, Mailand, London als Mode-Metropolen – das ist ziemlich aktuell. Ebenso wie der Dichterin Widerwille gegen gentechnisch veränderte Nahrung. Stattdessen halte man sich, so fordert sie, an »… was der Garten sonst an Frucht und Beeren gibt. / Ein Kohl, den die Natur und nicht die Kunst geschiebt; / Ein Obst, das ebenfalls nur die Natur getrieben, / Milch, Ei und Butterwerk, das rein und frisch geblieben«. Lecker!

Und schließlich hat die Zäunemännin doch noch als Dichterin mein Herz gewonnen – durch zwei Zeilen nämlich, die ebenso treffend wie wohlklingend die Sucht des Adligen geißeln, sich wegen jedem Scheiß sofort zu duellieren:

»Jetzt wetzt er seinen Stahl auf seines Gegners Arm; / Jetzt geht er auf ihn los, und dringt ihn durch den Darm.«

Chapeau!

86. GRUND
Weil hier das berühmteste Graffito der Deutschen ist

Es kann schon einmal vorkommen, dass einem das Chaos der Stadt auf die Nerven geht, dass man die Idioten um einen herum nicht mehr erträgt, dass man heraus muss aus diesem Wirrsinn, ja dass es einen dorthin zieht, wo die Dinge klar und rein sind, wo einen köstliche Stille umfängt, wo es noch ganz und gar natürlich zugeht und wo es vor allem keine Vollidioten gibt: in den Wald.

So waren die Beweggründe jenes 31-jährigen, der nun im Spätsommer den Kickelhahn bei Ilmenau bestieg, um dort in der hölzernen Jagdaufseher-Hütte die Nacht zu verbringen. Als diese hereinbrach, nahm der junge Mann seinen Bleistift zur Hand und kritzelte spontan ein paar Zeilen auf die Bretterwand.

Dort oben stand es nun, eines der größten Gedichte deutscher Sprache, und merkwürdigerweise stand es für lange Zeit nur dort.

Denn erst 1815, 35 Jahre nach jener Spätsommernacht, entschloss sich Goethe, es zu veröffentlichen:

Über allen Gipfeln
Ist Ruh,
In allen Wipfeln
Spürest du
Kaum einen Hauch;
Die Vögelein schweigen im Walde.
Warte nur, balde
Ruhest du auch.

1831 reiste Goethe ein weiteres Mal nach Ilmenau. Am Tag vor seinem Geburtstag, es sollte sein letzter sein, ließ er sich in einer leichten Kutsche hinauf zur Hütte bringen: Seit 30 Jahren sei er nicht mehr hier gewesen, eröffnete er seinem Begleiter Mahr. Goethe erinnerte sich seines »kleinen Verses«, fand ihn, und nun sah das Auge des 81-Jährigen, was der 31-Jährige an die Wand geschrieben hatte.

Mahr berichtet: »Goethe überlas diese wenigen Verse, und Tränen flossen über seine Wangen. Ganz langsam zog er sein schneeweißes Taschentuch aus seinem dunkelbraunen Tuchrock, trocknete sich die Tränen und sprach in sanftem, wehmütigem Ton: ›Ja: warte nur, balde ruhest du auch!‹, schwieg eine halbe Minute, sah nochmals durch die Fenster in den düstern Fichtenwald und wendete sich darauf zu mir mit den Worten: ›Nun wollen wir wieder gehen!‹«

Ein halbes Jahr später war der Dichter tot, das Gedicht aber blieb auf der Bretterwand, für jeden gut sichtbar. Wirklich für jeden, bot die unverschlossene Hütte doch allen, die mochten, ein Obdach. Bald wurde sie zu einer Art Wallfahrtsziel: Hier hatte der 31-Jährige gedichtet, der 81-Jährige geweint, man war ergriffen … oder drehte gänzlich durch: Manche zogen die Buchstaben nach, andere ritzten sie ins Holz, ein vollends Beseelter versuchte gar, das Gedicht aus der Hütte zu sägen, um es mit nach Hause zu nehmen. August Linde kam 1869 auf eine etwas bessere Idee: Er fotografierte die Inschrift, mit einer dieser neumodischen Kameras.

Ein Jahr später, am 11. August 1870, kehrten drei Männer in die Hütte ein – nicht aus literarischen, sondern aus ganz und gar handfesten Gründen: Die drei kamen aus dem nahen, wegen seiner kargen Böden überaus armen Dorf Geschwenda (»In Geschwende hat das Brot ein Ende«, spottete man in der Umgebung). So waren die Männer in den Kickelhahn gestiegen, um dort Beeren zu pflücken, die sie in Ilmenau verkaufen wollten, als plötzlich ein heftiger Regen einsetzte. Die drei retteten sich in die Hütte, wo sie auf dem Estrich ein Feuer entzündeten, über dem sie ihre nassen Sachen trockneten. Am nächsten Morgen verließen sie die Hütte, um die Beerensuche fortzusetzen. Einer gewahrte, dass von der scheinbar erloschenen Feuerstelle noch etwas Rauch aufstieg. Damit dieser abziehen konnte, ließ er beim Weggehen Tür und Fenster offen. Tja: Der Durchzug fachte das Feuer bald wieder an, und mit ihm die Hütte, mit dieser das Gedicht.

Der arme fahrlässige Brandstifter musste für zwei Monate ins Gefängnis. Das mittlerweile als Kurort zu Geld gekommene Ilmenau ließ sich jedoch nicht lumpen und rekonstruierte die Hütte umgehend. So stehen wir Heutigen nun vor einer Kopie des berühmtesten Graffitos unserer Geschichte. Was nicht weiter schlimm ist: Wenn das Original nicht verbrannt wäre, läge es heute irgendwo museal aufgebahrt, hinter Glas gesichert und klimatisiert – so hätte es seinen Ort verloren. Umgekehrt: Die einzige Möglichkeit für das Gedicht, seinen Ort zu bewahren, lag darin, sich dort verbrennen zu lassen. Und wer weiß: Vielleicht hätte Goethe das gefallen.

Weil hier die alten Weiden so grau scheinen

In sympathischer Bescheidenheit haben die Jenenser sieben Sehenswürdigkeiten ihrer Stadt kurzerhand zu »Wundern« erhoben. Eines dieser Wunder ist der Stadt-Berg Jenzig – welcher, wiewohl recht hübsch, auf den ersten Blick nicht allzu viel Wunderbares an sich hat, abgesehen vielleicht von einer kahlen Stelle, seiner »Nase«. Doch ist der Jenzig sehr viel mehr als bloß ein Berg mit Blöße – denn womöglich ereignete sich etwas überaus Wichtiges an seinem Fuße, genauer gesagt: an einem geologischen Aufschluss, der als solcher schon recht imposant ist: Gut zehn Meter misst er in der Höhe, wobei sich dem Auge verschiedene Gipse mit Ton- und Siltsteinen bieten, zuunterst gibt es eine recht stark schüttende Quelle.

Darüber, was genau hier passierte, gibt es unterschiedliche Meinungen. Eine kleine, radikale Fraktion behauptet: Hier (oder zumindest ganz in der Nähe) ritt einst ein Vater mit seinem Kind durch Nacht und Wind, wobei dieses heftig vom Erlkönig bedrängt, dann berührt, letzlich zu Tode gebracht wurde. Als Indiz für diese These dient der Umstand, dass oberhalb der Quelle eine übermenschlich große Statue aufragt, die mit gewisser Wahrscheinlichkeit einen Erlkönig darstellt – und warum sollte hier ein Bildnis des Erlkönigs stehen, wenn er nicht hier einst erschienen wäre?

Eine etwas gemäßigtere Fraktion hängt der Überzeugung an, dass sich seinerzeit in der Nähe ein profanerer, wiewohl gleichfalls tödlicher Nacht-Ritt ereignet habe, den der Dichter daraufhin zu seiner unsterblichen Ballade verdichtet habe. Dritte wiederum behaupten, dass Goethe, der verbürgterweise im Winter 1817/18 etliche Male quasi in Sichtweite im Gasthaus »Grüne Tanne« in Wenigenjena abgehangen hatte, allein vom Anblick jener nebulösen Saaletal-Landschaft poetisch zu seinem Wer-reitet-so-spät angeregt worden sei.

Schließlich gibt es aber die weitaus größte Fraktion, nämlich jene der Skeptiker (hey, wer braucht die eigentlich?), die alles zu

Klump und Asche klügeln: Goethes Gedicht könnte nicht im Winter 1817/18 gedichtet worden sein, da es schon 1782 gedruckt vorgelegen hätte, entstanden wäre es zudem in Weimar, und selbst die Inspiration käme mitnichten aus Jena, sondern aus einer dänischen Ballade, die Herder ins Deutsche übersetzt hätte, und zwar bereits 1779, und zwar falsch, denn der dänische »Ellerkonge« wäre kein Erl-, sondern ein Elfenkönig, und überhaupt gäbe es gar keine Geister, mithin auch keine Elfen-, geschweige denn Erlkönige. So sind sie halt, die Skeptiker: immer alles kaputt machen.

Was jedoch selbst sie nicht infrage stellen, ist der Umstand, dass dieses wunderbare Gedicht in Thüringen entstanden ist – dieses wunderbare Gedicht, das Trillionen von Schülern auswendig lernten und sodann mit leicht zittriger Stimme vor versammelter Klasse herunterleierten, dieses wunderbare Gedicht, das immer wieder zu Interpretationen herhalten muss und sich vor allem formidabel zur Parodie eignet: »… der Knabe lebt / das Pferd ist tot« (Heinz Erhardt), »Wer reitet so spät durch Nacht und Wind? / Es ist der Fleischer, er sucht sein Rind« (Otto Waalkes), »Wer reitet so spät im finsteren Busche? / Der Gaul, der stolpert und fällt auf die Gusche« (Eberhard Cohrs). Oder, als kongenial neben das Original zu stellen, die anonyme Motorrad-Version aus den 40er-Jahren: »… ›Mein Vater, mein Vater, mir wird so bang, / Siehst Vater du nicht den Bahnübergang, / Der unüberwacht in nebliger Ferne?‹ / ›Mein Sohn, wir haben ne Bosch-Laterne!‹ …«

88. GRUND

Weil Goethe hier zahlreiche Sammlungen angelegt hat

Es gibt das Bild des armen Poeten, welcher, halb verhungert in einer hundehüttehaften Behausung hockend, die Blöße seines Leibes nur notdürftig mit alten Haderlumpen verhüllt, Inspirationen aus hehren Sphären empfängt, welche er dann, während sein wunder, im

Grunde schon überwundener Leib bereits zu verwesen beginnt, in Gedichte von wundersamer, nachgerade betörender Schönheit verwandelt. »Dichter müssen der Welt entsagen«, interessanterweise ist dieses Postulat insbesondere unter jenen Menschen verbreitet, die ebenso sehr auf den Erhalt ihrer Gesundheit wie auf den ihres Wohlstandes bedacht sind.

Auf der anderen Seite gibt es Goethe, der 1829 seinem Eckermann namens Eckermann eine unerwartet materialistische Sicht der Dichterdinge kundtut: »Eine halbe Million meines Vermögens ist durch meine Hände gegangen«, gesteht Deutschlands größter Dichter, »jedes Bonmot, das ich sage, kostet mir eine Börse voll Gold.«

In der Tat: Zu den zahllosen Talenten Goethes zählte auch jenes zum Geldausgeben: Er hatte erhebliche Einkünfte; zu seinem Gehalt als Geheimrat kam ja noch das, was ihm seine Bücher einbrachten, wobei er ein harter Verhandlungspartner war: Erst das Geld, ließ er seinen Verleger wissen, dann das Manuskript. Und schließlich stammte Goethe aus steinreichen Verhältnissen, wobei er das elterliche Erbe beinah restlos durchbrachte: An Barmitteln hinterließ er gerade so viel wie ein mittlerer Handwerker.

Aber wofür gab der Großdichter denn nun all sein Geld aus? Nun, er war da nicht viel anders als unsereins: Essen, Trinken, Wohnen, Kleiden, Reisen und so weiter, wobei Goethe in all diesen Disziplinen einen gleichfalls guten wie teuren Geschmack hatte. Ein weiteres waren seine Sammlungen. Bücher selbstverständlich, Majoliken, Bilder, Zeichnungen, Druckgrafiken, Steine, naturwissenschaftliches Gerät, Menschenschädel, Zwischenkieferknochen, Tierpräparate, Plastiken und pornografische Darstellungen.

Pornografische Darstellungen? Sammlung? Hm? Wie heißt es so treffend im Vorwort jenes Buches, das sie 1990 erstmals gesammelt vorstellte? »Publikationen, die hier um des Effektes willen von einer ›Sammlung‹ sprechen, verfälschen den Tatbestand.«

Da Sie jedoch, lieber Leser, hier eine Publikation in der Hand halten, die kein auch noch so niederes Mittel scheut, um billige

Effekte zu heischen, sei hier weiterhin der »Tatbestand« verfälscht und, wie Schiller sagt, das Strahlende geschwärzt: Goethe hat tatsächlich, na ja, nennen wir's »Darstellungen sexueller Akte und Gliedmaßen« gesammelt. Dass er natürlich auch Darstellungen unendlich vieler anderer Dinge gesammelt hat, steht außer Frage, aber nichtsdestotrotz bleibt da eine stattliche Anzahl interessanter Stellungen, etwa als Unterabteilung der Gemmen-Sammlung. Nämliche Gemmen, Edelsteine mit eingeschnittenen Motiven, waren in der Antike äußerst verbreitet, beispielsweise auf Siegelringen, wobei sich die sinnenfrohen Römer hier durchaus auch an der Darstellung des virtuos exekutierten Sexualakts erfreuten. Ebenso tat dies allem Anschein nach Goethe, zu dessen Zeit man Abdrücke jener Gemmen preiswert erwerben konnte. Auch dem Fruchtbarkeitsgott Priapos, dargestellt mit übergroßem Gemächt, oder, pars pro toto: als übergroßes Gemächt, war Goethe offenbar zugetan, wie zahlreiche Stücke seiner Sammlung ausweisen. Zudem ist eine Tuschezeichnung aus der Hand des Dichters erhalten, die zweifelsfrei eine Priapos-Herme darstellt.

Also, lieber Leser, der Sie mir bis hierhin in meinem Versuch gefolgt sind, die erhabenste Gestalt der deutschen Literatur mit niedersten, zudem wissenschaftlich fragwürdigen Mitteln in den Staub der Pornografie zu ziehen: Nun endlich hat der Unrat ein Ende. Immerhin habe ich Ihnen diese reißerische Überschrift erspart: Weil Goethe hier so manchen Penis hinterließ.

89. GRUND
Weil Schiller hier hoffentlich irgendwo in Ruhe ruht

Als Schiller am 9. Mai 1805 gestorben war, stand Weimar vor einem kleinen Problem: Der Dichter war nicht so vermögend, dass man ihn seinem (immerhin adligen) Stande entsprechend hätte beerdigen können. Doch glücklicherweise gab es für solche Fälle einen Sozialplan: Auf dem alten Jacobsfriedhof hatte sich ein Finanzbeamter 1715 ein privates Mausoleum errichten lassen, welches 1742 ans Herzogtum gefallen war. Seither nutzte man es als repräsentable Begräbnisstätte für Menschen, die sich verdient gemacht hatten, ohne allzu viel verdient zu haben – Menschen wie Schiller. So wurde dieser am Sonntag, den 12. Mai, im sogenannten Kassengewölbe beigesetzt, und zwar zu nachtschlafender Zeit: um ein Uhr morgens.

Alles war fein – bis Carl August 1823 eine Idee hatte: Mittlerweile war der Jacobsfriedhof vom Neuen Friedhof abgelöst worden, und auf diesem, so der Großherzog, sollte nun eine Fürstengruft erbaut werden, in welcher die Überreste bisheriger beziehungsweise künftiger Verblichener des Fürstenhauses Platz finden würden – und natürlich jene der Dichterfürsten Goethe und Schiller. Dazu galt es nun, Letzteren vom Jacobsfriedhof zu überführen; eine Aufgabe, mit der man den Bürgermeister Schwabe betraute. Dieser stieß im Kassengewölbe zunächst auf ein »Chaos von Moder und Fäulnis« und hernach auf ein weiteres Problem: Welcher der 23 infrage kommenden Schädel war Schillers? Glücklicherweise hatte Schwabe einen Anhaltspunkt: des Dichters Totenmaske. Und so fand der Bürgermeister bald jenen Schädel, der sich perfekt in deren Physiognomie einpasste. Nun legte Goethe zunächst seine Hand auf das Haupt des Freundes; poetisch, indem er das Gedicht *Bei Betrachtung von Schillers Schädel* schrieb, doch daneben durchaus auch konkret: Eine Zeit lang bewahrte er das Stück, auf blauen Samt gebettet, in seinem Haus am Frauenplan auf. Erst 1827 setzte man Schillers Schädel in der Fürstengruft bei, 1832 legte sich Goethe daneben. Fortan hatte die deutsche Geisteswelt (oder was sich dafür hielt) eine Pilgerstätte.

Alles war fein – bis sich Zweifel daran einstellten, ob der von Schwabe geborgene Schädel tatsächlich jener Schillers war. 1911 stieg der Anatomie-Professor August von Froriep erneut ins Kassengewölbe, entnahm diesem kurzerhand sämtliche einliegenden Schädel, 63, untersuchte selbige akribisch – und fand den echt total einzig wahren Schillerschädel. Nun hatte man zwei. Das Problem wurde gelöst, indem man den Froriep'schen Schädel in einen kleinen Bonusmaterial-Sarg packte und diesen gleichfalls in der Fürstengruft beisetzte. Jetzt kehrte wieder Grabesruhe ein, unterbrochen nur von einem kleinen Ausflug: Den Zweiten Weltkrieg verbrachten Goethe und sein doppelköpfiger Freund in einem Jenaer Bunker.

Alles war fein – bis die DNA-Analysten ins Land kamen. 2010 stellte die Wissenschaft fest, dass der von Schwabe geborgene Erst-Schädel tatsächlich exakt Schillers Züge aufweist – aber, wie der Erbgut-Abgleich ergab, dennoch nie dem Dichter gehört hatte. Sondern irgendwem anders. Noch schlimmer steht es um Frorieps Zweitschädel: Der nämlich hatte einst auf dem Hals der Hofdame Lise von Göchhausen gesessen, und dieser war Schiller, wie man hört, nicht sonderlich wohlgesinnt gewesen. Was blieb den Weimarern anderes übrig, als den Schiller-Sarg auszuräumen? Seither liegt er leer da.

Es bleibt zu hoffen, dass Schillers Original-Gebeine irgendwo anders in netter, lauschiger Umgebung eine letzte Ruhestätte gefunden haben – die diesen Namen auch verdient.

90. GRUND

Weil hier viel Sternlein stehen

Weißt du, wie viel Sternlein stehen
an dem blauen Himmelszelt?
Weißt du, wie viel Wolken gehen
weithin über alle Welt?
Gott der Herr hat sie gezählet,
dass ihm auch nicht eines fehlet
an der ganzen großen Zahl,
an der ganzen großen Zahl.

Weißt du, wie viel Mücklein spielen
in der heißen Sonnenglut,
wie viel Fischlein auch sich kühlen
in der hellen Wasserflut?
Gott der Herr rief sie mit Namen,
dass sie all ins Leben kamen,
dass sie nun so fröhlich sind,
dass sie nun so fröhlich sind.

Weißt du, wie viel Kinder frühe
stehn aus ihrem Bettlein auf,
dass sie ohne Sorg und Mühe
fröhlich sind im Tageslauf?
Gott im Himmel hat an allen
Seine Lust, sein Wohlgefallen;
kennt auch dich und hat dich lieb,
kennt auch dich und hat dich lieb.

Das ist hübsch, nicht wahr? Weckt es in Ihnen Kindheitserinnerun-
gen? Oder singen Sie es gerade allabendlich Ihrem Kleinen vor, auf
dass er endlich Ruhe finde (und gebe)? Jedenfalls handelt es sich
beim *Sternlein*-Lied um ein Thüringer Erzeugnis, gedichtet hat es
Wilhelm Hey, der 1789 im Pfarrhaus zu Leina geboren wurde. Die
Schule absolvierte er in Gotha, das Studium in Göttingen und Jena.
1818 trat er eine Pfarrstelle in Töttelstädt an, avancierte 1827 zum
Hofprediger in Gotha, 1832 zum Superintendenten in Ichtershau-
sen. Doch fand er trotz all seiner geistlichen Pflichten auch noch die
Zeit zum Dichten: Seinerzeit berühmt waren die 1833 erschienenen
Fünfzig Fabeln für Kinder, bis heute überlebt haben aber zwei Lieder
aus Heys Feder: eben jene *Sternlein* sowie – alle Jahre wieder gern
gesungen – *Alle Jahre wieder*.

Hey ist als Kinder-Dichter sehr liebenswert; traut man den
Quellen, so war er dies auch als Mensch. Zudem ist er ein schönes

Beispiel dafür, dass Thüringen auch unterhalb des galaktisch großen Goethe einiges zu bieten hat: Wenn Sie durchs Land wandern, werden Sie an nahezu jeder Milchkanne entlang des Weges eine Gedenktafel finden: Hier wurde Wezel geboren, dort Hunold, hier lebte Bechstein, dort starb Günther. Thüringen ist ein an Dichtern reiches Land. Wirklich, hier stehen viel Sternlein; teils sind sie erinnert, teils nahezu vergessen.

91. GRUND

Weil Nietzsche hier seine schreckliche Schwester ertrug

Weimar war 1896 eine etablierte Weltmarke im Bereich der Hochkultur: Hier hatte die klassische deutsche Dichtung zu ihrer Sternstunde gefunden, daneben hatte die Stadt ja in jüngerer Zeit noch Größen wie Liszt, Lenbach, Böcklin und Richard Strauss beherbergt. Folglich strebte Elisabeth Förster, geborene Nietzsche, fort aus dem provinziellen Naumburg, hin ins geistige Herz der Nation – ging es ihr doch darum, das herrliche Erbe des übergroßen Bruders in angemessenem Rahmen zu präsentieren. Ein »Nietzsche-Archiv« war entstanden, in welchem die Schwester zahlreiche kostbare Dokumente zusammengetragen hatte. Doch die vielleicht wertvollste Archivale war ein weithin regungsloser, 1,71 Meter großer, gut 50 Jahre alter Mann: Friedrich Nietzsche selbst.

Ende 1888 hatte er in Turin seinen Zusammenbruch erlitten: Nachdem er gesehen hatte – so geht die Fama –, wie ein Kutscher sein Pferd peitschte, schlang er weinend seine Arme um den Hals der geschundenen Kreatur und wollte nicht mehr von ihr lassen. Es hat den Anschein, als sei Nietzsche unter der übermenschlich großen Last seiner Gedanken zusammengebrochen. Banalere Geister freilich behaupten, dass eine fortgeschrittene Syphilis des Philosophen Haupt in einen Schwammkopf verwandelt hätte.

Ein Freund brachte Nietzsche Anfang 1889 in die Kantonale Irrenanstalt Basel, wo er psychiatrisch behandelt wurde. Bald reiste die Mutter aus Naumburg an und erwirkte eine Verlegung in die ihrem Wohnort nächstgelegene »Irren-Heil- und Pflegeanstalt«: jene in Jena. Und so kam Nietzsche endlich nach Thüringen (das er zuvor kaum in nennenswerter Weise berührt hatte). Mitunter war er bei klarem Verstand, mitunter sagte er, ihm sei so wohl, dass er dies höchstens in Musik ausdrücken könne, so sang er häufig, verfiel dann aber wieder in heftigste Erregung. Wiewohl Jena seinerzeit zu den »fortschrittlichen« psychiatrischen Einrichtungen zählte, fanden dort doch Dinge statt, die einem jedwede Lust darauf rauben, verrückt zu werden: Nietzsche wurde zu Studienzwecken in einen Vorlesungssaal geführt, wo er auf und ab schreiten musste, um so Anomalien seines Ganges zu demonstrieren. Als diese nicht überzeugend genug ausfielen, forderte ihn der Professor auf, in Militärmarsch zu verfallen, was Nietzsche auch tat. Das ist schon traurig zu lesen.

Im Herbst besserte sich sein Zustand ein wenig, sodass die Mutter ihn – wider ärztlichen Rat – Anfang 1890 mit nach Naumburg nahm, um ihn dort zu pflegen. Doch bald darauf begann Nietzsche zu verdämmern, oder, wie ein Jugendfreund festhielt: »der Wahnsinn zum Blödsinn umzuschlagen«. 1897 starb die Mutter, und nun hatte Elisabeth Förster freie Bahn für ihre Pläne. Mittels der üppigen Zuwendung einer Nietzsche-Bewunderin erwarb die schreckliche Schwester die repräsentative Villa Silberblick in Weimar, in welche sie nun das Archiv samt Friedrich verfrachtete. Hier konnte sich Frau Förster dem wichtigsten Zweck ihres Daseins widmen: ihrer Eitelkeit. Zunächst fälschte sie Briefe des Bruders, und zwar zu ihren Gunsten. Was vonnöten war, immerhin hatte er sie in früheren Zeiten mit Worten wie »vollkommene Höllenmaschine« und »giftiges Gewürm« bedacht. Dank der Fälschungen aber erschien sie jetzt als Herzensschwester und einzig legitime Vollstreckerin des denkerischen Testaments, und hiervon machte sie reichlich Gebrauch. Vor allem aber hielt sie Hof – wobei besonders würdige Gäste den Philosophen leibhaftig vorgeführt bekamen; immerhin musste dieser nicht mehr militärisch auf und ab marschieren (was er allerdings auch nicht mehr gekonnt hätte). Stattdessen wurde Nietzsche als entrückter Übergeist inszeniert. »Unbeweglich, teilnahmslos, in eigener Abgeschlossenheit«, berichtet Resa von Schirndorfer, »saß er wie ein Automat da, wohin fremder Wille ihn gesetzt hatte.« Harry Graf Kessler bewundert Nietzsches Hände: »Die Finger sind auffallend lang und fein gebildet; nur die Farbe fast leichenhaft.« Scheinbar apathisch ließ Nietzsche die Inszenierung seiner über sich ergehen. Doch war er dem Schrecken seines Weimarer Daseins wirklich ganz entrückt? Graf Kessler verbrachte die Nacht in der Villa Silberblick: »Ich hatte noch keine Viertelstunde das Licht ausgemacht, als ich plötzlich durch das laute Brüllen des Unglücklichen unten aufgeschreckt wurde. Ich stand halb auf und hörte noch zwei, drei Mal die langen, rauen, wie stöhnenden Laute, die er mit ganzer Kraft in die Nacht hinausschrie«, berichtet Kessler im Oktober 1897, »dann war wieder alles still.«

92. GRUND

Weil in Gotha die Raumstation erfunden wurde

Drei deutsche Wissenschaftler unternehmen eine Ballon-Expedition zum Nordpol – wo sie Unglaubliches entdecken: Der Pol ist bewohnt, aber nicht von Menschen, sondern von Marsianern. Diese unterscheiden sich anatomisch kaum von uns, einzig ihre Augen sind größer, mithin auch ausdrucksstärker als die unseren. Bald finden die Deutschen heraus, dass die fremden Gäste recht sympathische, durchaus friedvoll gesinnte Zeitgenossen sind. Auch die Außerirdischen sind von den Erdlingen recht angetan: Ein Mars-Girl lässt sich gar von einem der Wissenschaftler ins Geheimnis der menschlichen Liebe einführen.

Exakt 6.356 Kilometer über dem Nordpol steht die marsianische Weltraumstation, die zum interplanetarischen Verkehr dient. Einer der Deutschen erhält die Möglichkeit, den Roten Planeten zu bereisen, wo er bald feststellt, dass die Marsianer sowohl technisch als auch zivilisatorisch den Menschen weit voraus sind: Das dortige Leben geht, dank Photovoltaik und höherer moralischer Einsicht, äußerst entspannt und angenehm vonstatten. Allerdings brauchen die Aliens irdische Ressourcen, weshalb sie nun den Menschen ein absolut faires Handelsabkommen aufzwingen – was etwas unklug von den Aliens ist, lassen sich Menschen doch ungern etwas aufzwingen, und sei es auch noch so fair. Folglich kommt es zum Konflikt, den die britische Royal Navy militärisch austragen will – natürlich mit desaströsem Ergebnis, das Empire geht unter. Die Rettung kommt einerseits aus Amerika, andererseits vom verliebten Mars-Girl, und am Ende wird doch noch alles recht gut.

Nun ja: Vielleicht ist diese Romanhandlung nicht unbedingt mehr dazu angetan, heutige Leser aus ihren Sitzmöbeln zu reißen. Für das Erscheinungsjahr 1897 war sie jedoch spektakulär. Und noch spektakulärer war die technische Staffage, die Kurd Laßwitz, Gymnasialprofessor am Gothaer Ernestinum, seinem Roman verpasst hatte: Eine durch elektromagnetische Kraft in der Schwebe gehaltene Weltraumstation, Raketentriebwerke und synthetische Nahrungsproduktion – das sind für jene Zeit schon extrem kühne Visionen, die Laßwitz nichtsdestotrotz plausibel ausführt. Immerhin hatte er ja Mathematik und Physik studiert.

Auf zwei Planeten hat literarisch einen Rang für die Ewigkeit inne, handelt es sich doch um den ersten deutschen Science-Fiction-Roman. Welcher sich zum Bestseller entwickelte, nicht nur in Deutschland: Bald lagen Übersetzungen in neun europäische Sprachen vor. So gilt Laßwitz – neben Jules Verne und H. G. Wells – auch international als einer der Pioniere des Genres. Wobei sein Werk in allerlei Richtungen wirkte. Einer seiner Schüler am Gothaer Ernestinum sollte es hernach ebenfalls zu Bestseller-Ruhm im Bereich der Science Fiction bringen: Hans Dominik. Und auch ein anderer Pennäler verschlang seinerzeit *Auf zwei Planeten*: der spätere Mondraketen-Konstrukteur Wernher von Braun. Und ob es wohl ein Zufall ist, dass von Brauns Entwürfe einer Orbitalstation genau dieselbe speichenradförmige Gestalt hatten wie jene, die die Marsianer in Laßwitz' Roman über dem Nordpol schweben ließen?

Weil hier das Schöne hässlich wurde und umgekehrt und überhaupt

Ach ... herrlich! Wenn es die Dummheit nicht gäbe, müsste man sie erfinden: Das Chemnitzer Museum Gunzenhauser präsentiert auf seiner dritten Etage eine der größten Otto-Dix-Sammlungen – und hat nun dort vor einem Raum eine Warntafel aufgehängt: »Einige der in diesem Kabinett ausgestellten Werke sind für Kinder ungeeignet«. Zur Ehrenrettung der Chemnitzer sei freilich gesagt, dass sie die Tafel allem Anschein nach nicht freiwillig angebracht haben, sondern dazu genötigt worden sind, und zwar durch Eltern, welche man erfinden müsste, wenn es sie nicht gäbe. Die inkriminierten Dix-Bilder zeigen Bordellszenen und eine Notzucht. Nun: Hoffentlich werden die besorgten Eltern bald auch in Kirchen tätig, denn auf so manchem Altarbild finden sich exzessive Gewaltdarstellungen in Form von Hinrichtungsszenen. Wenn das die Kleinen sähen!

Aber zurück zu Dix, in dessen Werk (und Leben) das Geschlechtliche wie das Gewaltsame in der Tat große Rollen gespielt haben; wen wundert's, immerhin war er Kind seiner Zeit. Geboren wurde er in Gera, in jenem Haus, das heute seinen Namen trägt und eine reiche Auswahl von Werken aus allen Schaffensperioden des Meisters präsentiert. Zudem gewährt es einen intimen Einblick in Dix' frühe Lebensverhältnisse: Man hat das Interieur jener Zimmer rekonstruiert, in denen der kleine Otto mit seiner Mama, einer Näherin, und seinem Papa, einem Eisengießer, so manche

Gersche Fettbemme aß. Entdeckt wurde er von seinem Zeichenlehrer, welcher – wackerer Mann – den Schüler zum Fürsten von Reuß schleppte. Dieser gewährte ihm ein Stipendium, mit der aus landesväterlicher Besorgnis herrührenden Maßgabe, dass Dix zuvor ein Handwerk erlerne. Selbiges tat der Knabe, und so durfte er, als ausgelernter Dekorationsmaler, 1909 mit fürstlichem Segen und Geld nach Dresden auf die Kunstgewerbeschule.

Seine künstlerische Selbstfindung wurde von zwei ebenso elementaren wie exzessiven Erfahrungen stimuliert: Sexualität und Krieg, wobei diese beiden für Dix eng zusammenhingen, wird ihm zufolge doch »aller Krieg um und wegen der Vulva geführt«. Stilistisch durchschritt er Expressionismus und Dada, um in den 20er-Jahren bei sich selbst anzulangen: In präzisem, fast überscharfem Duktus bemächtigte er sich seiner Sujets, trieb sie ins Übertriebene und entdeckte so die Schönheit des Hässlichen, die Hässlichkeit des Schönen, ganz wie man will. Gegenstand seiner Kunst war nicht selten der Frauenleib sowie das Fronterlebnis, welches er unter anderem in seinem Hauptwerk, dem wie ein Flügelaltar anmutenden Triptychon *Der Krieg* (1929–1932), verdichtete. Die Nazis verdammten Dix ob solcher Bilder, da er ja den Krieg als ein einziges Schrecknis darstelle (was er, den Nazis zufolge, gar nicht wäre), die Pazifisten schlossen Dix in die Arme, da er ja den Krieg als ein einziges Schrecknis darstelle (was er, den Pazifisten zufolge, ja sehr wohl wäre). Beide Sichtweisen scheinen etwas an Dix vorbeizugehen: Wohl ist der Krieg, wie er ihn darstellt, grauenvoll, doch trotz (oder gar aufgrund) all des Grauens ist er nachgerade hinreißend – ein Numinoses halt. Wem dieses künstlerische Kriegserlebnis zu verstörend ist, der sollte sich lieber an den vielen Akten des passionierten Puffgängers Dix delektieren – doch Vorsicht: Halten Sie Ihren Kindern dabei unbedingt die Augen zu!

Weil man in einem Weimarer Haus an der Zukunft baute

Wenn heute jemand mit dem Plan anträte, einen neuen, besseren Menschen zu schaffen, würde er Heiterkeit hervorrufen, vielleicht Verlegenheit, Unmut gar: Alle Versuche, die Welt zum Hort der Glückseligkeit zu machen, sei es durch Heilspolitik, durch makrobiotische Ernährung oder die Aufnahme blauer Orgonenströme, haben sich ein wenig überlebt.

Vor 100 Jahren aber, ja, da konnte man noch einen raushauen, dass es nur so krachte: Als Walter Gropius 1919 in Weimar das Bauhaus gründete, veröffentlichte er ein Manifest, in dem er den Unterschied zwischen Künstler und Handwerker kurzerhand mal ungeschehen machte. Ziel beider sei allein der Bau, genauer: der neue Bau der Zukunft, der »einst gen Himmel steigen wird als kristallenes Sinnbild eines neuen kommenden Glaubens«. Über dieses Pathos kann man heutzutage natürlich prima ablachen; andererseits sollte man aber bedenken, dass zum Zeitpunkt jenes Manifestes die Schlachtfelder des Weltkriegs noch warm waren und so der Gedanke, es müsse sich etwas, am besten alles ändern, viel näher lag, als wir uns das heute in unserer bräsigen Beliebigkeit vorstellen können.

So holte ein gläubiger Gropius einen noch Gläubigeren ins konservativ-provinzielle Weimar. Und dieser Johannes Itten wurde sofort Stadtgespräch, hing er doch der Mazadanan-Lehre an, einer etwas verwegenen Heils-Mischung aus Zarathustra, Tantra, Vollkornmehl und destilliertem Wasser. Entsprechend lief er auch herum: in eine Art Mönchsgewand gehüllt, den Kopf durch konsequente Kahlrasur auf die geometrische Form der Kugel gebracht. Des Weiteren engagierte Gropius Künstler wie Gerhard Marcks, Josef Albers, Lyonel Feininger, Paul Klee, Oskar Schlemmer, Wassily Kandinsky und László Moholy-Nagy – Lehrkräfte mit größter Strahlkraft, welche bald Scharen leidenschaftlicher Schüler in die Kleinstadt lockten. All das amalgamierte sich zu einem extrem kreativen Bauhaus-Milieu, das durchaus auch ins Unbürgerliche, Party-hafte schwappte. Sehr zum Unwillen des sittenstrengen Weimars. So monierte etwa eine Lokalzeitung, dass »Bauhausleute beiderlei Geschlechts irgendwo in der Natur sich nackt ›tummelten‹«. Skandalös! Da half es auch nicht allzu viel, dass Gropius 1923 die Öffentlichkeit zur »Bauhauswoche« lud: Er selbst sprach über »Kunst und Technik – die neue Einheit« (die Paradigmen hatten sich etwas verschoben), dazu tanzte Oskar Schlemmers *Triadisches Ballett,* und als Höhepunkt präsentierte man eine gemeinsame Schöpfung: das komplett eingerichtete »Musterhaus Am Horn«.

Dennoch wurde Weimar nicht recht warm mit dieser Avantgarde in seinen Mauern. Und als Thüringen 1924 einen politischen Rechtsruck vollzog, drehte die neue Landesregierung den Geldhahn zu und vertrieb die Schule so nach Dessau, von wo aus sie bald durchstartete: Unter Verwendung neuartiger Materialien entstanden nun industriell gefertigte Möbelstücke und Gebrauchsgegenstände, die in der Tat etwas vom »Bau der Zukunft« hatten. In ihrer gestalterischen Reduktion klärten sie die Dinge, befreiten sie vom Ballast. So entstanden jene Urformen der Moderne, die uns seither – originalgetreu, weiterentwickelt oder verschandelt – millionenfach umgeben. Wobei manche jener Design-Ikonen das Licht der Welt durchaus schon in Weimar erblickt hatte: etwa Wagenfelds einfach nicht tot zu kriegende »Bauhausleuchte«.

95. GRUND
Weil von Greiz aus ein kleines literarisches Erdbeben die DDR erschütterte

Wenn man sich die Freiheit nimmt, das Ganze etwas zynisch zu betrachten, so waren es ganz gewiss wunderbare Jahre. Zumindest für die Literatur. Denn eine derart mächtige Wirkung, weit über ihr Eigenes hinaus, hat sie wohl selten erreicht. Eins der größten literarischen Erdbeben der DDR aber hatte sein Epizentrum dort, wo man kaum Welterschütterungen vermuten würde: am äußersten Rande Thüringens, in Greiz, Franz-Feustel-Straße 10, in einem Mehrfamilienhaus mit etwas freudlos anmutender Fassade. Hier wohnte der Autor Reiner Kunze, der 1976 eine schmale Sammlung von Prosa-Miniaturen unter dem Titel *Die wunderbaren Jahre* vorlegte: DDR-Alltäglichkeiten, in ebenso eingängiger wie nachhaltiger Sprache gehalten. Die oft nur viertelseitenlangen Stücke machen sinnfällig, welchen Deformationen dortzulande Kinder und Jugendliche unterworfen waren, wie sich oftmals ihr Lebendiges in der sozialistischen Erstarrtheit totlief. Etwa: Gegen Jugendliche, die, auf einer Brunneneinfassung sitzend, Gitarre gespielt haben, wird wegen »Störung des sozialistischen Zusammenlebens (Spielen mit Gitarre)« eine Ordnungsstrafe in Höhe von zehn Mark verhängt.

Man kann sich kaum mehr vorstellen, von welcher gesellschaftlichen Explosivität derlei Literatur damals war: Selbstverständlich durfte so etwas in der DDR nicht verlegt werden, folglich erschienen Kunzes *Wunderbaren Jahre* in Frankfurt/M., fanden von dort aus aber heimliche Wege durch die Mauer. Die wenigen Exemplare, die in der DDR kursierten, wurden abgeschrieben, fotografisch kopiert, sonstwie vervielfältigt – immerhin gab es hier ein Lesepublikum, das für seine Bücher kämpfte, teils gar üble Repressalien auf sich nahm. Denn das war die andere Wirkungsmächtigkeit der dissidenten DDR-Literatur: Mitunter reichte ein Vierzeiler aus, um die obrigkeitsstaatliche Riesenmaschinerie auf Touren zu bringen. Das musste auch Kunze erfahren. Die Stasi beobachtete, beschattete, bohrte Löcher in Nachbarwohnungen, öffnete Post, hörte Telefone ab – doch vor allem dirigierten die tüchtigen Tschekisten einen kleinen Haufen Hilfswilliger, die sich als vermeintliche Freunde an Kunzes Tisch setzten, um dessen Wein und Vertrauen zu genießen – doch in Wahrheit Stasi-IMs waren.

All die solcherart gewonnenen Erkenntnisse wurden in einem phänomenalen Akt preußischer Bürokratie ausgewertet, zu den Akten genommen, in Aktionspläne umgearbeitet, wobei es einerseits darum ging, Kunzes Außenwirkung zu minimieren, andererseits darum, ihn zu »zersetzen«. Man muss lange suchen, um ein anderes Beispiel dafür zu finden, dass ein Einzelner einen staatlichen Riesenapparat derart auf Trab gebracht hat – gut, damals, als die US Army versuchte, den Incredible Hulk zu fangen, da war es etwa ebenso. Nur war der Hulk grün und konnte kilometerhoch in die Luft springen, wohingegen Kunze ein Autor in einem Mehrfamilienhaus in der Greizer Franz-Feustel-Straße war.

Hier könnte man nun zynisch werden und sich fragen: Wow, was will ein Autor mehr als diese Fähigkeit, kraft seines Wortes Himmel und Hölle, das himmlische Publikum ebenso wie die höllische Staatsmaschine in Bewegung zu setzen? Doch für Kunze hatte die Lust am subversiven Literatendasein offensichtlich spätestens dann ein Ende, als Schild und Schwert der Partei begannen, seine Tochter zu bearbeiten. Am 13. April 1977 setzte sich die Familie ins Auto und überquerte, unter wohlwollender Begleitung der Stasi, bei Rudolphstein die deutsch-deutsche Grenze.

Die Zeiten, da das Räuspern eines Autors genügte, um drei Geheimdienstler vor Aufregung vom Baum fallen zu lassen, sind vorbei. Mag dies bedauern, wer will. *Die wunderbaren Jahre* aber haben es auf rund 750.000 Exemplare gebracht – und gewiss ihren Teil dazu beigetragen, dass alles so wurde, wie es wurde.

96. GRUND
Weil es hier ein Gemälde von Format gibt

Irgendwann war es einfach zu viel, was die weltliche und geistliche Obrigkeit den armen Bauern zumutete, irgendwann wollte und konnte der Landmann das Übermaß an Arbeit und Abgaben nicht mehr leisten; umso weniger, als Luther ihm ja gerade erklärt hatte, dass er unmittelbar mit Gott verkehren könnte und der Vermittlung durch irgendeine Priesterschaft nicht mehr bedürfte – warum den Pfaffen dann noch Geld und Gut in die Klöster schaufeln? Folglich begehrte der Bauer auf, fand Fürsprecher und Führer, etwa Thomas Müntzer, unter dessen Leitung sich das mit allerlei landwirtschaftlichem Gerät bewaffnete Bauernheer 1525 von den bestens gerüsteten Truppen der Fürsten abschlachten ließ, bei Frankenhausen, genauer gesagt: auf dem dortigen Schlachtberg des Kyffhäuser-Gebirges, zu dem man auf dem »Blutweg« emporsteigt.

Die Ausgebeuteten erheben sich gegen die Ausbeuter – kein Wunder, dass die DDR den Bauernkrieg ganz dolle in ihr Herz schloss. Anfang der 70er rückte der 450. Jahrestag jenes Geschehens näher; da müsste man doch was machen, womöglich auf dem Schlachtberg selbst, eh? Am besten was Monumentales – schon um dem nur wenige Kilometer entfernt gelegenen gigantischen Imperialisten-Ausbeuterklassen-Kaiser-Wilhelm-der-Arsch-Denkmal Paroli zu bieten. Bloß: Wie setzt man dem heldenhaften Bauernkrieg ein angemessenes Denkmal? Bei solchen Fragen galt es immer erst zu schauen, wie die ruhmreiche Sowjetunion vergleichbare gestalterische Probleme gelöst hat, etwa in Gestalt des Museums der Schlacht von Borodino, unweit Moskaus gelegen: 1962 hatte die Sowjetmacht dort einen Riesenbottich errichtet, dessen Innenwand ein riesiges Panoramabild ziert, darstellend den russischen Sieg über Napoleon.

So wurde 1974 der Grundstein für den deutschen demokratischen Riesenbottich gelegt, und im Grunde war alles super, von ein paar banalen Kleinigkeiten abgesehen. Erstens: Was malt man auf die Riesenleinwand drauf? Ein Schlachtpanorama? In welchem wackere, rechtschaffene Bauern von fürstlichen Schergen in Stücke gehauen werden? Könnte das nicht … etwas deprimierend wirken? Und zweitens: Wer malt das Bild? Man braucht doch dringend einen – wie heißt das? – richtig: »Künstler«!

Zunächst versuchte man das zweite Problem zu lösen. Ein monumentales Kunstwerk hat meist die Eigenschaft, auch von Weitem wahrgenommen zu werden, in diesem Fall auch vom Westen der Welt her, und vor diesem wollte man sich nicht blamieren. Also konnte man keinen zweitrangigen realsozialistischen Realisten an die Leinwand lassen, nein, es musste schon einer jener DDR-Malerfürsten sein, die internationales Renommee genossen. Zudem sollte der Künstler mit der darzustellenden Zeit vertraut sein, auch und gerade hinsichtlich ihrer malerischen Mittel. So kam im Grunde nur einer in Frage: Werner Tübke.

Folglich fragte man Tübke, der allerdings sehr wohl wusste, dass seine Dienste gebraucht wurden, umso dringender, als der Museumsbau währenddessen schon munter emporgewachsen war. Und dieses Wissen um die eigene Unentbehrlichkeit ließ Tübke recht kecke Forderungen stellen: Kein Schlachtgemälde wolle er liefern, auch nicht, wie anderweitig vorgeschlagen, eine chronologische Bildfolge des Bauernkriegs zu Bildungszwecken, sondern volle künstlerische Freiheit genießen. Wobei der Künstler sich immerhin bereit erklärte, zunächst ein zehntelgroßes Modell zwecks Begutachtung abzuliefern. Die Offiziellen kamen Tübke entgegen (was sollten sie auch anderes machen?), sodass der Auftrag im April 1976 vertraglich fixiert werden konnte.

1979 ging Tübke nach etlichen Vorstudien ans Modell. Selbiges war – wie soll man's sagen? – recht opulent: Rund 3.000 Personen füllten das Format mit teils frühneuzeitlichem, teils psychedelischem Leben. Was war das? Magischer Realismus? Ein Vexierbild? Eine raffinierte allegorische Absage an jedweden Fortschrittsglauben, zuvorderst jenen der DDR? Oder einfach ein gut und lustvoll gemaltes Bild, darstellend alles, was die Musen dem Meister gerade eingegeben hatten?

Womöglich befanden sich die verantwortlichen Funktionäre nun in der Klemme: Wenn sie hier Einwände laut werden ließen, etwa »Das verstehen wir nicht!«, könnten sie in den Ruch des Banausentums kommen. Selbiges galt es unbedingt zu vermeiden. Also wurden Gutachter beauftragt, welche das Werk alsbald für gut erachteten, wiewohl es ja, wie gutachterlich angemerkt wurde, für den Betrachter nicht immer ganz verständlich sei.

So flutschte der Entwurf durch die sozialistische Qualitätskontrolle, und Tübke konnte ans Werk gehen. Fleißige Sowjetbürger hatten währenddessen die Leinwand gewoben, nun konnten ihre stattlichen 14 m × 123 m malerisch gefüllt werden. Zunächst wurde die 1:10-Fassung in 900 Quadrate unterteilt, diese beamte man dann per Episkop an die Wand, um so die Konturen zu haben.

Dann, am 16. August 1983 betrat der Meister den Plan – die ersten 150 Quadratmeter malte er noch im Alleingang. Mithin war der Duktus definiert, fortan konnte man sorgsam ausgewählte Mitarbeiter an die Pinsel lassen, denn selbstverständlich wäre das Monumentalwerk von einer Hand nicht zu schaffen gewesen – umso weniger, als jene Hand schon bald überanstrengt war: Ein Muskelriss am Daumen legte Tübke vorübergehend lahm.

Dennoch gedieh das Werk – weniger jedoch der Staat, der es in Auftrag gegeben hatte. Am 16. Oktober 1987 signierte Tübke sein Riesenbild, sodass einer feierlichen Vernissage zu Müntzers 500. Geburtstag nichts mehr im Wege stand. Am 14. September 1989 fand die Fete statt, zu einem Zeitpunkt also, da die DDR – wir erinnern uns – gewisse politische Problemchen zu bewältigen hatte. So erschienen auch nur B-Polit-Promis zum Festakt: die lilafarbene Volksbildungsministerin Margot (Gatte Erich war krankheitshalber verhindert), der »Chefideologe« Kurt Hager, der Kulturminister Hans-Joachim Hoffmann.

Wenig später war die SEDDR Geschichte. Tübkes Bild hingegen erfreut sich weiter bester Gesundheit und großer Popularität.

Weil man hier trotz Defiziten in der Friseurtheorie groß herauskommen kann

Er war wohl das, was man einen »auffälligen Schüler« nennt. So gaben seine Zensuren mit der Zeit ein wenig nach, was schließlich eine Verlegung von der Gesamt- auf die Hauptschule erforderlich machte. Hier entleerte er einen Feuerlöscher ins Treppenhaus, zum Unmut der Schulleitung, da es gar nicht gebrannt hatte. Seine Eltern glaubten eine Art Hyperaktivität bei ihm zu gewahren, folglich schickten sie ihn zu Frau Dietze, zum Gitarrelernen. Doch da Frau Dietzes Auffassung dieses Instruments nicht die seine war, blieb er dem Unterricht oft fern und ließ sich stattdessen die praktisch verwertbaren Akkorde von seinem hobby-musikalischen Opa zeigen. Nach dem doch noch geglückten Hauptschulabschluss schien eine Friseurausbildung neue Lebensperspektiven zu eröffnen – doch dann flog Thomas Hübner durch die theoretische Prüfung. All das hätte ein unschönes Ende nehmen können, wenn Thomas Hübner nicht andere Talente gehabt hätte. Doch die hatte er glücklicherweise reichlich. Übrigens hatte er mittlerweile auch einen anderen Namen: Clüso, später zu Clueso umbuchstabiert.

Clueso rappte sich erfolgreich durch die Thüringer Hip-Hop-Szene, und das erregte bald die Aufmerksamkeit des Mit-Erfurters Andreas Welskop, der sich des damals 18-Jährigen annahm (und ihn bis heute managt). Zunächst stand ein Ortswechsel an: Clueso und Welskop gingen 1999 nach Köln. 2000 erschien die Debüt-Single auf dem Label der Fantastischen Vier: *Spiel da nich mit,* nämlich mit den leicht kompetitiven Beef-Dissen-Bitch-Rappern: »Mich interessiert nicht wer von euch am besten rappen kann / unrelevant wer besser ist oder besser dran / steh nicht auf monotone Diskussion / so bleibt auch keine Angst vorm Diss am Mikrofon.« Stattdessen war Clueso irgendwie der nette Rapper von nebenan, absolut zurechnungsfähig und durchaus entspannt, wozu auch sein lässiger Reggae-Beat beitrug. 2001 erschien seine Erstlings-CD *Text und Ton* – die Karriere war in Gang gekommen. Und nun tat Clueso etwas ganz und gar Eigentümliches: Anstatt in Köln zu bleiben oder etwa (wie zu jener Zeit auch sein Label) nach Berlin zu migrieren, kehrte er zurück in seine Heimatstadt. Es hat den Anschein, als sei er genau so lange in der Fremde geblieben, wie es aus beruflichen Gründen erforderlich war: Offenbar hatte Erfurt genau das, was er brauchte, um inspiriert leben und arbeiten zu können, und was Erfurt nicht hatte, setzte er kurzerhand selbst ins Weichbild der Stadt. So wurde ein Teil des Erfurter Güterbahnhofs zum musikalischen Produktionszentrum ausgebaut, dem »Zughafen«, mittlerweile eine »Musik & Event GmbH«, die neben Clueso noch andere Musiker betreut, Geschäftsführer: Andreas Welskop. In Sachen Karriere setzte Clueso nun zum Steigflug an: *Gute Musik* (2004) war ein Achtungserfolg, *Weit Weg* (2006) trug ihm das erste Gold ein, *So sehr dabei* (2008) sowie *An und für sich* (2011) erreichten jeweils Platin-Status, und mit *Stadtrandlichter* (2014) setzte er sich erstmals an die Spitze der Charts. Einher mit diesem fulminanten Erfolg ging ein Stilwandel: Clueso hat sich zum netten Singer/Songwriter von nebenan gewandelt, neben Hip-Hop und Reggae traten nun starke Pop-, Funk- und Electronic-Einflüsse. In seinen Texten traut er sich, »ich« zu sagen, vor allem aber »du«. Die daraus resultierende Zwischenmenschlichkeit wird einerseits gefeiert, andererseits, in wohldosierter Melancholie, vom Gedanken des Verlustes umweht – eine Mischung, die ihm viele Herzen gewinnt, nicht zuletzt die junger Damen: Wenn bei Clueso-Konzerten das Publikum mitsingt, und das tut es nicht selten, hört man sehr viele mädchenhaft-helle Soprane.

Cluesos Ziel scheint es zu sein, wahrhaft »independent« zu werden, so hat er sein eigenes Label gegründet, neuerdings produziert er auch – sich selbst und andere, zum Beispiel seinen Opa, dem er eine Stimme »wie Johnny Cash« attestiert. Allerdings wird dieses Produkt, wie man hört, nur im engsten Familienkreis vertrieben. Was wirklich sehr zu bedauern ist.

9. KAPITEL

Sportler und sonstige Leistungsträger

Weil Thüringen der Welt
den sexysten aller Fußballtrainer geschenkt hat

Er trug Trainingsanzug. Immer. Außer vielleicht beim Siegerbankett. Wobei seine Trainingsanzüge über die Jahre, allen Wechseln der Farben und Vereinsembleme zum Trotz, eines gemein hatten: Sie saßen wunderbar schluffig-unsportlich, so als hätte man gerade kein Exemplar in seiner Größe zur Hand gehabt.

Und solcherart gewandet stand er nun da, nach dem Spiel, und ließ die Frage des glattgestylten Reporterfatzkes über sich ergehen. Er selbst ein Ausbund an Lässigkeit, absolut ruhend in der Gewissheit, nichts anderes sein zu müssen, als er ist. Das ist Stil. So brauchte er kein Styling. Wohl schien seine Frisur mitunter die Kontur einer Suppenschüssel zu haben, doch ihm stand das fantastisch. Endlich war der Reporter mit seiner Langweilerfrage fertig. Schon während der letzten Silben hatte Hans Meyer seine Augenbrauen hochgezogen. Nun stülpte er die Lippen küsschengleich nach vorn, ganz und gar ein kuscheliger Teddybär. Und hob an zu sprechen, mit heller Stimme und lieblichem Melos, als gälte es, einem kleinen Kindchen die Angst zu nehmen. Zwischen zwei Sätzen ließ er eben mal seine Zungenspitze über die Lippen kreisen, Hans Meyer, ein lieber, verschmitzter Onkel. Doch das, was er sagte, war etwa so lieb wie eine Guillotine: Im Zuge seiner Antwort machte Meyer dem Reporter unwiderstehlich klar, dass dieser keine Ahnung vom Fußball hat. Und er machte ihm gleichfalls klar, dass der Trainer auch die Kunst des Sprechens viel besser beherrschte als er. Denn Hans Meyer konnte extrem langweilige Fragen zu extrem unterhaltsamen Antworten verarbeiten. Und das Beste: Hans Meyer war dabei völlig authentisch. Da war nichts aufgesetzt, nichts im PR-Seminar angelernt. Hans Meyer machte keine gute Figur, nein: Er WAR eine gute Figur.

Und darin liegt eine Ironie der jüngeren deutschen Fußballgeschichte: Es musste erst ein Trainer aus dem ach so biederen Osten kommen, um Gesamtdeutschland zu zeigen, wie echt, wie unterhaltsam ein Gespräch über Fußball sein kann. Hans Meyer hat die Medienlandschaft nachhaltig verändert: Vor ihm gab es den langweiligen Einheits-Sprech aus »Es-war-der-erwartet-schwere-Gegner-aber-ich-muss-meiner-Mannschaft-ein-Riesenkompliment-machen« und so weiter. Seit Meyer jedoch kommt es tatsächlich hier und da vor, dass ein Trainer-Interview Spuren von menschlichem Leben aufweist. Wobei Meyer hohe Standards gesetzt hat. Zeit seiner Trainerkarriere hat er Bonmots rausgehauen, die wohl auf ewig unerreichte Fixsterne am Fußballhimmel bleiben werden. So pries er einst Marko Marin mit den Worten, dass dieser »auf drei Quadratmetern vier Mann ausspielt, worauf die Fans zu Recht vor Freude zu onanieren beginnen« – um diese Qualität Marins dann aber mit der eher unspektakulären, aber gleichfalls großartigen Spielweise Tomáš Galášeks zu vergleichen, dessen Wert von »25 Journalisten vielleicht zwei erkannt haben«.

Eine Spezialität Meyers war der freundliche Tabubruch: »Ihr wisst ja«, beschied er Fans, die ihn beim Essen mit Autogrammwünschen nervten, »beim Geschlechtsverkehr dürft ihr mich immer stören, aber bei der Fresserei ist es einfach scheiße!« Letzteres war übrigens ein von Meyer gern und oft gebrauchtes Wort, und keiner vermochte den Fäkalkraftausdruck so liebenswürdig auszusprechen wie er. Mütter stellten ihn ihren kleinen Kindern als Vorbild hin: Horcht mal, wie fein der Onkel redet!

Nun sollte man bei aller Lobpreisung dessen, was Hans Meyer im Interview geleistet hat, nicht seine Kernkompetenz vergessen: die des Fußballlehrers. Meyer, gebürtiger Sudete, kam im Alter von zwei nach Thüringen. Seine aktive Karriere begann er bei der BSG Motor Dietlas, wenig später tauschte er die Motoren aus: nach der BSG Motor Suhl kam der SC Motor Jena, dessen Fußballabteilung seit 1966 FC Carl Zeiss hieß. 1968 wurden die Jenaer Meister (wobei Meyer es auf einen einzigen Einsatz brachte). 1969 durfte er 20 Spiele machen (dafür wurde Jena in dieser Saison auch nicht Meister). 1970 gewann Jena wiederum den Titel (Meyer durfte zweimal auf den Platz). Kein Zweifel: Verteidiger Meyer war nicht gerade eine Spitzenkraft. Nach eigenem Bekunden lag das wohl daran, daß er zwar nicht besonders schnell, dafür aber nicht besonders lange laufen konnte. Jedoch hatte er andere Qualitäten. Und die wurden wahrgenommen: So bot man ihm die Stelle des Trainer-Assistenten unter Georg Buschner an, dem er dann bereits 1971 im Amt nachfolgte – gerade einmal 28-jährig! Mit Jena mischte Meyer 1980 Europa auf (davon wird noch zu reden sein), bevor er 1984 zum Erzfeind Rot-Weiß Erfurt wechselte. Was ihm Morddrohungen und einen demolierten Wartburg einbrachte.

Als die DDR zu den »Neuen Ländern« wurde, veränderte sich Meyer vom FC Karl-Marx-Stadt zum Chemnitzer FC, ganz ohne Vereinswechsel. Dieser hätte nun vielleicht angestanden: Ein erfolgreicher Trainer in den besten Jahren, mit der Referenz von über 70 Europacup-Spielen, da müsste doch im Bundesliga-Trainerkarussell irgendwann eine Gondel frei werden? Nix da. Meyer feierte ein kurzes Comeback in Jena, unternahm eine Stippvisite zum eisernen 1. FC Union Berlin, um dann 1996 dem Ruf des niederländischen Erstligisten Twente Enschede zu folgen: Meyer wagte den Sprung über die Sprachbarriere (ein Angebot aus Dresden hatte er zuvor noch mit dem Verweis abgelehnt, dass er die Landessprache nicht beherrsche). Und nun geriet er erstmals ins Blickfeld eines West-Traditionsvereins: Der frisch gebackene Zweitligist Borussia Mönchengladbach sicherte sich 1999 seine Dienste – und Meyer führte die Fohlen wieder zu Erstliga-Ehren. Im März 2003 hatte er keine Lust mehr – man munkelt, dass ihn die Dummheit der Presse zu sehr nervte. Doch der Vorruhestand währte nicht lange. Ende des Jahres rutschte die Hauptstadt-Oma Hertha vor Meyer auf den Knien herum: Rette mich, bittebitte, ich bin auf einem Abstiegsplatz. Meyer ließ sich erweichen, kam, sah und siegte: Hertha beendete die Saison auf Platz 12. Alle Versuche, den Retter längerfristig zu binden, scheiterten: Meyer hatte keine Lust.

Erst 2005 übernahm er eine neue Aufgabe in Gestalt einer schrott-reifen Nürnberger Mannschaft: Der Club stand auf dem letzten Ta-bellenplatz. Meyer pushte den FCN auf die Endplatzierung 8. In der nächsten Saison auf 6 – und zum DFB-Pokalsieg. Nürnberg erhob Meyer für dieses Fußballwunder in den Heiligenstand – und feuerte ihn 2008, als der Erfolg ausgeblieben war. 2009 rettete Superhans aus purem Übermut noch einmal Mönchengladbach vor dem Abstieg, dann war's das endgültig: Meyer bat den Verein, ihn aus seinem lau-fenden Vertrag zu entlassen. Er hatte keine Lust mehr.

Seither ist der Thüringer ein allerorten gern gesehener Elder Sportsman. Hie und da meldet er sich zu Wort, um Profundes und Pointiertes über den Fußball zu sagen. Mitunter baumelt dann eine Brille vor seiner Brust. Warum? »Die Brille macht mich intellektuel-ler«, sagt Meyer, »da ist natürlich nur Fensterglas drin.«

99. GRUND

Weil Carl Zeiss Jena 1981 weite Teile Südeuropas zerstört hat

Vielleicht ist es an der Zeit, der unschönen Wahrheit einmal ins Ge-sicht zu sehen. Mag mich dieses auch wertvolle Sympathien kosten, so lasse ich mich nun zu einer gewagten These hinreißen: Das grüne Herz Deutschlands ist nicht gerade sein fußballerisches Kernland.

Ich werde versuchen, diese Frechheit faktisch zu untermauern: Wenn wir die DDR-Meisterschaften Revue passieren lassen, taucht hier (1954) und da (1955) zwar Erfurt in der Siegerliste auf, auch Jena brachte es zu Oberliga-Titeln (1963, 1968, 1970). Das macht aber gerade einmal fünf von 41 Meisterschaften, was nicht eben eine umwerfende Ausbeute ist, auch wenn man die Wettbewerbsverzer-rungen, etwa zugunsten des allseits beliebten Berliner FC Dynamo, in Rechnung stellt. Die Bundesliga-Präsenz Thüringer Vereine nach 1991 ist überschaubar: null. Gleichfalls die der Deutschen Meister aus Thüringen vor 1945: null.

Auch die Pokal-Bilanz ist mäßig: In gerade einmal vier von 40 DDR-Ausspielungen ging der Titel nach Thüringen, dabei übrigens stets nach Jena. Zum letzten Mal am 17. Mai 1980, als der Pokalsieger im Duell der Lokalrivalen ermittelt wurde: Bis zur 81. Minute hatte der tapfere Underdog Rot-Weiß Erfurt mit 1:0 geführt, dann erst rettete sich der hohe Favorit Carl Zeiss Jena in die Verlängerung, wo er das Ding schließlich mit 3:1 nach Hause brachte. Und doch kann man sagen, dass dieses der Beginn einer Thüringer Fußballgeschichte war, die europäisches Format hatte: In Italien, Spanien und Portugal hinterließ sie bleibende Eindrücke, bevor sie dann leider in einer Düsseldorfer Tristesse endete. Doch trotz – oder vielleicht gerade wegen – dieser finalen Traurigkeit hat das Jenaer Fußballmärchen etwas ungemein Liebenswertes. »Die siegreiche Sache gefiel den Göttern«, sagt der Römer Lucanus, »aber die besiegte gefällt Cato.« Und in Sachen Fußball sind wir ja alle irgendwie Cato.

A propos Rom: Als DDR-Pokalsieger durfte Jena am Europacup teilnehmen. Doch nicht sehr lange, so dachte man – erhielten die Thüringer doch als Erstrunden-Los den AS Rom, nach Juve die zweite Kraft in Italien, mit Stars wie Falcão, Bruno Conti, Roberto Pruzzo, Franco Tancredi, Carlo Ancelotti. Das war nicht zu schaffen. Entsprechend verlief auch das Hinspiel in der Ewigen Stadt: Vor 80.000 Römern machte Pruzzo bereits in der 5. Minute das 1:0, worauf die Thüringer vorübergehend in die taktische Formation eines Hühnerhaufens verfielen. In der 28. Minute nutzte Ancelotti diesen Umstand zum 2:0. Fortan legte die Roma eher Wert darauf, dass die Null stand, wobei sich Falcão jedoch in der 72. Minute nicht lumpen ließ: 3:0. Ein echtes Kack-Ergebnis für Carl Zeiss: noch nicht mal der Hoffnungsschimmer eines Auswärtstores. Ein bisschen haderte man mit dem Schiri, der zwei mögliche Elfer für Jena nicht gegeben hatte. Doch im Grunde waren sich alle, die auch nur ein Minimum vom Fußball verstanden, darüber einig, dass es das wohl war. Bis auf den Jenaer Trainer namens Hans Meyer. Der nämlich sprach orakelhaft davon, dass die Roma im Rückspiel eine andere Jenaer Elf erleben würde.

113 vor Christus hatte Rom bei Noreia eine Schlacht gegen zwei topmotivierte germanische Stämme verloren. Seither spricht man südlich der Alpen halb furchtsam, halb verächtlich vom »furor teutonicus«, der germanischen Angriffslust. Und genau dieser sah sich die Roma am 1. Oktober ausgesetzt. Meyer hatte seinen Worten Taten folgen lassen, die taktische Ausrichtung seiner Mannschaft ist mit »offensiv« nur unzureichend beschrieben. Bereits in der 10. Minute wemmste Eberhard Vogel den Ball an den römischen Pfosten, in der 25. Minute machte es Andreas Krause besser – 1:0. Bald darauf legte Lutz Lindemann nach: 2:0 (38.). Was war hier los? Drei Minuten später köpfte Jürgen Raab an den Pfosten. Halbzeit. Vier Minuten nach Wiederanpfiff donnerte Gerhardt Hoppe einen fantastischen Volleyschuss – wieder an den Pfosten. Verdammt! Nun stand das Spiel auf der Kippe. Die eine Nationaltugend der Italiener schien heute außer Kraft gesetzt: die hermetische Defensive funktionierte nicht. Doch gab es ja noch die andere, nämlich aus einer halben Chance zwei Tore zu machen. Und dieses war wohl klar: Wenn die Roma im Ernst-Abbe-Sportfeld auch nur einmal traf, war die Messe gesungen. Umso mehr, als sich bei Carl Zeiss ein gewisser Kräfteschwund bemerkbar machte. In der 70. reagierte Meyer mit zwei taufrischen Stürmern: Martin Trocha und Andreas Bielau kamen aufs Feld. Und Letzterer brauchte gerade einmal eine Minute, um das Stadion auf Siedetemperatur zu bringen: 3:0! Gleichstand! Was nun? Alles oder nichts spielen? Oder auf Verlängerung? Die Antwort gab erneut Bielau in der 87. Minute: 4:0! Jawohl! Unfassbar! Abpfiff! Sieg! Jubel! Gesang! Weihnachten!

Das nächste Los konnte kommen. Und es kam. Knüppeldick: FC Valencia, der Titelverteidiger, geführt von Mario Kempes, dem Torschützenkönig der argentinischen '78er-Weltmeistermannschaft. Doch das Hinspiel in Jena ließ sich hervorragend an: 1:0 Dietmar Sengewald in der 2. Minute. Kurz darauf legte der Ex-Erfurter Rüdiger Schnuphase nach: In der 10. Minute rammelte »Hase« einen Elfmeter zum 2:0 ins Netz. Allmählich wurde es unheimlich. Umso mehr, als sich auch Trocha in der 31. zu Wort meldete: 3:0. Nun nahm sich Jena spürbar zurück, vielleicht hatten die Spieler Angst, dass sie, wenn sie sich zu heftig bewegten, aus diesem wunderschönen Traum aufwachen würden. So konnte Valencia noch einen Stich setzen: 3:1 (80.), Morena. Und dieses Auswärtstor könnte, wer weiß, noch ärgerlich werden.

In Valencia verlegten die Jenaer sich auf eine resolute Defensivtaktik, und alles schien schön. Bis Botubot in der 61. das 1:0 für Valencia machte. Noch ein weiteres Tor für die Spanier, und Jena hätte sich aus Europa verabschiedet. Aber jenes Tor fiel nicht, da Hans-Ulrich Grapenthin im Tor zwei grandiose Reaktionen zeigte. Jena hat den Titelverteidiger eliminiert!

Und zog fürs Viertelfinale ein Freilos: den walisischen Vertreter Newport County, welcher in der dritten englischen Liga kickte. Das sollte doch kein Problem sein, oder? – Oder! Denn die Jenaer kamen mit dem britischen Fighting-Spirit-Football überhaupt nicht klar, ein nahezu katastrophales 2:2 im Heimspiel war die Folge. In Newport traf immerhin Kapitän Kurbjuweit, und ein geradezu übermenschlicher Grapenthin verhinderte, dass die Waliser aufs Scoreboard kamen. Das Halbfinale war erreicht, erkämpft, errumpelt, erlitten.

Hier wartete Benfica Lissabon. Am 8. April fand das Hinspiel in Jena statt, mit einem merkwürdigen, wenn auch erfreulichen Verlauf: Carl Zeiss begann wie die Feuerwehr, Kopfball Bieler zum 1:0 (8.). Kopfball Raab zum 2:0 (20.). Das reichte den Jenaern offensichtlich, denn in den verbleibenden 70 Minuten verlegten sie sich auf Brandvorbeugung – die Meyer'sche Defensivtaktik gestattete den Portugiesen zwar 9:0 Ecken und 11:4 Torschüsse, aber keinen Treffer. Der Grundstein für den Finaleinzug war gelegt. Das Rückspiel fand vor 80.000 im Estádio da Luz statt, wo Benfica im laufenden Wettbewerb übrigens noch keinen Gegentreffer kassiert hatte.

Das änderte sich in der 7. Minute … aber nur fast: Lothar Kurbjuweit nagelte einen Freistoß direkt ins Dreieck. Leider war es ein indirekter Freistoß. So blieb es beim 0:0. Fortan fand das Spiel mit klar verteilten Rollen statt: Benfica machte Druck (und zauberte), Jena hielt stand (und kämpfte). In der 59. Minute war alle Gegenwehr jedoch vergebens: Reinaldo machte das 1:0 für die Portugiesen. Und nun wurde es wirklich heiß: Krause (75.) und Kurbjuweit (87.) klärten jeweils auf der Linie, Schnuphase schmiss sich mit allem, was er hatte, in einen Schuss, der ansonsten das Netz ausgebeult hätte (87.), und Grapenthin entschärfte mit unglaublicher Reaktion einen Reinaldo-Kopfball aus kürzester Distanz (88.). Am Ende reichte es irgendwie – Jena stand im Finale!

Selbiges fand in Düsseldorf statt. Gegner war Dinamo Tiflis, das zuvor West Ham United und Feyenoord Rotterdam ausgeschaltet hatte. Im Grunde war dieses Endspiel eine allumfassende Ärgerlichkeit. Das fing beim Rahmen an: 9.000 Zuseher verloren sich in der 76.000 fassenden Leichtathletik-Schüssel. Vermutlich hätte man sämtliche Tickets nach Thüringen verkaufen können – doch zwischen Jena und dem Rhein ragte ja ein antifaschistischer Schutzwall auf. Nur ein einziger Sonderzug mit handverlesenen Fans durfte ihn passieren, wobei sich diese immerhin nimmermüde mühten, etwas Stimmung ins hallende Oval zu bringen. Die westdeutschen Fans blieben dem Event weithin fern: Carl Zeiss war dortzulande in Sachen Fußball kein Markenname, Dinamo Tiflis noch viel weniger. Außerdem lief das Spiel ja live im Westfernsehen. Wozu da 50 DM für einen Tribünenplatz auf den Tisch legen?

Es gibt Spiele, die man verliert, ohne dass man hernach je wüsste, warum man sie verloren hat. Und diese Niederlagen sind die ärgerlichsten. Jena hielt prima mit, sowohl nach Chancen als auch nach Spielanteilen, und ging in der 63. Minute in Führung: Hoppe chippte eine Raab-Flanke mit dem Außenrist und grandioser Lässigkeit ins Tor. 1:0! Recht so! Doch dann spielte CZJ weiterhin munter und ausgelassen nach vorn – warum eigentlich? Und so stand man plötzlich im eigenen Strafraum mit drei Verteidigern gegen vier Angreifer – 1:1. Doch es kam noch ärger: Darasselija legte ein sehenswert-dynamisches Solo auf den Rasen, wobei ihn Lutz Lindemann mit angemessener Ehrfurcht passieren ließ. Vielleicht fehlte nach 87 zehrenden Minuten auch ein wenig die Kraft. 1:2. Ende. Vergessen wir's. Was ist schon ein Finale? Wer braucht schon Titel? Legenden, das hat Carl Zeiss Jena in jener Saison bewiesen, lassen sich auch anders schreiben.

100. GRUND.
Weil Oberhof den USA auf Augenhöhe begegnete

Ich liebte es, jenes Duell der Giganten, jenen Kampf der Kolosse, der alle vier Jahre unter den weit aufgerissenen Augen der ganzen Welt stattfand: Auf der einen Seite standen die USA, 320.000.000 Einwohner, 9.629.091 Quadratkilometer. Auf der anderen Seite stand Oberhof in Thüringen, 1.884 Einwohner, 23 Quadratkilometer. Wer wohl würde aus diesem titanischen Ringen als Sieger hervorgehen?

Nun: Zunächst sah es immer sehr gut für Oberhof aus, denn der Zeitplan der Olympischen Winterspiele wollte es so, dass zu Beginn jene Sportarten anstanden, in denen die Oberhofer äußerst gut waren. Und die US-Athleten weniger. Das schlug sich im Medaillenspiegel nieder. Man konnte die Thüringer Medaillen aus den deutschen herausrechnen, dann die Oberhofer aus den Thüringern. Mit dem Ergebnis: Oberhof super, USA hahaha! Das tapfere, unbesiegbare Thüringer Landstädtchen hatte der vermeintlich mächtigsten Nation der Welt mal wieder gezeigt, was eine Harke ist. Besser: was eine Kufe ist. Denn gerade im Bobfahren und Rennrodeln räumte das rennsteignahe Wintersport-Leistungszentrum meist mächtig ab. Nehmen wir nur die Rodel-Ergebnisse aus Nagano, 1998: Jens Müller, Männer-Einsitzer: Bronze. Silke Kraushaar, Frauen-Einsitzer: Gold. Stefan Krauße und Jan Behrendt, Doppelsitzer: Gold.

Das reichte, um sich im Medaillenspiegel mit großem Vorsprung vor den USA zu platzieren.

Nun, um der Wahrheit Genüge zu tun: Dieser Vorsprung schmolz im Laufe der Spiele bald dahin, und schließlich setzten sich die USA doch durch – dank ihrer bloßen Masse sowie gewisser Kompetenzen in Randsportarten wie Mädchen-Eishockey, Freestyle-Skiing und Eiskunstlauf.

Dabei ist in Oberhof selbstverständlich nicht nur Bob und Rodel gut. Auch die nordischen Skiläufer waren 1998 in Nagano bestens unterwegs, gerade die bewaffneten: Die deutsche Herren-Biathlonstaffel hängte sich Gold um den Hals, und drei der vier Olympiasieger kamen aus Oberhof – Peter Sendel, Sven Fischer und Frank Luck. Bei den Damen landete Katrin Apel im Einzelrennen über 7,5 Kilometer auf dem Bronzerang, in der Staffel legte sie Gold nach. Und wenn wir diese Momentaufnahme aus dem Jahr 1998 hinter uns lassen, um eine Gesamtschau zu betreiben, steigert sich unser Respekt vor den Wintersport-Leistungen Oberhofs ins Unermessliche. Vom Rennsteig-Städtchen aus zu olympischen Ehren gelangten unter vielen, vielen anderen:

Meinhard Nehmer (Bob; 3 × Gold, 1 × Bronze 1976 und 1980), Wolfgang Hoppe (Bob; 2 × Gold, 3 × Silber, 1 × Bronze 1984–1994), Jan Behrendt (Rodeln; 2 × Gold, 1 × Silber, 1 × Bronze 1988–1998), Silke Kraushaar (Rodeln; 1 × Gold, 1 × Silber, 1 × Bronze 1998–2006), André Lange (der erfolgreichste olympische Bob-Pilot aller Zeiten: 4 × Gold, 1 × Silber 2002–2010), Kati Wilhelm (Biathlon; 3 × Gold, 3 × Silber, 1 × Bronze, 2002–2010), Andrea Henkel (Biathlon; 2 × Gold 2002), Sven Fischer (Biathlon, 4 × Gold, 2 × Silber, 2 × Bronze 1994–2006).

Die Weltgeltung des Oberhofer Wintersports kommt nicht von ungefähr: 1906, als »Sport« noch ein etwas spleeniges Vergnügen für Sonderlinge war, betrieb man hier bereits eine Bobbahn und eine Sprungschanze. Sechs Jahre später zeigte sich, dass die Deutschen ihre Vergnügungen nicht nur vergnüglich, sondern auch akribisch betreiben: In Oberhof gründete sich das weltweit erste nationale Sportwissenschaftliche Institut. 1931 gelang es erstmals, eine Weltmeisterschaft auf den Kamm des Thüringer Walds zu holen. Später baute die DDR das Wintersport-Zentrum Oberhof großzügig aus, heute schließlich sorgen hier ein Sportgymnasium sowie eine Bundeswehr-Sportfördergruppe für einen steten Nachschub an Siegertypen.

Das Landstädtchen Oberhof droht so allmählich unter den Mengen des angehäuften Edelmetalls zu ersticken. Doch dabei sollte man keinesfalls übersehen, dass Thüringen auch andernorts in Sachen Wintersport jede Menge zu bieten hat, jüngst etwa in Gestalt des alles in Grund und Boden fahrenden Rennrodlers Felix Loch, gebürtig in Sonneberg, dessen blitzsaubere Olympia-Bilanz helles Entzücken auslöst: drei Starts, drei Goldmedaillen (2010–2014). Der Freistaat selbst hatte sein Supergoldjahr 2002: Damals gingen 17 von 36 deutschen Olympia-Medaillen nach Thüringen – womit man genauso viele eingeheimst hatte wie Kanada und Österreich, deutlich mehr als Russland (13) und die Schweiz (11). Nur Norwegen und Gastgeber USA (die schon wieder!) waren noch erfolgreicher als das schneeweiße Herz Deutschlands.

101. GRUND.
Weil Gunda ebenso schnell wie nett war

Auch die goldene Stunde des deutschen Dameneisschnellaufs schlug 1998 in Nagano: Hier legte zunächst die Berlinerin Claudia Pechstein über 3.000 Meter eine Bestzeit hin – Olympischer Rekord. Welcher allerdings nicht allzu lange hielt – denn wenig später war die Thüringerin Gunda Niemann mehr als eine Sekunde schneller und holte so das Gold in den Freistaat. Dritte wurde die junge Anni Friesinger. Neun Tage später waren die Rollen anders verteilt: Zunächst ging Niemann an den Start – und nach 5.000 Metern als erste Frau unter sieben Minuten durchs Ziel. Doch wenig später durchbrach auch eine zweite Frau die Sieben-Minuten-Mauer: Pechstein. Und sie war noch vier Hundertstel, umgerechnet eine knappe Bratwurstlänge, schneller als Niemann. Doch da die Thüringerin zwischenzeitlich auch die Silbermedaille über 1.500 Meter mitgenommen hatte, ging sie doch als die Königin der Eisschnelllauf-Wettbewerbe jener Spiele in die Annalen ein. Und bald sollten ihr noch höhere Ehren zuteil werden: 1999 wählte man Gunda Niemann zur »Eisschnellläuferin des Jahrhunderts«. Keine schlechte Zwischenbilanz für eine, die den Sport erst mit 17 begonnen hat, da sie, nach eigenem Bekunden, in der Leichtathletik nicht gut genug war und »am Radfahren die dicken Beine störten«.

Nicht zuletzt dank Niemanns großartiger Erfolge entwickelte sich ihre Sportart nun zum Top-Medienevent, wozu allerdings auch das Außersportliche beitrug: Denn mitunter hatte man den Eindruck, als seien die Damen Niemann, Pechstein und Friesinger nicht gerade die allerengsten Freundinnen. Der Boulevard griff dieses dankbar auf (oder spielten die Sportlerinnen gar ein wenig mit dem Boulevard?), jedenfalls waren bald die Rollen verteilt: Pechstein war das toughe, durchaus konfliktfreudige Großstadt-Girlie, Anni die dralle, munter drauflosplappernde Bajuwarin, beide rivalisierten zudem noch im Versuch, sich erotisch zu inszenieren. Und Gunda Niemann? Nun, sie blieb bekleidet, natürlich, unverstellt, war freundlich und von großer Offenheit, ganz die nette Thüringerin von nebenan.

Man durfte gespannt sein, mit welchen Ergebnissen (und welchen Begleiterscheinungen) die drei 2002 in Salt Lake City aufeinanderprallen würden – doch dann, im Oktober 2001, stellte Niemann fest, dass da etwas geschehen war, »ein kleiner Querschläger, der nicht eingeplant war, aber halt kommen wollte und sollte«. So sah sie Mutterfreuden entgegen (»Ich habe mir doch immer so sehr ein Kind gewünscht«), während sich die Rivalinnen olympisch fetzten. Mit besserem Ausgang für Pechstein, die gleichzeitig in Sachen Goldmedaillen an Niemann vorbeizog.

Was freilich bleibt, ist ihre unglaubliche Siegesbilanz in den 90er-Jahren sowie ihr fabelhafter Rekord von 98 Weltcup-Siegen. *Ich will*, heißt Gunda Niemann-Stirnemanns Autobiografie, und man kann sagen: Sie hat.

102. GRUND.

Weil hier Herr GutsMuths die Sportstunde erfunden hat

Zu den wenigen durchweg beglückenden Stunden, die ich während meiner höheren Schulzeit erleben durfte, zählen durchweg diese: Wir saßen in der seinerzeit hochmodernen Sporthalle, sahen auf den dortigen Sichtbeton und harrten der Dinge beziehungsweise des Lehrers. Selbiger kam, würdigte uns kaum eines Blickes, entnahm dem Geräteraum einen Fußball, pöhlte diesen übers Parkett, wandte sich wortlos ab und ging in sein Sportlehrer-Separee, wo er, wie man, wenn man wollte, durch den Türspalt sehen konnte, in die Leere schaute, vielleicht in jene seines pädagogischen Daseins, und dabei an der Tabakspfeife sog. Wir aber wählten Mannschaften, spielten Fußball und bejahten das Leben von ganzem Herzen.

Freilich: Um auf die Höhe solcher schulischen Sternstunden zu gelangen, mussten erst zahllose Entwicklungsstufen genommen werden, und eine ihrer wichtigsten ist untrennbar mit dem großen Namen Johann Christoph Friedrich GutsMuths verbunden. Und mit dem Land Thüringen, in diesem Falle: einem Ort mit dem großen Namen Schnepfenthal, heute ein Teil von Waltershausen. Dort befand sich seit 1784 die nach ihrem Gründer benannte Salzmann-schule, zu deren Lehrkörper bald auch GutsMuths stieß. Mit einem für damalige Verhältnisse hochmodernen Konzept: Nicht nur den Geist gelte es zu ertüchtigen, sondern auch den Leib, und zwar systematisch. Also übernahm GutsMuths die in Schnepfenthal bereits praktizierten Leibesübungen – Wettlauf, Hochsprung, Weitsprung, Zielwurf –, fügte weitere hinzu und brachte das Ganze in ein päda-

gogisches System, welches dem ähnelt, was wir heute »Training«
nennen: Die Anforderungen, die der Lehrer stellt, orientieren sich
am Leistungsvermögen des jeweiligen Schülers, mit dem Ziel, jenes
zu steigern. Den theoretischen Überbau legte GutsMuths in Werken wie *Gymnastik für die Jugend* dar, was sein Renommee derart
mehrte, dass sich alsbald Studenten in Schnepfenthal einfanden –
zuvorderst 1807 der nachmalige Turnvater Jahn.

So machte GutsMuths Schule: Die moderne Sportpädagogik hat
ihm äußerst viel zu verdanken. Der oben beschriebene Sonderweg
hingegen scheint bei näherer Betrachtung vielleicht doch ein wenig
außerhalb dieser ehrwürdigen Traditionslinie zu stehen.

103. GRUND.
Weil Hildburghausen eine Dunkelgräfin hatte

Wie faszinierend ist das Rätselhafte, und wie banal wird doch all
das, was sein Rätsel verliert! Man möchte den Enträtslern am liebsten … – doch der Reihe nach:

Paris, 1792. Die Revolution ging prima vonstatten. Was freilich
ein bisschen störte, war der Umstand, dass es nach wie vor einen
Ex-König gab: Ludwig XVI. Damit dieser die pure Glückseligkeit
nicht trüben konnte, wurde er zunächst eingesperrt, und zwar mitsamt seiner Familie. Im Jahr darauf machte die Revolution endlich
Nägel mit Köpfen, indem sie den Monarchenkopf per Guillotine
vom Monarchenrumpf entfernte. Selbiges widerfuhr bald auch der
Königin Marie Antoinette. Nun gab es nur noch zwei kleine Probleme in Gestalt der beiden Königskinder, wobei der kleine Ludwig Karl für die revolutionären Menschheitsbeglücker womöglich
gar ein großes Problem werden konnte – war er doch der legitime
Thronerbe, und solange er lebte, konnten die Royalisten auf dumme Gedanken kommen. Doch pardauz, plötzlich starb der Zehnjährige in seinem Gefängnis; woran, wollte keiner so genau wissen.

Nun war einzig noch die Tochter Marie Thérèse am Leben, was allerdings als nicht so schlimm erachtet wurde, gab es doch in der französischen Monarchie keine weibliche Thronfolge. So wurde sie im Austausch mit französischen Kriegsgefangenen freigelassen und gelangte nach Wien.

Hildburghausen, 1807. Ein wunderliches Paar erreicht die Stadt und nimmt Quartier im »Englischen Hof« – wo gleich eine ganze Etage für die beiden reserviert worden ist. In der Folgezeit tun sie alles, um ihr Inkognito zu wahren. Insbesondere die Dame zeigt sich kaum, und wenn, dann nur verschleiert. Keiner weiß, wer die beiden sind. Vielleicht mit Ausnahme Herzog Friedrichs, denn immerhin räumt dieser dem geheimnisvollen Paar nun sein Gästehaus ein. Auch Friedrichs Gattin Charlotte wird tätig: Sie besorgt den beiden bald ein Haus in Stadtrandlage, welches noch mehr Diskretion bietet. Doch das ist den beiden Gästen offenbar immer noch nicht genug: 1810 ziehen sie in ein schlichtes, aber sehr einsam gelegenes Schloss im nahen Dorf Eishausen, wo sie den Rest ihrer irdischen Tage verbringen werden. In völliger Zurückgezogenheit: Er, der sich Vavel de Versay nennt, reduziert die Kontakte zu seinen Mitmenschen auf das Allernötigste; sie bleibt namenlos und entzieht sich völlig, nur in seltensten Fällen erspäht man sie aus großer Ferne. Einer, der sie durch ein Fernglas beobachtet, sagt hernach, dass sie ihm wunderschön erschienen sei.

Je länger das Bleiben der beiden währt, umso mehr wächst das Mysterium: Anscheinend schwimmt das Paar im Geld, erlesene Speisen und kostbare Gewänder nehmen ihren Weg ins Schloss. Zudem erweist sich Vavel de Versay als äußerst wohltätig, spendet viel für die Armen. Nur wenn sich jemand unverhofft der Dame nähert, wird er rabiat, droht gar mit der Schusswaffe.

Dieses Paar ist extrem fantasieanregend. Kein Wunder, dass das Volk bald passende Namen ersinnt: Dunkelgraf und Dunkelgräfin. Und es wächst der Wunsch, Licht in dieses Dunkel zu bringen: Wer ist der Graf? Spannender noch: Wer ist die Gräfin? Diese stirbt 1837, der Dunkelgraf folgt ihr 1845. Kurz vor seinem Tode verbrennt er noch Unmengen von Dokumenten. Welche worüber Aufschluss gegeben hätten?

Eine These gewinnt mehr und mehr Raum: Marie Thérèse, die Königstochter, wurde womöglich – so munkelt man – während ihrer Pariser Haft von den Wärtern missbraucht, vielleicht gar mit der Folge einer Schwangerschaft. Dadurch, so spekuliert man weiter, sei die junge Frau derart traumatisiert gewesen, dass sie sich außerstande sah, die ihr zugedachte Rolle am Wiener Hof auszufüllen. Demnach übernahm eine andere Frau ihre Identität, während die wahre Königstochter ein Leben im Verborgenen anstrebte, das sie schließlich in Hildburghausen fand.

Bingo! Thüringen hatte einen weiteren Mythos! Die Dunkelgräfin! War sie Marie Thérèse oder nicht? Solche Fragen wecken enorme Leidenschaften, und, wie schon Goethe wusste: »Das Beste, was wir von der Geschichte haben, ist der Enthusiasmus, den sie erregt.« Die Pro-Fraktion trug gefühlte 4.951 Indizien zusammen, welche klar bewiesen: Die Königstochter liegt in Hildburghausen begraben. Die Contra-Fraktion hielt wacker dagegen: Unsinn.

So hatten alle ihren Spaß, ach, es hätte doch ewig weitergehen können – doch dann traten die exakten Naturwissenschaften dorthin, wo sie nix zu suchen haben: 2012 wurde die Dunkelgräfin ohne ihr Einverständnis exhumiert, ihr Skelett in ein Labor verbracht, wo Forscher ein Stück aus ihrem Oberschenkelknochen flexten, Dieses »Material« wurde nach Freiburg und Innsbruck versandt, wo DNA-Experten feststellten, dass die Dunkelgräfin – nicht die Tochter Ludwigs XVI. war. Toll. Aber wer wollte das eigentlich wissen? Nun hat der Mythos »Dunkelgräfin« ungefähr 85 Prozent seiner Wuppdizität verloren.

Dabei braucht Thüringen seine Mythen. Deswegen sei hier dringend dazu aufgerufen, neue spektakuläre Theorien in die Welt zu setzen: Wer war die Dunkelgräfin?

Elvis? Hmmm … möglich, aber da gibt es kleine chronologische Unstimmigkeiten. Alf vom Planeten Melmac? Erwägenswert. Aber auch dagegen sprechen einige Indizien. Wer kommt noch infrage? Bitte helfen Sie! Es ist dringend!

104. GRUND.
Weil hier der Grundstock
einer weltberühmten Privatbibliothek gelegt wurde

Sammler sind schon merkwürdige Menschen: Für Außenstehende ist es kaum zu fassen, welche Energie, welche Geldmittel sie aufwenden, um ihren Bestand an Seltsamkeiten durch Erwerb einer neuen Seltsamkeit zu bereichern. Wobei sich im Grunde alles Erdenkliche sammeln lässt: Fußballbilder, Postwertzeichen, Armbanduhren, Eierüberraschungen, Bücher. Letzteres Sammelgebiet ist mir nicht ganz fremd, so kann ich den Zauber nachvollziehen, den der Besitz eines kostbaren Buches ausübt – »Quatsch«, sagt der nüchterne Rationalist, »es kommt doch drauf an, was drinsteht!« Wie soll man ihm nur erklären, dass beispielsweise die Erst- oder Einbecker Politurausgabe eines Werkes ganz unvergleichlich viel mehr darstellt als jedes noch so textidentische Taschenbuch? Dieser Ketzer versteht das einfach nicht und soll froh sein, wenn ich ihn am Leben lasse. Das nämlich ist, wie folgendes Beispiel zeigt, durchaus nicht selbstverständlich.

Johann Georg Tinius kam 1764 in der Niederlausitz zur Welt, und zwar als Sohn eines Schäfers – so verbrachte er als Kind viel Zeit an der frischen Luft und lernte die Pflanzen seiner Heimat sowie deren mitunter betäubenden, gar giftigen Eigenschaften kennen. Bald zeigte der kleine Johann Georg große geistige Anlagen, was den örtlichen Prediger bewog, dem Kind den Besuch des Gymnasiums, später das Studium der Theologie zu ermöglichen. Ab 1795 lebte Tinius in Thüringen – zunächst als Gymnasiallehrer in Schleusingen. Hier begann er sich eine Bibliothek zuzulegen, und zwar nicht in den Ausmaßen, die für Leute seines Standes üblich waren, sondern durchaus mit dem Hang zum Großen. 1798 trat er die Pfarrstelle in Heinrichs bei Suhl an, wo er dann richtig aufdrehte – Tinius kaufte Bücher wie blöde, was sich allmählich zum finanziellen Familienproblem auswuchs: Immerhin hatte Herr Pfarrer sechs Kinder – freilich zwar auch eine Frau, die viel Geld in die Ehe eingebracht hatte, was nun aber restlos für Bücher, Bücher und Bücher verprasst worden war. Kein Zweifel: Tinius war in Thüringen zum Voll-Bibliomanen geworden. Die letzten Höhen dieser Lebensform sollte er allerdings im sächsischen Poserna erklimmen, wo er seit 1810 amtierte.

Von diesem Zeitpunkt an kam es ebendort zu Überfällen auf vermögende Reisende, die allein in Postwagen reisten: Ein Fremder gesellte sich zu diesen, bot ihnen Schnupftabak an, der offensichtlich mit betäubenden Kräutern (aha!) versetzt war, die Reisenden dämmerten weg – und fanden sich nach dem Aufwachen geldentleert wieder. Pfarrer Tinius aber konnte sich wieder ein paar besonders schöne Bücher zulegen. Damen betäubte er übrigens mittels präparierter Blumensträuße. Bald vereinfachte er den Gelderwerbsvorgang: Kaufmann Schmidts Hirnschale wurde mittels eines Spitzhammers gesprengt – 3.000 Taler Büchergeld, so konnte Tinius bei einer anstehenden Bücherauktion seinen schärfsten Rivalen souverän überbieten – den König von Preußen! Gut ein Jahr später fiel Witwe Kunhardt einem ganz ähnlichen Verbrechen zum Opfer, wobei Tinius allerdings keine weiteren Barmittel erwarb, wohl aber erwischt wurde. Vor Gericht stritt er sämtliche ihm zur Last gelegten Untaten ab, wurde jedoch schließlich nach knapp zehnjähriger Untersuchungshaft zu weiteren zwölf Jahren Zuchthaus verurteilt – auf Grundlage nicht immer ganz eindeutiger Zeugenaussagen und Indizien. Es kann also auch alles ganz anders gewesen sein als oben beschrieben. Außer Frage steht jedoch der Umfang seiner Bibliothek: Mehr als 50.000 Bücher. Ein Drittel des Bestands kam schließlich am

5. November 1821 unter den Hammer, und ein kleiner Teil davon gelangte nach Thüringen, in die Universitätsbibliothek Jena. Geboten hatte, im Auftrag des Großherzogs, ein in Literaturfragen durchaus Kompetenter: Der Geheime Rat JWvG höchst und persönlich.

105. GRUND.
Weil ein Thüringer als Erster einem Kontinent aufs Dach stieg

Am 6. Oktober 1889 ist es endlich so weit: Ein Thüringer hat als Allererster Deutschlands höchsten Berg, einen veritablen Sechstausender, bestiegen, was er mit einem dreifachen »Hurra« zelebriert, in welches sein Begleiter, Herr Purtscheller aus Österreich, kräftig einstimmt … hä?

Das liest sich etwas absurd, nicht wahr? Doch damals hat man tatsächlich so gedacht: Afrika ist ein Kontinent, dessen Land dem gehört, der imstande ist, es sich zu nehmen, und dazu imstande ist nicht etwa derjenige, der dort eingeboren ist, sondern, kraft seiner Zivilisationskraft, allein der Europäer. Seit 1884 betätigten sich auch die Deutschen auf diesem Feld, unter anderem in Gestalt der Deutsch-Ostafrikanischen Gesellschaft, auf deren »Schutzgebiet« das Massiv des Kilimandscharo lag, dessen Gipfel Kibo der höchste Berg Afrikas ist. Und demzufolge nach damaligem Verständnis eben auch der höchste Gipfel Deutschlands.

So konnte Hans Meyer aus Hildburghausen voller Stolz Folgendes vermelden: »Um ½ 11 betrat ich als erster die Mittelspitze. Ich pflanzte auf dem verwitterten Lavagipfel eine kleine, im Rucksack mitgetragene deutsche Fahne auf und rief frohlockend aus: ›Mit dem Recht des ersten Ersteigers taufe ich diese bisher unbekannte, namenlose Spitze des Kibo, den höchsten Punkt afrikanischer und deutscher Erde: Kaiser-Wilhelm-Spitze.‹«

Wenn man die kolonialistische Großkotzpose einmal ignoriert, kann man vor dem wagemutigen Forscherdrang Meyers den Hut ziehen, umso mehr, als die Besteigung des Kibo damals noch etwas völlig anderes war als jene heutigen, von Hightech und einheimischen Hilfskräften gestützten Schnösel-Spaziergänge – schon weil das Terrain zu Meyers Zeit noch dick und fett von Gletschereis bedeckt war.

So brauchte der Pionier auch drei Anläufe, um Afrika aufs Dach zu steigen: Zunächst war er noch an den klimatischen Unbilden gescheitert. Beim zweiten Versuch geriet er in die Turbulenzen eines Aufstands gegen die Deutsch-Ostafrikanische Gesellschaft – Meyer wurde entführt und kam erst gegen ein hohes Lösegeld frei. Welches seine Familie freilich aufbringen konnte, ebenso wie die 30.000 Mark, die die schließlich erfolgreiche Expedition verschlang. Denn wenn Sie jetzt die ganze Zeit murmeln »Meyer … Meyer … den Namen hab ich doch schon mal irgendwo gehört«, so haben Sie recht: Hans Meyer war ein Spross der legendären Lexikon-Dynastie, und zwar ein Enkel des charismatischen Gründers Joseph. So konnte er seine afrikanischen Erlebnisse selbstverständlich gewinnbringend in Meyers Bibliographischem Institut publizieren. Auch sonst kam Meyer nicht mit leeren Händen in die Heimat zurück: Angeblich hatte er die Spitze des Berges abgebrochen, um sie seinem Kaiser darzubieten. Und ebenso angeblich soll jene noch heute irgendwo im Neuen Palais zu Potsdam aufbewahrt werden.

106. GRUND.

Weil das »Rennsteiglied« einen mit der gesamten volkstümlichen Musik versöhnt

»Tretet ein«, sagte der Philosoph Heraklit seinen zögerlichen Besuchern, die ihn am Backofen vorfanden, wo er sich wärmte, »hier sind nämlich auch Götter.« Was nahelegt, dass überall Götter sind, selbst (und jetzt folgt ein extrem artistischer Sprung) in der volkstümlichen Musik.

Im Grunde stehe ich diesem Genre nicht allzu wohlwollend gegenüber, allein aus dem Grunde, dass es mich Geld kostet: Gefühlt geht ein Großteil meiner GEZ-Gebühren dafür drauf, dass die Jodeltaler Inzestkinder über irgendwelche jahreszeitlich geschmückten Großbühnen paradieren. Wie gesagt: Mein Widerwille gegen die volkstümliche Musik rührt also allein daher, dass ich sie bezahlen muss. Ansonsten dürfte sie von mir aus gerne weiter vor sich hin tümeln, ja ich konzediere sogar, siehe oben, dass es auch in diesem Feld der Musik womöglich Götter gibt, sprich: Musikanten, denen es gelingt, ein paar Töne dergestalt zusammenzufügen, dass man bei deren Anhören bereit ist zu glauben, die Welt sei doch gut.

Diesen Glauben hat mir schon so manche Musik gegeben, die volkstümliche freilich noch nie, was sicherlich an mir liegt, habe ich es doch nur am nötigen Interesse fehlen lassen. Einmal jedoch kam ich sehr in die Nähe – und zwar bei Herbert Roths *Rennsteiglied*, der heimlichen Hymne des Freistaats. Ich weiß nicht genau, was mich daran so bezaubert – ist es diese subtile Mischung aus Cleverness und Naivität in der Melodie? Oder die Magie von Textzeilen wie »Diesen Weg auf den Höhn bin ich oft gegangen / Vöglein sangen / Lieder«? Oder ist es Roths Erscheinung, die etwas von einem Hank Williams des Thüringer Waldes hat? Ich weiß es nicht, und ich muss ja auch nicht immer alles wissen. Jedenfalls erfreut sich das *Rennsteiglied* bei mir großer Beliebtheit – bei mir und Milliarden anderen, seien es Thüringer, Thüringophile, Wandersleute oder wirkliche Kenner der volkstümlichen Musik. Selbst Walter Ulbricht mochte das *Rennsteiglied*, und dieser Umstand wurde unversehens wichtig.

Denn, man glaubt es kaum, einst, in den 50er-Jahren, gab es Menschen, die das *Rennsteiglied* nicht mochten: Sozialistische Musik-Intellektuelle wandten ein, dass es zu schlagerhaft wäre. So organisierte man spontane Kundgebungen gegen Roths Dekadenz, wodurch er – wiewohl äußerst populär – ein wenig in Bedrängnis geriet. Doch zum Glück sprang Walter in die Bresche, sagte en passant, dass ihm das *Rennsteiglied* recht gut gefalle – und schon war es sakrosankt.

So konnte der Suhler Herbert Roth, übrigens gelernter Friseur, weiterhin sein Lied zu (fast) aller Freude durch Busch und Tann erklingen lassen – bis er 1983, gerade einmal 56-jährig, starb.

107. GRUND.

Weil der Thüringer aus Kohlrabi Bambussprossen machen kann

Die DDR war wahrlich kein idealer Ort für originelle Querdenker – wohl gab es diese, allerdings stellten sich jedem, der ein wenig aus der Einheits-Spur scherte, sofort Hindernisse vielfältiger Art in den Weg. Und doch gab es in den gut 40 Jahren Realsozialismus viele Leute, die »ihr Ding gemacht haben« – und das vielleicht großartigste aller Dinge wurde in Suhl gemacht. Denn hier fasste Rolf Anschütz 1966 den Plan, japanische Kochkunst zu betreiben. Das war ungefähr genauso verrückt wie … äh … in Suhl japanische Kochkunst zu betreiben, es gibt einfach nichts gleichermaßen Verrücktes.

Um das nachzuvollziehen, müssen wir uns ein wenig in jenes Jahrzehnt versetzen: Damals führte hierzulande noch die »gutbürgerliche deutsche Küche« ihr strenges Regiment, nicht nur im Westen, sondern auch und gerade im antibürgerlichen Osten. Der heute praktizierte Weltstil war noch sehr weit weg, so gab es seinerzeit in Europa exakt drei japanische Restaurants: eins in Paris, eins in Brüssel sowie eins in der deutschen Stadt mit dem größten Bestand an Japanern: Düsseldorf. Und Nummer vier jetzt also in der DDR, und zwar keineswegs in Berlin (Ost)? Sondern in Suhl mit seiner lauschigen Randlage? Wie war Anschütz nur auf diese abgedrehte Idee verfallen?

Nun: Er entstammte einer Gastronomenfamilie, schon die Eltern hatten eine Gaststätte betrieben. Rolf trat in deren Fußstapfen, startete aber karrieremäßig steil durch: Er begann als Kellner, studierte dann an der Leipziger Fachschule für Gaststätten- und Hotelwesen, wo er es 1963 zum – Tusch! – »Ingenieurökonomen der Fachrichtung Gastronomie« brachte. Und dieses Studium muss ihn irgendwie in Berührung mit der japanischen Küche gebracht haben, wobei ihn diese Berührung offenbar nachhaltig japanisiert hatte: Zurück in Suhl, übernahm er das HO-Restaurant »Waffenschmiede« und bereicherte dessen thüringische Speisekarte binnen Kurzem um einen Sukiyaki-Eintopf. Bald sollten weitere japanische Spezialitäten folgen.

Nun fragt man sich aber: Wo nahm der gute Herr Anschütz nur die exotischen Zutaten her, deren es doch bedurfte, um solch fernöstliche Köstlichkeiten auf den Tisch zu zaubern? Ganz einfach: Manche Dinge wie Rind, Lauch und Zwiebeln gab es ja auch hierzulande. Bei anderen musste man genial improvisieren: Bambussprossen konnten ja durch Kohlrabi imitiert werden, Karpfen gab zur Not einen Lachsersatz ab – und Sojasauce? Die gab es in der DDR nicht, wohl aber Worcester-Sauce sowie die legendär-berüchtigte »Bino-Würze« (»Elektrochemisches Kombinat Bi(tterfeld)-No(rd«), und aus Worcester und Bino konnte man schon etwas anrühren, was als Soja durchging, umso mehr, als der Gast ja seinerzeit nicht mit dem Original vergleichen konnte. Das sollte sich jedoch bald ändern, wobei die erste echte Sojasauce noch über Berlin (West) herbeigeschmuggelt werden musste.

Dann war der Ruf der »Waffenschmiede« bis zu den wenigen in der DDR weilenden Japanern gedrungen. Als Erster ließ sich 1966 der Ökonom Dr. Mutsumi Hayashi sehen, er war hernach voll des Lobes. Andere folgten, und so schwirrten bald die ersten Liebesgaben aus dem Land der aufgehenden Sonne per Paketpost in Suhl ein, darunter so großartige Dinge wie Wasabi und Seetangblätter. Dazu kam authentisches Know-how: Die japanischen Gäste gaben manch guten Tip, und Anschütz war extrem gelehrig. Wobei er es in der »Waffenschmiede« nicht bei der puren Nahrungsaufnahme bewenden lassen wollte, schwebte ihm doch ein japanisches

Surround-Erlebnis vor. So ließ er Stäbchen schnitzen und stellte zu Servierzwecken junge Damen an, die er als Geishas gewandete – wobei die ersten Kimonos noch umgeschneiderte DDR-Kittelschürzen waren. Schließlich aber wurde er japanischer als die Japaner: Vor dem Essen mussten alle Gäste ihre Textilien ablegen und in ein auf 38 Grad temperiertes Furu-Bad steigen. Enspannt und gereinigt, wurden sie in Kimonos gesteckt, erst dann ging es zu Tisch. Welcher immer reichlicher, immer besser, immer authentischer gedeckt wurde: Aufgrund des großen Erfolgs ließ sich die HO nicht lumpen und gestattete den containerweisen Import von Original-Zutaten, zunächst kamen diese aus Düsseldorf, später via Rostock direkt aus Japan.

Dieser Spaß war freilich ein wenig kostspielig, was einfach auf den Endkunden umgelegt wurde: Ein japanisches Menü in der »Waffenschmiede« war nicht für unter 100 Mark zu haben, für DDR-Verhältnisse ein unfassbarer Preis. Und dennoch lag die Republik Anschütz zu Füßen: Jeder wollte sich japanisch abspeisen lassen – um einen Tisch zu kriegen, musste man mitunter zwei Jahre warten!

1979 wurde Anschütz gar ins Land der aufgehenden Sonne eingeladen – und durfte, nach Überwindung einiger realsozialistischer Hindernisse, sogar hinfahren. Die »Waffenschmiede« war endgültig zum Renommier-Objekt der ostdeutschen Gastronomie geworden. Was Anschütz allerdings nicht unbedingt zum Vorteil gereichte: 1986 setzte man ihm, dem Selfmademan, einen Vorgesetzten ins Haus, und damit konnte Anschütz nun gar nicht. So schmiss er hin.

Seine Versuche, mit anderen Projekten an einstige Glanzzeiten anzuknüpfen, verliefen ein wenig suboptimal. 2008 starb er. Vier Jahre später erstand er im Kino auf: *Sushi in Suhl* zeichnet seine bemerkenswerte Lebensgeschichte (mit gewissen künstlerischen Freiheiten) im Spielfilmformat nach.

Weil ein Thüringer den deutschen Weltraum-Startrekord hält

Wer war der erste Deutsche im Weltall? Na klar: Sigmund Jähn aus dem sächsischen Vogtland. Aber: Wer war der zweite Deutsche im Weltall? Na wer? Ulf Merbold aus dem thüringischen Vogtland – geboren in Greiz, also gerade einmal einen Marathonlauf entfernt von Jähns Herkunftsort Morgenröthe-Rautenkranz. Jedoch verliefen beider Biografien zunächst recht unterschiedlich: Der Arbeitersohn Jähn erlernte das Buchdrucker-Handwerk, engagierte sich als FDJ-Sekretär, legte anschließend eine steile Karriere als Militärflieger hin und war somit die perfekte Besetzung, als die Sowjetunion ihren sozialistischen Bruderstaaten Plätze in den Sojus-Kapseln anbot: Nach dem polnischen und dem tschechoslowakischen Kollegen durfte Jähn 1978 als Nummer drei hinauf und wurde sodann heftigst abgefeiert, man ernannte ihn zum »Held der DDR« und sicherheitshalber auch noch zum »Held der UdSSR«.

Merbolds Werdegang verlief gänzlich anders, und zwar von Beginn an: Bei der FDJ wollte Ulf nun wirklich nicht mittun – immerhin war sein Vater 1945 von der Roten Armee in das eben erst befreite, nun aber unter neuer Leitung weitergeführte Lager Buchenwald verbracht worden, wo er drei Jahre später starb. Ohne »gesellschaftliches Engagement« jedoch sanken Merbolds Chancen auf einen Physik-Studienplatz in den nicht mehr messbaren Bereich. Folglich machte sich der Abiturient auf nach Berlin (West) – um herauszufinden, dass man dort sein Abitur nicht anerkannte. Nachdem dieses Problem durch ein Bonus-Schuljahr (West) behoben worden war, stand dem Berufswunsch endlich nichts mehr im Wege. 1976 baute Merbold in Stuttgart seinen Doktor. Im Jahr darauf entnahm er einer Anzeige in der *FAZ*, dass ein Deutscher gesucht sei, »nicht älter als 47, mit perfekten Englischkenntnissen, gutem Gesundheitszustand und wissenschaftlich-technischer Hochschulausbildung«. All das traf auf Merbold zu, so bewarb er sich, kam ins Astronauten-

Casting und schlug dort 699 andere Bewerber aus dem Feld – weil er sämtliche Drehtests mit Bravour bestand, als passionierter Segelflieger einen Begriff vom Fliegen hatte und, nach Merbolds Meinung am wichtigsten, »unterdurchschnittliche Aggressivität bei starkem Leistungswillen« aufwies.

Nach etlichen technisch bedingten Verzögerungen war es 1983 endlich so weit: Der zweite Deutsche (und der erste Thüringer) startete ins Weltall, übrigens an Bord jener »Columbia«, die 2003 beim Landeanflug in Stücke brechen sollte. Noch zwei weitere Male durfte Merbold ins All; damit hält er den deutschen Start-Rekord.

Und mit der Zeit sind sich die beiden so unterschiedlichen Vogtländer anscheinend etwas nähergekommen: Den Fall der Mauer verbrachten sie gemeinsam vor dem Fernseher – in jenem saudiarabischen Hotel, wo sie gerade an einer Astrokosmonautenkonferenz teilnahmen. Bald danach erweiterte Merbold seinen Aktionsradius nach Osten: 1993 trainierte er im russischen Swjosdny Gorodok für seinen Sojus-Flug zur Raumstation *Mir*. Wobei ihm jemand hilfreich zur Seite stand, der sich in diesem »Sternenstädtchen« ebenso gut auskennt wie in Sojus-Kapseln: Sigmund Jähn.

109. GRUND.

Weil hier vieles an »Easy Rider« erinnert

Wir erinnern uns noch an die fantastischen Kleinkrafträder aus Suhl, die sämtlich Vogelnamen trugen? Ja? Gut. Zwar habe ich nie seriöse Vogelserien-Feldforschung betrieben, dennoch wage ich hier die Vermutung: Der Lebensraum der Schwalbe war die Stadt, alle übrigen Simson-Zweiräder hingegen waren auf dem Land zu Hause. Zu DDR-Zeiten mag dies noch anders gewesen sein, aber nach der Wende scheinen sich die Biotope verändert zu haben.

Wenn ich die Augen schließe und versuche, mir all die vielen Thüringer Wanderungen ins Gedächtnis zu rufen, fof oxk onzweham. sro wd – nein, ich muss die Augen wieder öffnen, denn blind kann ich nicht tippen, also: Wenn ich versuche, mir all die vielen Thüringer Wanderungen ins Gedächtnis zu rufen, die ich in den 90ern unternahm, sei es auf der Goldenen Aue, sei es auf den Höhen des Thüringer Waldes, sei es sonstwo im grünen Herzen Deutschlands, dann ist mir, als hätte ich auf den Feld-, Wald- und Wiesenwegen jenseits der großen Städte nie eine Schwalbe, wohl aber viel anderes Gevögel erblickt – nun, je länger ich darüber nachsinne, umso mehr wird mir, als hätte ich dort nur einen einzigen, in wandelnder Gestalt ewig und überall wiederkehrenden Zweiradfahrer gesehen, diesen aber unendlich oft.

Sein Alter war schwer zu bestimmen, er mag in den mittleren 60ern, vielleicht in den frühen 70ern gewesen sein. Das Beeindruckendste an ihm war seine extreme Leibesfülle, bestimmt brachte er seine 120, 130 Kilogramm auf die Waage, in diesem Fall: aufs Zweirad. Letzteres war unter alljener Menschenmasse typologisch nicht so leicht zu identifizieren, im Nachhinein vermute ich, dass es meistens ein Spatz war, ab und zu auch ein Star, seltener Sperber oder Habicht. Dabei unternahm Simsonmann nicht etwa eine Ausflugsfahrt, nein: Er transportierte Dinge, mitunter auf einem kleinen, ans Schwanzgefieder des Simson-Vögelchen gekoppelten Anhänger. Über die Art dieser Dinge vermag ich keine Aussagen zu machen, meist waren sie in kleine Beutel verpackt oder mit Planen getarnt, vielleicht handelte es sich um Substanzen, die der Simsonmann auf sein kleines Feld verbringen wollte oder soeben von diesem entfernt hatte. Des Simsonmannes Gesichtsausdruck (dieser war gut kenntlich, denn er trug stets einen visierlosen Halbschalenhelm ältester Bauart) gab keinerlei Hinweise: Er war absolut regungslos. So rollte der Simsonmann langsam an uns vorbei, pöttpöttpött machte der tapfere Zweitakter, pöttpöttpöttpöttpött. Allein wenn es mehr als drei Prozent bergauf ging, schien es uns, als unterdrückte der kleine Motor nur mühsam seine Tränen. Doch irgendwann war's geschafft, der Simsonmann hinter dem nächsten Hügel verschwunden, und bald darauf verklang dann auch das Pöttpöttpöttpöttpött des braven, belastbaren Spatzen.

In die folgende alcyonische Stille hinein hob ich eines Tages, einer spontanen Eingebung folgend, an zu singen, nämlich jenes Lied, in welchem ich die Gestalt des Simsonmannes aufs Wundersamste widergespiegelt fand: »Get your motor runnin' / Head out on the highway / Lookin' for adventure …«

Die Ische an meiner Seite lachte – mithin war der Gag kanonisiert, und wann immer fürderhin eine der unendlich vielen Inkarnationen des Simsonmannes sich irgendwo in den Weiten Thüringens an uns vorbeigeschoben hatte, brachte ich den Steppenwolf-Klassiker zu Gehör, gern mit pathetischen *Easy Rider*-Gesten unterfüttert: »… Born to be wi-i-i-ild …«

Was ich seinerzeit noch nicht wusste: So weit hergeholt war das Lied gar nicht. Wer erinnert sich an den Frontman der US-Amerikaner/Kanadier von Steppenwolf? John Kay, bestehend aus schwarzem Ganzkörper-Leder, dunkler Sonnenbrille und jeder Menge Coolness? Nun, dieser John Kay war eine Zeit lang – Thüringer!

Geboren wurde er 1944 als Joachim Fritz Krauledat im ostpreußischen Tilsit, was schon wenige Monate später nicht mehr ostpreußisch, sondern sowjetisch war. Glücklicherweise hatte der kleine Joachim mit seiner Mama Elsbeth rechtzeitig fliehen können. Von 1945 bis 1948 lebten die beiden Krauledats in Arnstadt, dann wechselten sie in den Westen, wobei der nächtliche Grenzübertritt den kleinen Joachim traumatisierte. »Hey you, keep your head down, don't look around«, zitiert er den Fluchthelfer in einem Song, »please don't make a sound. If they should find you now the man will shoot you down« (*Renegade*, 1971). Mutter und Sohn erreichten Hannover, wo sie bis 1958 lebten – dann ging es nach Kanada, wo John/Joachim eine Band gründete, mit der er 1967 nach Kalifornien ging und *Born To Be Wild* aufnahm. Dieser Song wiederum gefiel Peter Fonda so ausgezeichnet, dass er darauf bestand, ihn in den Soundtrack von *Easy Rider* aufzunehmen. So wurde die Hardrock-Hymne unsterblich, und jeder, der sie heute hört, hat sofort die bildliche Assoziation: Harleys auf dem Highway. Nur ich denke dann immer an all die vielen wohlbeleibten Männer, die von ihren wackeren Simson-Vögeln über die weiten Feldwege Thüringens getragen werden.

110. GRUND.
Weil Steve McQueen hier Flagge zeigte

1964. Der Krieg ist kalt. Die Kubakrise, die uns um ein Haar alle ungeschehen gemacht hätte, liegt gerade mal zwei Jahre zurück. Ein Eiserner Vorhang teilt Europa. Unversöhnlich stehen sich die beiden Lager gegenüber.

Die Erfurter Thüringenhalle. Wie es sich gehört, ist sie mit einem übergroßen Brustbild des Ersten Sekretärs des ZK der SED und Vorsitzenden des Staatsrats der DDR, Genosse Walter Ulbricht, geschmückt. Recht so. Doch dann geht ein Mann durch die Halle, lässigen Schritts. Ganz zweifelsohne ist dieser Mann the King of Cool persönlich, die zeitgemäße Ausgabe des Amerikanischen Traums. Dieser Mann trägt stolz eine US-Fahne von stattlichen Ausmaßen. Dieser Mann ist, ja, wirklich: Dieser Mann ist kein anderer als Steve McQueen.

Wie aber kommt jener höchstbezahlte Hollywood-Star dazu, das Star-Spangled Banner vorbei am Walter-Bild durch die Thüringenhalle zu tragen?

Nun: Abgesehen von den üblichen Leidenschaften seiner Zunft und Zeit – Frauen und Drogen – hatte Steve McQueen eine wilde Passion: rasante Fahrzeuge. 1963 hatte er gerade *The Great Escape (Gesprengte Ketten)* abgedreht – und den Plot dabei um eine extrem spannende Szene bereichert: McQueen spielte den amerikanischen Air Force Captain Virgil Hilts, der 1943 aus einem deutschen Kriegsgefangenenlager ausbricht. Wie wäre es denn, schlug

McQueen seinem Regisseur John Sturges vor, wenn ich den Krauts ein Motorrad klaute und wir eine spektakuläre Verfolgungsjagd einbauten? Sturges war einverstanden, und selbstverständlich fuhr McQueen die Karre, eine Triumph TR6 Trophy höchstselbst, nur bei dem spektakulären Sprung über den Stacheldrahtzaun musste er sich von Bud Ekins doubeln lassen – da war die Versicherung unnachgiebig. Weil aber ansonsten kaum einer am Set derart gut Motorrad fuhr wie McQueen, zog dieser gleich noch eine deutsche Uniform an – und spielte einen seiner eigenen Verfolger.

Anscheinend begann hier die Freundschaft zwischen McQueen und Ekins. Welche alsbald einen Plan gebar: Wieso stellen wir nicht ein US-Team zusammen und nehmen an dem nächsten International Six Days Trial, der großen Enduro-Meisterschaft, teil? Wo findet die noch gleich statt? Erfurt, Thuringia, East Germany? Großartig.

Und so kam es, dass Steve McQueen bei der Erfurter Eröffnungsfeier die Flagge des US-Teams trug – des ersten übrigens, das an einem Motorsport-Event in der östlichen Hemisphäre teilnahm. Wobei es zunächst Probleme mit dem Essen gab: Am Eröffnungstag servierten die wohlmeinenden Gastgeber Ganzkörper-Aal mit Aufschnitt. Zur Unfreude der Amis (»Ich esse nichts, was mich anschaut!« – Ekins), die so zwecks Nahrungsaufnahme kurzerhand in den Erfurter Hof wechselten.

Tags drauf bretterte der Hollywood-Superstar, von dessen Teilnahme die DDR-Medien kein Aufhebens gemacht hatten, im Grunde inkognito auf seiner Triumph durch Thüringer Dörfer, Felder und Wälder, die Kurse führten durch Arnstadt, das Jonastal, durch Siegelbach, Oberhof und Zella-Mehlis.

Die ersten beiden Renntage verliefen großartig für das US-Team: Dank einer ebenso gekonnten wie ausgelassenen Fahrweise führte man das Klassement an. Am dritten Tag aber begann das Unheil: Zunächst knallte Bud Ekins mit seinem linken Bein gegen eine kleine Mauer. Das hinterließ zwar einen Knöchelbruch, hielt Ekins aber selbstverständlich nicht davon ab, den Tageskurs zu Ende zu fahren.

Dann legte sich McQueen irgendwo auf die Thüringer Erde, was einen Schaden an der Triumph zur Folge hatte. Diesen konnte der Filmstar noch reparieren, doch jetzt war er abgeschlagen Letzter. Als das Feld einen späteren Streckenabschnitt passiert hatte, dachten die Zuschauer, dass der Spaß nun vorbei wäre, so fuhr ein Junge auf seinem Moped in Gegenrichtung ab. Der um Anschluss kämpfende McQueen sah ihn auf sich zukommen, wich aus und flog von der Strecke. Zwar blieb er unverletzt, die Gabel seiner Triumph war jedoch übelst verbogen. Ende.

Was von McQueens Thüringer Tagen blieb, sind zahlreiche Bilder, die unter Enduro-Fans ikonisch verehrt werden. Eines davon sah man jüngst in einer Reklame-Kampagne wieder: Ein renommierter britischer Wachstuchklamotten-Hersteller bewarb seine Retro-Kollektion mit einem Foto McQueens, der abgekämpft, aber zufrieden von seiner abgestellten Triumph in den hochverdienten Feierabend schreitet – seine anthrazitfarbene Jacke von garantiert echtem Thüringer Waldschlamm gesprenkelt.

111. GRUND.
Weil man hier den Hippie-Kram schon 1920 abgearbeitet hat

Im Sommer 1920 zog eine merkwürdige Kommune durch Thüringen. Erste Station war Sonneberg, wo sie am 13. Juni öffentlich ihr Programm verkündete: »Zusammenbruch des Alten! Empörung der Jugend!« Doch die »Neue Schar«, wie sich die rund 25 jungen Leute nannten, ließ es beim Reden nicht bewenden, nein: Sie veranstalteten Happenings, bei denen sie, barfuß und blumenbekränzt, die Männer zudem langhaarig, sangen und tanzten. Und dieses offenbar auf eine derart ansteckende Weise, dass mancher Thüringer Kleinstädter ganz hin und weg war. So etwas Schönes aber auch! Alles ist easy! Let the sunshine in! Manche weinten gar, als die fröhlichen jungen Leute weiterzogen, doch wollte die Neue Schar ja noch weitere Orte beglücken: Nächste Tour-Stationen waren Saalfeld, Rudolstadt, Pößneck, Jena und Weimar, dann fand die Liebesparade ihren vorläufigen Höhepunkt in Erfurt: Mehr als 15.000 Bürger der Blumenstadt versammelten sich auf dem Domplatz, und nicht wenige von ihnen tanzten sich zusammen mit den jungen Menschen frei. Denn darum, ums Freie eben, ging es der Neuen Schar: Tanz und Musik waren für sie nicht Gesellschaftsvergnügen (den damals gerade angesagten Foxtrott taten sie als »Trottelfox« ab), sondern spirituelle Erleuchtung. Und so setzte die Neue Schar ihren Erfolgsweg fort: Nach Erfurt folgte Gotha, dann schließlich Eisenach mit der Wartburg. Hier war Thüringen zu Ende – und der Sommer auch. Bisher hatten die beseelten Tänzer nicht selten im Freien übernachtet, jetzt aber brauchten sie ein Winterquartier. Welches sich auch fand, in Gestalt der Leuchtenburg bei Kahla, die soeben teilweise zur Jugendherberge umgebaut worden war. So bezog die Neue Schar dieses stattliche Bauwerk, majestätisch über dem Saaletal gelegen, um sich dort um ihren charismatischen Anführer zu scharen: Friedrich Lamberty, genannt »Muck«. 1891 im Elsass als achtes von zwölf Kindern eines Kaufmanns zur Welt gekommen, war er im Alter von 14 durchgebrannt, um nach allerlei Erlebnissen zur Erleuchtung zu gelangen. Kernprinzip seiner Lehre waren die »Schwingungen« – »Vibrations«, wie es später in kalifornischen Hippie-Kreisen heißen sollte. Was aber sind Schwingungen? 1921 sollte der Erfurter Pfarrer Adam Ritzhaupt folgende lichtvolle Ausführungen zu Papier bringen: »›Es schwingt etwas‹, wenn zwei Seelen aneinander Wohlgefallen haben (…) . Eine Seele aber, die schwingt, fühlt sich in den Rhythmus der Ewigkeit. Sie wird in kosmischer Freude emporgetragen.«

Besonders gerne schwang Muck-Lamberty mit attraktiven Girls aus seiner Jüngerschaft, wer will es ihm verdenken? Zwar wies er jedwede Unterstellung, dass es sich bei ihm um den Erlöser handle, empört von sich – allerdings war er allem Anschein nach davon überzeugt, dass es ihm persönlich obliege, jenen Messias zu zeugen, und dazu musste man halt einen wegschwingen, bis kosmische Freude aufkam. Das ging so lange gut, bis eine der potenziellen Marien von unkosmischer Eifersucht angefochten wurde: Sie ging an die Öffentlichkeit, diese empörte sich über den »Harem« Muck-Lambertys (verletztes Moralempfinden? Neid?), und so wurde die Neue Schar im Februar 1921 rigoros des Platzes verwiesen. In Naumburg fand sie Asyl, fortan war sie – durchaus erfolgreich – als Handwerker-Kommune tätig.

Muck-Lamberty starb 1984 im Westerwald. So hatte er sich zuvor noch daran ergötzen können, dass vieles, was den Charme seiner Bewegung ausgemacht hatte, wieder fröhliche Urständ feierte – sei es in der Berliner Kommune 1, in Woodstock, in *My Generation, Good Vibrations* und Bhagwans Ashram: Einmal mehr war Thüringen der Welt vorausgegangen.

Quellen

Wer das wundervolle *Deutsche Schimpfwörterbuch* zur Gänze genießen will, kann dieses online und gratis bei Google Books tun – hier wurde das Exemplar der Bayerischen Staatsbibliothek dankenswerterweise faksimiliert. Allen, die Papier bevorzugen, sei anheimgestellt, sich den 1996 erschienenen Reprint zuzulegen. Die *Poetischen Rosen in Knospen* der Sidonia Hedwig Zäunemann können bei zeno. org gratis digital gepflückt werden; *Die von denen Faunen gepeitschte Laster,* also die Gesamtabrechnung der Dichterin mit ihrer Zeit, stellt das Projekt Gutenberg online zur Verfügung. So manche schöne Thüringer Sage, unter anderem auch eine Prosafassung des Tannhauser-Liedes, findet sich in den *Deutschen Sagen* der Brüder Grimm, selbige bringt Wikisource frei ins Haus. Eine XXL-Version der Graf-von-Gleichen-Sage hat der Thüringer Johann Karl August Musäus verfasst, selbige erschien 1786 unter dem Titel *Melechsala* als Band 5 seiner *Volksmärchen der Deutschen,* wobei der Ton der Erzählung, überzeugen Sie sich selbst im Projekt Gutenberg, eher elegant als volkstümlich ist. Dem Thüringer Ludwig Bechstein wiederum verdanken wir nebst vielen anderen die Sagen des Singener Bergs, sein *Deutsches Sagenbuch* erschien 1853, es liegt gleichfalls als Nachdruck vor und ist zudem online bei zeno.org zu empfangen.

Erhellendes zu alten Nordthüringer Volksbräuchen, dem Erfurter Martinsfest sowie etliche andere Denk- und Merkwürdigkeiten finden sich in den beiden Bänden *Thüringen in Wort und Bild,* die der Thüringer Pestalozzi-Verein 1900 beziehungsweise 1902 herausgegeben hat. Beide Bände sind jüngst mehrfach reprintet worden.

Wer sich schließlich eingehender mit Goethes erotischen Sammlungen beschäftigen möchte (und die dafür nötige sittliche Reife mitbringt!), sei auf das Standardwerk verwiesen: *Die Erotica und Priapea aus den Sammlungen Goethes.* Insel, Frankfurt a. M. 1990 und öfter.

Martin Berke hat nach der Wende viele wundervolle Jahre in Thüringen verbracht und erzählt
seitdem allen, wie großartig es dort ist. Damit
er nicht mehr so viel reden muss, hat er jetzt
dieses Buch geschrieben. Der zweifache Vater
ist auch Autor des Reiseführers *Natur erleben –
Thüringen*.

Martin Berke
111 GRÜNDE, THÜRINGEN ZU LIEBEN
Eine Liebeserklärung an das großartigste Bundesland der Welt

ISBN 978-3-86265-461-1
© Schwarzkopf & Schwarzkopf Verlag GmbH, Berlin 2015

KATALOG
Wir senden Ihnen gern kostenlos unseren Katalog.
Schwarzkopf & Schwarzkopf Verlag GmbH
Kastanienallee 32, 10435 Berlin
Telefon: 030 – 44 33 63 00
Fax: 030 – 44 33 63 044

INTERNET | E-MAIL
www.schwarzkopf-schwarzkopf.de
info@schwarzkopf-schwarzkopf.de